# 베팬알백 ❶

1982~1986

이재국 · 두산 베어스 지음

베어스 팬이라면 죽기 전에
알아야 할 100가지 이야기

①

# 베 팬 알 백

휴먼큐브

# 우리나라 최초의 프로야구단, 베어스

올해 2023년은 한국프로야구가 출범한 지 41주년이 되는 해입니다. 두산베어스는 1982년 1월 15일, 'OB 베어스'라는 이름으로 한국 프로야구 구단 중 가장 먼저 창단한 뿌리 깊은 역사를 자랑하는 구단입니다.

두산 베어스는 KBO리그 '최초'의 팀답게 '최초'의 기록을 여럿 가지고 있습니다. 1982년 10월, 만원 관중의 뜨거운 열기 속에서 치러진 첫 번째 한국시리즈에서 삼성을 꺾고 초대 챔피언의 영광을 안은 팀이 바로 베어스입니다.

당시 에이스 박철순은 허리 통증을 참아내며 한국시리즈 6차전 완투승을 거뒀습니다. 혼신의 힘을 다해 145개의 공을 뿌리며 시작과 끝을 모두 책임진 불사조였습니다. 타석에서는 김유동의 활약이 빛났습니다. 9회초 그랜드슬램 아치를 동대문야구장 밤하늘에 수놓으며 벅찬 감동을 선사했습니다.

KBO리그 1호 신인왕을 배출한 구단도 두산 베어스입니다. 1983년부터 KBO가 신인왕을 선정했는데, 그 첫 주인공이 바로 외야수 박종훈이었습니다. 또 그해 두산 베어스는 최초의 2군 전용구장을 경기도 이천에 개장하며 KBO 역사에 새로운 이정표를 세우기도 했습니다. 지금 이곳은 '화수분 야구'의 산실 '두산 베어스 파크'로 불리고 있습니다.

두산 베어스는 팬 퍼스트를 가장 먼저 외친 구단이기도 합니다. 1982년 2월 최초의 어린이 회원 모집을 시작으로 전지훈련 참관단 이벤트도 시작했습니다. 여기에 두산 베어스는 어린이야구선수권대회를 개최하며 아마야구 발전과 야구 꿈나무 육성에도 힘을 보탰습니다.

이 모든 두산 베어스의 발자취와 역사가 이 책『베팬알백 – 베어스 팬이라면 죽기 전에 알아야 할 100가지 이야기』에 담겨 있습니다. 팬 여러분 덕분에 V6를 달성할 수 있었던 과정 등 두산 베어스의 고난과 역경, 환희와 기쁨이 고스란히 녹아들어 있습니다.

이 책이 두산 베어스를 사랑하는 모든 팬 여러분께 값진 선물이 되었으면 합니다. 항상 두산 베어스를 응원해주셔서 감사합니다.

두산 베어스 구단주
박정원

"글 좀 써주세요."

2018년 봄날쯤으로 기억한다. 두산 베어스 홍보팀 함태수 과장
(현 홍보팀장)이 잠실구장에서 야구를 보고 있는 필자에게 다가오더
니 슬쩍 얘기를 꺼냈다. 함 과장은 스포츠전문지 야구기자 출신이
다. 어느 날 두산 프런트 직원으로 변신했지만, 오랫동안 야구기자
선·후배 관계로 현장에서 함께 지낸 터라 편하게 말을 하는 사이
였다.

"두산 베어스 홈페이지를 개편했는데 '두런두런'이라는 코너가
신설됐습니다. 현장 취재를 많이 하셨으니 두산 베어스와 관련한 재
미있는 뒷얘기나 에피소드 같은 걸 연재해주시면 좋을 것 같아서
요."

당시 필자는 스포츠동아에서 퇴사한 뒤 프리랜서로 활동하고 있
던 시기였다. 뜻밖의 제안을 받고서는 고민을 했다. 잠시 후 필자는
역제안을 했다.

"소소한 에피소드도 좋은데, 아예 두산 베어스 역사를 연재해보

는 건 어떨까? 연대기식으로 정리하는 건 지루할 수 있으니, 주제를 잡아 스토리 중심으로 '베어스 팬이라면 알아야 할 100가지 이야기'를 추려보는 건 어때?"

"오~ 그것 좋겠네요. 내일 내부 회의를 해보고 다시 말씀드릴게요."

다음 날 함 과장은 당시 홍보팀 김태준 팀장, 박진환 차장 등과 얘기를 나눈 뒤 곧바로 필자에게 연락을 해왔다.

"회의를 해보니 반응이 좋습니다. '베팬알백' 준비해주시죠!"

『베팬알백-베어스 팬이라면 죽기 전에 알아야 할 100가지 이야기』는 이렇게 세상에 태어나게 됐다.

베어스는 우리나라에서 최초로 탄생한 프로야구단이다. 최초 한국시리즈 우승팀이기도 하다. 최초로 어린이회원을 모집하고, 최초로 MVP와 신인왕을 배출하고, 최초로 2군 훈련장을 마련하는 등 갖가지 최초 기록을 쓴 유서 깊은 구단이다. 여기에 원년 최고 스타 박철순을 비롯해 수많은 스타와 갖가지 스토리를 간직한 구단이기도 하다. 팬들의 자부심 높이와 충성심의 깊이, 애정의 넓이가 남다를 수밖에 없다. 그렇기에 베어스 구단의 역사를 정리한다는 것은 필자에게도 가슴 뛰는 도전이었다.

그러나 쓰면 쓸수록 무거운 사명감과 마주하게 됐다. 누가 강요한 것도 아니었다. 그저 이 책이 먼 훗날 베어스의 역사서로 남을 수도 있다는 생각에……. 사료를 좀 더 꼼꼼하게 수집하고, 사실관계를 한층 더 정확하게 파악할 필요가 있었다.

『베팬알백』을 준비하는 과정에서 구경백 일구회 사무총장께 많은 신세를 졌다. OB 베어스 시절 역사의 산증인이기도 한 구 사무총장은 시도 때도 없이 과거 이야기를 묻는 필자에게 한 번도 귀찮은 표정 없이 생생한 증언을 해줌으로써 『베팬알백』에 재미와 깊이를 더해줬다.

베어스 구단의 밑그림을 그린 박용민 초대 단장은 아흔 살에 가까운 고령에도 불구하고 과거의 흥미로운 비화비사들을 생생하게 기억해 글을 풍성하게 만드는 데 큰 도움을 줬다. 베어스 구단의 창단 과정과 대전으로 내려간 까닭, 박철순 영입 뒷얘기, 곰 마스코트와 삼색 모자의 사연 등……

여기에 박철순, 조범현, 김광수, 박종훈, 신경식, 장호연, 윤석환, 최일언, 김형석, 김상호, 임형석, 권명철, 김상진, 김경원, 진필중, 강혁 등 베어스의 역사를 화려하게 장식한 주인공들이 기꺼이 인터뷰에 응하면서 『베팬알백』에 사실감 넘치는 생명력을 불어넣었다.

김영덕, 김성근, 윤동균, 이광환, 김인식, 김경문, 김진욱, 김태형 등 베어스 역대 감독들도 생생한 증언과 조언을 아끼지 않았다. 무엇보다 『베팬알백』 초반에 많은 이야기를 풀어낸 뒤 지난 1월 세상을 떠난 김영덕 베어스 초대 감독에게 다시 한번 고개 숙여 인사를 올린다. 고인의 살아생전에 『베팬알백』 연재가 시작되면서 귀한 증언을 실을 수 있었다는 것 자체가 다행스러운 일이 아닐 수 없다.

『베팬알백』이 세상에 나올 수 있도록 물심양면 도움을 주고 기다려주신 두산그룹 박정원 회장님과 두산 베어스 전풍 대표이사, 김태룡 단장 이하 두산 베어스 가족들에게 감사한 마음을 전한다. 특히 기획 단계에서 힘을 실어주고 원고에 적합한 과거 사진을 찾아주느라 애써주신 김태준, 박진환, 함태수 팀장을 비롯한 두산 베어스 홍보팀 직원들에게 깊은 사의를 표한다.

아울러 야구의 계절이 돌아오면 늘 야구와 함께 사느라 가정에 소홀해지는 가장이지만, 응원을 아끼지 않는 아내 전영애와 씩씩하게 성장하고 있는 딸 이한비에게도 고마운 마음을 담아 이 책을 선물하고 싶다.

야구는 '기록의 스포츠'이자 '기억의 스포츠'다. 『베팬알백』이 베어스 역사의 복원뿐만 아니라 올드팬들에게는 추억 여행을, 젊은 팬들에게는 역사 탐구를 할 수 있는 장이 되기를 바라는 마음이다. 이 책이 과거와 현재, 세대와 세대를 이어주면서 두산 베어스의 또 다른 앞날을 준비하는 밑거름으로 작용하길 기대한다.

이재국

# 차 례

# BEARS

# 1

## 서울? 대전? 인천?
## OB 베어스의 장엄한 첫발

1982년 OB 베어스 창단식. 박용곤 구단주(앞줄 왼쪽)와 박용민 초대 단장

현재 두산 베어스의 연고지가 서울이라는 사실을 모르는 야구팬은 없다. 그리고 1982년 KBO리그 출범 당시 OB 베어스가 대전에서 출발했다는 사실을 모르는 팬도 거의 없다. 그런데 하마터면 OB 베어스가 인천에서 시작할 뻔했다는 사실을 아는 팬은 얼마나 될까?

『베팬알백-베어스 팬이라면 죽기 전에 알아야 할 100가지 이야기』의 첫 장에서는 역사의 타임머신을 타고 대한민국 최초의 프로야구팀 OB 베어스가 탄생한 과정부터 살펴본다. 베어스는 왜 대전으로 갔던 것일까? 만약 인천으로 갔다면 어떤 일이 벌어졌을까?

### 🎾 서울도 대전도 아닌 인천?

"그럼 우리가 인천으로 가겠소!"

난감한 일이었다. 프로야구 출범을 앞두고 서울 연고권을 강력히 주장하던 두산그룹을 가까스로 설득해 대전에 둥지를 틀게 만들었는데, 느닷없이 두산 쪽에서 다시 "우리가 인천으로 가겠다"고 나서니 그럴 만도 했다. 서울도, 대전도 아닌 인천이라니?

KBO리그가 첫 항해의 닻을 올리기 직전인 1981년, 대한야구협회에서 전무이사를 지낸 이용일 씨는 서울대학교 상과대학 동기동창인 이호헌 MBC 해설위원(작고)과 함께 청와대의 요청 아래 급박하게 프로야구를 설계해야만 했다. 한국야구위원회KBO 초대 사무총장이기도 한 이용일 씨의 말을 들어보자.

"당초 인천을 맡을 기업 후보로 분류했던 현대가 거절 의사를 나타냈어요. 이호헌과 제가 정주영 현대그룹 회장을 직접 만났는데, 당시 올림픽 유치위원장이었던 정 회장이 얼마 전(1981년 9월 30일) 서독 바덴바덴에서 88서울올림픽 개최가 결정된 상황이라 '올림픽의 성공적 개최에 전념하겠다. 그때까지는 프로야구를 할 수 없다'고 거부를 한 겁니다. 그런데 서울 연고권을 주장하다 대전으로 가기로 했던 두산이 그 소식을 듣고 차라리 인천으로 가겠다고 하니……."

두산이 프로야구 원년 연고지를 결정할 때 서울도 대전도 아닌 인천으로 갈 뻔했던 숨은 사연을 설명하기 위해서는 그 이전의 과정부터 살펴볼 필요가 있다.

1981년 10월 5일. 프로야구 창립 계획이 정부 관계기관의 심의를 거쳐 최종 확정됐다. 이용일 씨와 이호헌 씨는 12월 11일 한국

1982년 OB 베어스 창단 기념행사

프로야구위원회(KPBC·한국야구위원회의 당시 명칭) 창립총회가 이뤄지기까지 만 2개월 동안 6개 기업체를 프로야구에 끌어들이기 위해 동분서주했다.

## 🎾 서울 연고지 적임자는 두산, 그러나……

창립 계획에 따라 서울 1개 팀, 인천을 중심으로 경기와 강원을 묶어 1개 팀, 대전을 중심으로 충남·북 1개 팀, 광주를 중심으로 전남·북 1개 팀, 대구·경북 1개 팀, 부산·경남 1개 팀 등 총 6개 팀을 만들어야 했다. 구단을 맡을 기업체의 선정 기준은 다음과 같았다.

① 재무구조가 튼튼한 대기업을 총수의 출신 도별로 선정한다.

② 경쟁 상대인 동업종을 되도록 피한다.

③ 전체 그룹의 종업원 수가 3만 명 이상인 대기업체를 우선으로 한다.

④ 프로야구 발전에 관심과 성의가 있어야 한다.

사실 이 조건이라면 두산이 서울의 적임자였다. 두산그룹의 모태인 '박승직상점'이 1896년 서울의 배오개(종로4가)에서 출발했기 때문이다. 그러나 서울은 사실상 문화방송(MBC)이 선점한 터. MBC는 창사 20주년 기념사업의 일환으로 1981년 5월에 독자적으로 프로야구단 창단 계획을 수립해놓은 상황이었다.

원래 MBC는 조직적인 프로야구리그를 구상한 게 아니라, 1년 전인 1980년에 출범한 '할렐루야 축구단'처럼 독자적으로 1개의 프로 팀만 만들어 단독으로 프로야구의 싹을 틔우고, 분위기가 무르익으면 기업들을 끌어들여 프로야구리그로 만들겠다는 복안이었다.

그런데 얼마 뒤인 1981년 7월에 정부 쪽에서 스포츠의 프로화를 꾀했고, 때마침 정권과 밀착돼 있던 MBC 이진희 사장이 프로야구 창립 계획을 정부에 보고하면서 야구의 프로화는 급물살을 타게 됐다. 정부의 요청에 응해 이호헌 씨와 이용일 씨가 같은 해 8월에 18쪽짜리 '한국 프로야구 창설계획서'를 완성하면서 야구의 프로화 작업은 본격적으로 추진되기에 이르렀다.

| 주 구장 | 권한 지역 | 선정기업체 | |
|---|---|---|---|
| | | 1안 | 2안 |
| 서울 | 서울 일원 | MBC | 두산 |
| 부산 | 부산, 경남 | 롯데 | 럭키 |
| 대구 | 대구, 경북 | 삼성 | 포철 |
| 인천 | 인천, 경기, 강원 | 한국화장품 | 한전 |

이에 따르면 서울 지역 1안은 역시 MBC였고, 두산은 2안으로 밀려나 있었다. 창업주 고향을 기준으로 부산과 경남 1순위는 롯데, 2순위는 럭키(럭키금성·LG의 당시 명칭)로 분류됐다. 대구·경북의 1안은 삼성, 2안은 포철이었다.

결국 MBC가 방송을 통한 프로야구 활성화를 위해 서울을 차지하고, 실업야구단을 운영하고 있던 롯데가 부산과 경남(신격호 회장이 울산 출신이다)을 연고지 삼아 프로로 전환하겠다고 동의했다. 삼성도 대구와 경북(창업주 이병철 회장이 삼성상회를 시작한 곳이 대구다)에서 프로야구단을 운영하겠다는 뜻을 밝혔다. 불과 10일 만에 3개 구단이 정해졌다.

이렇게 일이 진행된다면 두산은 프로야구 시작을 함께할 수 없었다. 사실 이때까지 두산에는 프로야구 창단과 관련해 어떠한 제의조차 오지 않았다. MBC가 서울에 자리 잡는다는 것은 기정사실이기 때문에 계획서상 서울 지역 2순위 후보였던 두산까지 차례가 돌아오지 않았던 것이다.

## ⚾ 두산, "우리도 창단하겠소!"

그러나 일사천리로 진행되던 프로야구 기업 물색 작업은 진통을 겪기 시작했다. 호남 지역 후보였던 삼양사가 거절의 뜻을 밝혔고, 대전을 연고로 하는 기업을 결정하는 일도 어려웠다.

한국화약그룹(한화)이 대전과 충청권을 기반으로 프로야구단을 창단할 수 있는 유력 후보였지만, 창업주인 김종희 회장이 1981년 7월에 59세의 젊은 나이로 세상을 떠났다. 그러면서 미국 유학 중이던 장남 김승연(당시 29세)이 부랴부랴 귀국해 그룹 회장직을 승계했기 때문에 프로야구에 신경 쓸 상황이 아니었다.

이에 따라 대전에서 창업한 동아건설과 접촉했으나, 당시 최원석 회장이 탁구협회장을 맡아 88서울올림픽에 전력투구하겠다는 뜻을 밝히며 프로야구단 창단에 난색을 보였다.

대전의 주인을 찾지 못하고 있던 순간, 가뭄에 단비 같은 소식이 들려왔다. 두산 쪽에서 "프로야구를 하고 싶다"는 뜻을 전해 온 것이다. 당시 두산그룹 박용곤 회장은 미국 워싱턴 대학교 유학 시절부터 야구에 심취해 있었고, 혼자 차를 몰고 뉴욕주 쿠퍼스타운에 있는 메이저리그 명예의 전당을 찾아갈 정도로 야구에 대한 사랑과 관심이 남달랐다. 메이저리그를 보면서 프로야구가 기업과 사회에 어떤 영향을 미치는지도 익히 알고 있었다.

이용일 전 KBO 사무총장의 회고를 들어보자.

"박용곤 회장이 제 경동중학교 1년 후배예요. 제가 경성고무 사장 시절 군산에서 서울로 올라오면 자주 만날 정도로 친하게 지냈어요. 그런데 당시 박 회장이 미국에 출장 가 있으면서 우리나라에 프로야구가 만들어진다는 정보를 들었나 봐요. 당시 경동중 후배 중에 동아출판사 사장도 있었는데, 박 회장이 '이용일 선배한테 쫓아가서 꼭 우리 두산도 프로야구에 끼워달라고 부탁하라'고 심부름을 시켰던 거예요. 박 회장이 귀국한 뒤 만났죠. 그래서 제가 '서울은 MBC, 인천은 현대로 확정됐으니 두산이 대전을 맡아줘야겠다'고 부탁했어요. 그런데 박 회장이 펄쩍 뛰더군요. '당연히 두산이 서울 아니냐!'면서."

그럴 만도 했다. 앞서 설명한 대로 두산은 서울 한복판인 종로 4가에서 우리나라 최초의 근대적 상점인 '박승직상점'을 열었다. 게다가 대전이나 충청도와는 아무런 연결 고리가 없었다.

더욱이 당초 프로야구 창설 계획을 세우면서 지역색을 강화하기 위해 모든 구단이 연고지 고교 출신 선수만으로 팀을 구성하도록 한 터였다. 충청도는 다른 지역에 비해 선수층이 얇았다. 특급선수도 드물었다. 당시 대전고는 전국대회 우승과 한 번도 인연을 맺지 못한 약체였고, 공주고는 부산고에 다니던 김경문(전 두산·NC 감독)이 1학년 때 전학을 와서 2년 뒤인 1977년에 대통령배 대회에서 창단 첫 우승에 성공했을 뿐이었다.

천안북일고(현 북일고)는 1980년 이상군(현 북일고 감독)과 김상국(현 삼성 김동엽 선수의 아버지) 배터리를 앞세워 봉황대기 대회에서 창단 3년 만에 첫 우승을 차지했다. 그러나 대학에 진학한 이들이 어느 세월에 돌아올지 모를 일이었다. 세광고 역시 당시만 해도 변방의 팀이었다.

1982년 OB 베어스 창단 기념행사에 참석한 김영덕 감독

## 🎾 프로야구 원년 대전으로 내려간 사연

줄기차게 "서울 연고"를 외치는 두산의 주장, 끊임없이 "대전을 맡아달라"는 이용일 씨의 부탁이 핑퐁처럼 왔다 갔다 이어졌다. 이때는 인천팀 후보였던 현대가 프로야구단 창단 포기 의사를 밝히기 전이었다.

그런데 현대가 앞서 설명한 대로 88서울올림픽에 '올인'한다는 명목 아래 프로야구 동참을 거부했다. 인천 지역에 적임자를 찾지 못하는 상황이 이어지자, 두산이 "그럼 우리가 대전 대신 인천으로 가겠소!"라고 요구하고 나섰던 것이다.

이유가 있었다. 대전은 연고지 6개 지역 중 인구가 가장 적었다. 연고지 고교팀 중에 전통의 강호도 없었다. 사정이 이렇다 보니 전력도 전력이지만 야구에 관심도가 떨어지는 지역이라 프로야구 흥행에도 걸림돌이 될 수밖에 없었다(하지만 실제로 대전은 1982년 프로야구 출범과 동시에 예상보다 훨씬 더 뜨겁게 야구 열기가 달아올랐다). 적어도 당시 관점에서는 그랬다. 두산으로서는 대전보다 인구도 많고 서울과 지리적으로 가까운 인천이 낫겠다는 판단을 한 것이었다.

옛날 일이기는 해도 인천이라면 1950년대 고교야구 무대를 제패한 유구한 역사를 지닌 곳이다. 침체기에 접어들었다고는 해도 인천에는 야구에 대한 추억과 열정을 간직한 충성스러운 야구팬이 많았다.

그러나 이용일 씨는 "두산이 대전을 맡지 않으면 대전에 또다시 새로운 기업을 구해야 하는 어려움이 따른다. 대전으로 가는 수밖에 없다"며 물러서지 않았다. 그러면서 두산에 다른 당근책을 제시했다. 첫째, 3년 후 서울로 연고지를 이전해주고 둘째, 서울의 선수 자원을 MBC와 2대1로 배분하게 해준다는 중재안을 내놓았다.

이때 서슬 퍼런 정부 쪽에서도 신호가 왔다. 교착상태에 빠진 연고지 문제에 대해 교통정리를 시도한 것이었다.

"우리는 (연고지를) 서울로 신청했죠. 서울 연고팀으로 모든 조건 다 갖췄는데, MBC가 죽기 살기로 '방송사가 앞장서야 한다'고 주장했어요. 그런데 (청와대에서) 대전으로 가라고 지시가 내려오더군요. 이학봉 청와대 민정수석이 박용곤 회장한테 '일단 프로야구를 조직해야 할 것 아니냐. 3년 뒤에는 서울로 올라올 수 있도록 내가 책임지고 해줄 테니까 대전으로 가라'고 했어요. 그래서 우리가 대전으로 가게 됐던 겁니다."

1982년 대전 시내에 걸린 OB 베어스 창단 환영 현수막

창단 초기부터 OB 베어스 프로야구단의 토대를 만든 박용민 초대 단장의 술회다.

그렇다고 구두상의 약속만 믿을 수는 없는 일이었다. 두산으로서는 확실한 안전장치가 필요했다. 우여곡절 끝에 6개 구단을 맡을 기업과 연고지가 모두 정해진 상황에서, '두산 3년 후 서울 이전'이라는 내용의 문서에 다른 5개 구단의 구단주가 모두 사인했다. 한마디로 각서를 받은 것이었다. 이 일에 대해 원년 OB 베어스 매니저(주무)였던 구경백 일구회 사무총장은 이렇게 기억한다.

"다른 구단주들이 서명한 각서를 들고 제가 소공동까지 갔던 기억이 나요. 한 법률사무소에서 공증까지 받아왔던 게 지금도 생생해요."

이렇게 두산이 대전에 자리를 잡게 됐다.

결국 한국 프로야구는 산고 끝에 서울-MBC, 인천-삼미, 대전-OB, 광주-해태, 대구-삼성, 부산-롯데로 연고지를 확정하고 닻을 올릴 수 있었다.

'역사에 만약은 없다'지만, 당시 상황에서 가정법을 쓰지 않을 수 없다. 베어스의 역사는 물론 프로야구의 역사가 어떻게 달라졌을지 상상해보는 것도 흥미로운 일이기 때문이다.

① 만약 한화 창업주 김종희 회장이 그해 타계하지 않았다면?

김종희 회장의 야구에 대한 애정은 남달랐다. 천안북일고 야구부를 만들고 전폭적인 지원을 아끼지 않은 인물이었다. 그렇다면 한화가 먼저 대전을 연고로 프로야구단을 출범했을지 모른다. 1985년 OB 베어스가 서울로 이전했을 때, 고 김종희 회장의 유지에 따라 대전에 제7구단인 빙그레 이글스를 창단한 것만 봐도 그렇다. 한화가 원년팀으로 대전에 둥지를 틀었다면 두산은 어디로 갔을까? 원년팀으로 참가할 자리가 있었을까?

② 만약 두산이 실제로 인천에 자리를 잡았다면?

OB 베어스는 원년 우승팀이 아니라, 어쩌면 프로야구 출범 첫해의 삼미 슈퍼스타즈처럼(승률 0.188) 처참한 성적을 올렸을 가능성이 크다. 삼미 선수들이 OB 유니폼을 그대로 입었을 테니 말이다. 한편으로는 삼미-청보-태평양-현대-SK-SSG로 숱하게 팀 간판을 바꿔온 인천 지역의 지난한 프로야구팀 변천사도 달라졌을지 모른다. 두산이 서울로 이전했을지도 모르지만, 아직도 인천에 눌러앉아 있을지도 모를 일이다.

### ③ 두산이 "인천으로 가겠소!"라고 주장하지 않았다면?

프로야구 원년 우승의 역사도 달라졌을 것이다. OB 베어스가 고분고분 대전으로 갔다면 원년에 충청도 지역 고교 출신 선수로만 선수단을 구성했을 것이다. 그렇다면 꼴찌 삼미와 엇비슷한 전력일 수밖에 없었을 것이다. 박철순(배명고 출신)도 없었을 테고, 윤동균(동대문상고 출신), 김우열(선린상고 출신), 조범현(충암고 출신) 등 원년 우승의 주역들이 대부분 서울팀인 MBC 청룡에 입단했을 것이기 때문이다. 어쨌거나 "우리가 인천으로 가겠소!"라는 요구를 통해 OB 베어스는 반대급부를 얻었다. 서울 출신 선수를 놓고 MBC 청룡과 2대 1 드래프트를 하면서 '선수층'을 확보한 것은 물론, '3년 후 서울 입성'이라는 약속까지, 확실한 두 마리 토끼를 잡을 수 있었다. '밑져야 본전'이 아니라 결과적으로 1980년대 팀을 지탱할 수 있는 밑천을 마련하게 된 '남는 장사'였다.

# BEARS

# 2

## OB 베어스의 시조,
## 25인의 전사를 아십니까?

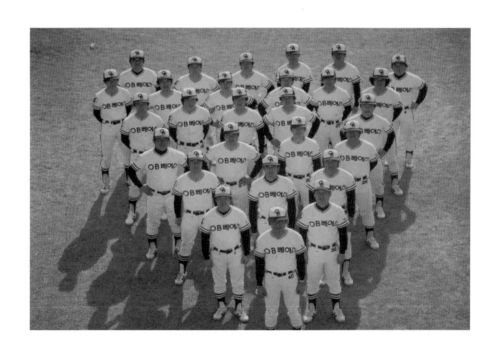

1982년 OB 베어스 선수단 단체사진

프로야구가 출범한 1982년, OB 베어스는 신구 조화 속에 돌풍을 일으키며 원년 우승의 신화를 만들었다. 한국 프로야구 최초의 팀이자 최초의 우승팀이라는 영광의 역사를 빚어낸 원년 멤버들은 누구일까. 그들은 어떻게 OB 유니폼을 입었을까.

베어스의 시조 격인 최초의 전사 25인은 올드팬들에게는 향수를 자극하고, 젊은 팬들에게는 전설로 남아 있는 이름들이다.


## ⚾ MBC 청룡과 OB 베어스의 역사적 드래프트

1장에서 설명했듯이, OB 베어스가 대전으로 내려가기로 하면서 반대급부로 서울 출신 선수를 놓고 MBC 청룡과 2대1 드래프트를 하기로 한 것은 최대 수확이었다. 충청권에서 확보할 수 있는 선수가 예상보다 훨씬 적었기에 더욱 그랬다. 드래프트를 눈앞에 둔 당시 기사를 보면 분위기를 엿볼 수 있다.

두산그룹의 OB 베어스는 팀명과 심벌마크를 가장 먼저 정하는 등 팀 창단 준비작업에 기선을 잡았으나 연고지 선수층이 빈약, 선수층 확보에 가장 고전하고 있다. 대전이 본거지, 충남북이 연고지로 되어 있다. MBC와 서울 출신 선수들을 2대1 드래프트할 예정이나 어느 정도 선수를 배정받을지 속을 태우고 있다. 단장은 박용민 씨, 감독은 일본 프로야구 난카이 호크스* 팀에서 투수로 활약했고 천안북일고를 고교 야구 정상급으로 끌어올린 김영덕 씨가 맡았다. 코치에는 김성근, 이광환 씨를 맞아들였다.

_1981년 12월 25일자 〈매일경제〉

OB 베어스는 연고지 고교 출신 선수들인 신경식(공주고-상업은행), 김경문(공주고-고려대 4학년)과 1982년 3월 경리단(현재 상무 피닉스 야구단)에서 제대할 '큰大' 이근식 등 3명만 먼저 확보했을 뿐이었다.

서울 지역 고교 출신 선수들의 프로 입단 신청서를 받은 결과 총 95명이 지원했다. OB로서는 서울 지역 드래프트에 사활을 걸어야 하는 상황이었다. 그래서 MBC 청룡 측에 드래프트 직전까지 "상위 그룹 선수만은 1대1로 배정해 각 구단 간의 실력 평준화가 이뤄지도록 해야 한다"고 주장해봤지만, MBC가 이를 순순히 받아들일 턱이 있겠는가.

마침내 1981년 12월 29일 MBC 청룡과 OB 베어스가 역사적인 2대1 드래프트를 진행했다. 다음은 당시 드래프트 결과를 보도한 기사다.

* 소프트뱅크 호크스의 전신.

서울 지역 프로야구 진출 희망 선수들에 대한 추첨이 29일 실시되어 MBC 청룡 팀이 정순명(한국화장품), 이광은(성무) 등 28명, 대전 지역을 근거지로 둘 두산 OB는 박철순(미국 프로야구 선수), 김우열(제일은행) 등 23명을 확보했다. 두산은 이미 연고지 선수로 뽑은 김경문(고려대), 이근식(경리단), 신경식(상업은행) 등 3명과 함께 26명의 선수단을 구성하게 되었다.

_1981년 12월 30일자 〈경향신문〉

우선권을 쥔 MBC 청룡은 국가대표 출신의 우완 정통파 정순명과 하기룡(작고)은 물론 좌완 유종겸, 잠수함 이광권, 이길환(작고) 등을 선택해 균형 잡힌 마운드를 구성했다. 또한 안방마님인 포수로는 유승안, 김용운(작고), 최정기, 신언호(입단 후 외야수로 전향한 최고 강견의 소유자) 등을 선발해 포수 왕국을 만들었다.

군 복무 후 1982년 4월 30일에 제대하는 성무(공군 야구단)의 이광은 외에도 이종도(MBC 청룡의 첫 주장), 김인식, 김용달, 정영기, 김용윤(훗날 김바위로 개명) 등을 찍었다.

여기에 일본 프로야구에서 19년간 활약하며 타격왕(1975년 퍼시픽 리그)까지 차지한 백인천은 MBC 청룡 감독으로 선임된 관계로 드래프트 없이 자연스럽게 감독 겸 선수로 활약하게 됐다.

MBC로서는 1982년 9월 서울에서 열릴 예정인 세계야구선수권대회로 인해 실업야구 최고 스타 김재박(한국화장품)과 이해창(실업 롯데)의 프로 진출이 유보된 상황이 아쉬웠지만, "나름대로 삼성과 함께 우승에 도전할 만한 전력을 갖췄다"는 평가를 들었다.

OB 베어스는 당연히 미국에서 야구를 하고 있던 박철순(배명고 출신)을 1순위로 호명했다. 박철순은 1980년 미국 프로야구 밀워키 브루어스와 계약한 뒤 1981년 더블A까지 올라갔고, 1982년에는 트리플A 승격이 약속돼 있었다.

MBC는 박철순에 대해 정보가 거의 없었던 반면, OB는 이미 입단 합의까지 해놓은 상태였다(박철순은 초창기 OB 베어스 역사를 논할 때 가장 큰 비중을 차지하는 인물이다. 박철순 영입 비화에 대해서는 3장에서 자세히 다루기로 한다). 그러면서 OB는 박철순을 포함한 23명의 서울 출신 선수를 추가로 확보했다. MBC가 먼저 2명을 선택한 뒤 1명을 뽑아야 하는 불리함은 있었지만, 그래도 쏠쏠하게 전력 보강을 했다.

우완 박철순, 계형철(중앙고 출신), 김현홍(선린상고 출신)에다 좌완 황태환(철도고 출신)과 선우대영(서울고 출신), 잠수함 박상열(동대문상고 출신)과 강철원(동대문상고 출신)으로 마운드 구색을 갖췄다.

지역 연고 공주고 출신의 김경문을 미리 확보한 포수 자리에는 드래프트에서 인하대 조범현(충암고 출신)에 이어 정종현(선린상고 출신)을 추가로 선택했다.

내야수는 큰 이근식과 유망주 신경식을 충청권 선수로 확보한 상태에서 김광수(선린상고 출신), 유지훤(대광고 출신), 양세종(장충고 출신), 구천서(신일고 출신) 등으로 그물을 짰다.

외야수는 윤동균(동대문상고 출신), 김우열(선린상고 출신), 이홍범(장충고 출신), 김유동(동대문상고 출신) 등 백전노장으로 구성했다. '작은 小' 이근식(충암고 출신)과 정혁진(선린상고 출신), 구천서의 쌍둥이 동생인 구재서(신일고 출신)도 포함됐다.

다른 팀들도 선수단 구성에 박차를 가했다. 삼성 라이온즈는 이미 12월 25일 국가대표 출신 선수를 대거 영입하며 가장 먼저 25명의 선수단을 꾸렸다.

OB 베어스로서는 부족하나마 어쨌든 선수단 구성조차 힘들었던 해태나 삼미와 비교하면 서울 지역 선수 드래프트로 인해 나름대로 넉넉한 살림을 구축할 수 있었다. 해태는 프로에 일찍 들어오기 위해 대학을 중퇴한 이상윤(한양대)과 방수원(영남대)까지 끌어모아 겨우 15명의 선수만 참석한 가운데 창단식을 열었을 정도였고, 삼미는 연고지(인천·경기·강원)에서 국가대표 출신 선수는 눈을 씻고 찾아봐도 없었다. 심지어 공개 테스트를 통해 일반인(삼미철강에서 직장야구 선수로 뛰다 테스트에 합격한 투수 감사용이 대표적이다)까지 모집해야만 했다.

## 🎾 순간의 선택에 좌우된 운명

"드래프트에서 MBC와 OB 중 어느 팀에 선택될지 궁금해하는 서울 선수들이 많았죠. 드래프트는 비공개로 진행됐는데, 당시만 하더라도 어디 개인 휴대전화가 있습니까. 선수가 어느 팀에 선택됐는지는 다음 날 신문이나 보고 알 수 있는 상황이었거든요. 그런데 저는 그날 저녁에 바로 알게 됐어요. 신촌 쪽에서 지인과 약속을 잡고 저녁에 선술집에서 술을 한잔하고 있었는데 우연히 그 술집에서 당시 OB 김성근 코치와 이광환 코치를 만났던 거죠. 우연히, 정말 우연히요."

윤동균(전 OB 베어스 감독·일구회 회장)의 회상이다.

윤동균은 김우열과 함께 원년 OB 베어스의 맏형이었을뿐더러 프로야구 전체에서도 최고령 선수였다. 학창 시절에는 김우열이 1년 먼저 학교에 다닌 선배였으나, 호적상으로는 윤동균이 1949년 7월 2일생, 김우열이 1949년 9월 9일생이었다. 그래서 1982년 3월 27일 KBO 원년 공식 개막식 때 윤동균이 선수단을 대표해 선서하기도 했다.

그런데 윤동균이 1981년 12월 29일 드래프트를 마치고 신촌의 한 술집에 들른 김성근 코치, 이광환 코치와 '우연히' 만나게 된 것이다. 사실 코치와 선수 관계라고는 해도 이광환 코치는 1948년생으로 윤동균과 겨우 한 살 차이였다. 당시 윤동균은 포항제철 야구단에서 플레잉코치를 맡고 있었고, 김우열 역시 제일은행 야구단의 차기 감독 후보로 꼽히며 은퇴를 준비하던 상황이었다.

"그 자리에서 뒷얘기를 많이 들었어요. 김영덕 감독과 두 코치가 드래프트 전부터 모여서 머리를 싸매고 고민을 많이 했다고 해요. 그런데 MBC가 드래프트 현장에서 저하고 김우열은 나이가 많아서 거들떠보지도 않았다고 하더라고요. OB도 고민을 많이 했지만 드래프트 막판에 저희를 선택했다고 하더라고요."

여기서 다시 가정법 하나. 당시 서울 지역 드래프트에서 구단의 판단이 조금만 달랐더라면 MBC 선수가 OB 선수가 되고, OB 선수가 MBC 선수가 됐을지 모를 일이다.

"그랬죠. 당시 OB가 대전을 연고로 출발했으니까 서울에 사는 선수도 OB에 선택되면 대전으로 이사를 가야 하는 상황이었잖아요. 그래서 서울 선수들 중에는 솔직히 내심 MBC에 선택되기를 바라는 선수도 있긴 했어요. 저는 고향이 삼척이지만 아버지가 군인이라 초등학교 때 대전에 내려가 중학교 때까지 살았어요. 고등학교는 동대문상고를 나왔지만, 대전과 인연이 깊어 OB에 선택된 게 잘됐다고 생각했죠. 그런데 저나 김우열을 MBC가 찍었다면 저희의 야구 인생이, 프로야구 역사가 또 어떻게 달라졌을지는 모릅니다. 둘이 원년에 그렇게 잘할 줄 누가 알았겠습니까."

윤동균은 드래프트 당시의 상황을 추억하며 특유의 호탕한 웃음을 지었다.

그런데 OB는 대전을 연고지 삼아 출범하면서도 그때까지 정작 대전고 출신 선수를 한 명도 뽑지 못하고 있었다. 그래서 이들 외에 대전 연고 선수로 내야수 박종호(대전고 출신)와 포수 김진홍(대전고-인하대)을 추가로 영입했다.

1982년 1월 15일 오후 5시, OB 베어스는 서울 종로구 합동회관 10층 강당에서 창단식을 열고 코칭스태프 3명과 선수 25명으로 공식 출범했다. 프로야구 6개 구단 중 최초의 창단식. OB 베어스가 한국야구사에서 최초의 프로야구단으로 기록되는 순간이었다.

한국 프로야구 6개 구단 중 두산 OB 베어스가 15일 창단식을 갖고 첫 출범의 닻을 올렸다. OB 베어스는 이날 서종철 한국 프로야구 조직

커미셔너와 두산그룹 임직원, 타 구단 관계자들이 참석한 가운데 열린 창단식에서 박용곤 회장이 박용민 단장에게 단기를 수여, 페어플레이로 국민의 여가선용에 이바지하는 모범 팀이 될 것을 다짐했다.

_1982년 1월 16일자 〈동아일보〉

## 🎾 1982년 OB 베어스 창단 멤버를 소개합니다

원년부터 2022년까지 베어스 유니폼을 입고 한 번이라도 1군 경기에 나선 선수는 총 478명. 원년 멤버 25명(모두 1군 기록이 있다)은 전체의 5.4%에 불과하지만, 무게와 상징성을 놓고 보면 이들이 베어스 역사에서 차지하는 비중은 숫자 그 이상이다.

베어스 팬이라면 다른 건 몰라도 곰 군단의 원조 격인 OB 베어스 창단 멤버 정도는 알아두어야 하지 않을까? 창단 당시 등록된 25인의 전사와 코칭스태프, 프런트를 간략하게 소개한다. 이들에 대한 자세한 이야기는 뒷장에서 차차 풀어나가고자 한다.

### 프런트

▲구단주 **박용곤** ▲단장 **박용민** ▲사무국장 **이민우**

▲매니저 **구경백** ▲경리 **박인자**

**코칭스태프(총 3명)**

**▲감독(1명)**

**김영덕**(등번호 40)

김영덕 감독

　재일교포. 일본 프로야구 난카이 호크스에서 활약한 잠수함 투수 출신. 한국야구에 슬라이더 전수. 실업야구 시절 한 번의 퍼펙트 게임과 세 차례 노히트노런 작성. 감독으로서 1980년 봉황대기에서 천안북일고 창단 첫 우승 지휘. 1981년 제1회 세계청소년선수권대회에서 선동열과 김건우를 앞세워 최초 우승 지휘. 1982년 OB 베어스 원년 사령탑을 맡아 한국 프로야구 최초 우승 지휘. 이후 다른 팀 감독으로서 6차례 한국시리즈에서 준우승. 2023년 1월 별세.

김성근 코치(우)와 장훈 인스트럭터(좌)

▲코치(2명)

**김성근**(등번호 38)

재일교포. 원년 투수코치. 김영덕 초대 감독에 이어 1984년부터 1988년까지 OB 베어스 제2대 사령탑 역임. OB 감독으로는 한국시리즈에 오르지 못했지만, SK 와이번스 감독 시절이던 2007~2008년 한국시리즈에서 두산 베어스를 상대로 우승했고, 2010년까지 총 3회 우승.

**이광환**(등번호 1)

실업야구 한일은행에서 김영덕 감독 시절 선수로 인연을 맺음.

원년 타격코치(코치가 부족해 수비·주루·작전 코치로 1인 다역을 소화). 김성근 감독이 물러난 뒤 1989년 OB 베어스 제3대 감독 부임. 시대를 너무 앞서나간 '자율야구'를 시도하다 실패하면서 1시즌 반 만에 중도하차. 이후 1990년대 중반 LG 트윈스 사령탑에 올라 자율야구를 꽃피우며 우승.

### 선수(총 25명)

#### ▲투수(7명)

#### 박철순(등번호 21)

실력과 외모를 겸비한 원년 최고 스타. 미국 프로야구에서 터득한 너클볼, 팜볼 등 당시 한국 프로야구에서는 보지 못한 마구를 앞세워 원년 22연승 및 24승을 거두며 OB 베어스 최초 우승을 견인. 이후 끊임없는 부상과 재활 속에서도 쓰러지지 않으면서 '불사조'라는 별명을 얻음. 등번호 21번이 베어스 영구결번으로 지정됨에 따라, 베어스 역사에서 유일하게 21번을 단 선수가 됨.

#### 계형철(등번호 11)

공은 빨랐지만 제구 난조로 유망주에 머물다 1984년 두 자릿수 승리(14승 4패)를 거두며 도약했고, 30대에 접어들면서 원숙미를 뽐냄.

#### 선우대영(등번호 29)

기대가 컸던 좌완 에이스 후보였지만, 부상으로 꽃을 피우지 못한 비운의 투수. 원년 6완투와 1완봉승을 포함해 7승을 올렸고, 한국시리즈 3차전 선발승으로 우승에 공헌. 이듬해 부상으로 4승에 그친 뒤 프로 2년 만에 은퇴하고 미국 애틀랜타로 이민.

### 황태환(등번호 15)

원년 골든글러브 투수 부문 수상자(당시 골든글러브는 요즘과 달리 1983년까지는 수비율로만 시상). 만 30세이던 1982년 선발과 구원을 오가며 6승 5패 3세이브를 수확한 좌완. 1983년에는 6구원승 14세이브를 올리며 20세이브포인트로 구원왕에 오름(2003년까지는 구원승과 세이브를 합산한 구원 포인트로 구원 타이틀 집계).

### 박상열(등번호 9)

원년 3완투 포함 10승(5패)을 거두며 박철순에 이어 팀 내 다승 2위에 올랐던 잠수함 투수. 1983년 10승, 1984년 12승을 기록해 3년 연속 두 자릿수 승리를 거두며 OB 마운드를 지탱.

### 강철원(등번호 23)

호리호리한 체격과 예쁘장한 얼굴로 '미스 강'이라는 별명을 얻음. 잠수함 비밀병기로 1982년 전반기에는 부상으로 쉰 뒤 후반기에만 5연승 무패가도를 달림. 한국시리즈 1차전 선발투수로 등판해 9이닝 3실점 깜짝투로 원년 우승의 발판을 마련.

### 김현홍(등번호 18)

원년에는 승리 없이 29와 2/3이닝만 던졌고, 이듬해인 1983년 완봉승 1차례 포함 2승 1패 1세이브를 기록한 뒤 은퇴. 선수로는 이렇다 할 활약을 하지 못했지만, 훗날 스카우트로 활동하며 두산 화수분 야구의 토대를 구축.

### ▲포수(4명)

**김경문**(등번호 22)

원년 한국시리즈 최종전 우승 확정 순간의 포수. 훗날 두산 베어스 제7대 감독 및 NC 다이노스 초대 감독 역임. 국가대표 사령탑으로 2008년 베이징올림픽 야구 금메달 지휘.

**조범현**(등번호 25)

원년 OB 베어스 최초 게임 선발포수. 훗날 SK 와이번스, KIA 타이거즈, kt 위즈 감독 역임. 국가대표 사령탑으로 2010년 광저우아시안게임 야구 금메달 지휘.

**정종현**(등번호 12)

조범현과 김경문에 이은 제3의 포수. 아마추어 시절에는 공격형 포수였으나, 프로에서는 1987년까지 통산 타율 0.221에 그침.

**김진홍**(등번호 2)

대전고-인하대 출신으로 대전 연고 지명 포수로 OB 베어스에 입단. 1989년까지 통산 61경기 출장한 뒤 은퇴.

## ▲내야수(7명)

### 신경식(등번호 19)

188cm의 키로 롯데 자이언츠의 김용희(190cm)에 이어 원년 프로야구 전체 두 번째 최장신 선수. 왼손잡이 1루수로 송구를 받을 때 오른 다리를 쭉 찢어 받는 모습이 트레이드마크가 되면서 '학다리', '타조' 등의 별명을 얻음. 당초 백업 1루수라는 평가였지만 원년 타율 0.334로 타격 4위에 오르는 기염을 토함.

### 이근식(등번호 28)

1958년생 1루수. '큰 이근식'으로 불림. OB 원년 멤버 중 외야수에 '이근식'이라는 동명의 선수가 있었는데, 이름 한자(李根植)까지 같아 키 차이로 '큰 이근식'과 '작은 이근식'으로 구분함. 김경문과 함께 공주고를 전국대회 우승으로 이끈 후, 실업야구팀인 롯데에서 뛰다 프로 입단. OB 원년 주전 1루수로 기대를 모았지만 신경식에 밀림.

### 구천서(등번호 20)

동생 구재서와 함께 프로야구 최초의 쌍둥이 형제 선수로 화제를 모음. 신일고를 졸업한 뒤 동생과 상업은행 야구단에 들어갔다가 1년 만에 프로행. OB 팀 내 막내로 큰 주목을 받지 못했으나 김광수의 부상으로 주전 2루수로 투입된 뒤 공수주에서 다부진 능력 발휘. 3루수로도 쏠쏠한 활약을 펼친 원조 멀티플레이어.

### 김광수(등번호 4)

키는 작았지만 견실한 2루 수비와 빠른 발놀림으로 '날다람쥐'라는 별명이 붙음. 훗날 64경기 연속 무실책으로 한동안 '역대 2루수 연속 경기 무실책' 기록 보유.

### 양세종(등번호 16)

OB 베어스의 원년 주전 3루수로 KBO 초대 승리타점왕(1989년까지 KBO 공식 개인 타이틀. 1990년부터 최다안타 부문이 신설되면서 승리타점은 폐지)에 오른 실력파. 훤칠한 외모로 구단 차원에서 차세대 스타로 키우려고 했던 인물. 1984년에는 지명타자 부문 골든글러브를 수상하기도 했지만, 현역 군 복무 후 내리막길을 탄 비운의 스타.

### 유지훤(등번호 6)

김우열과 더불어 구레나룻이 트레이드마크였던 초창기 OB 주전 유격수. 실책이 다소 많았지만 1980년대 OB 베어스의 유격수를 상징하는 인물.

### 박종호(등번호 24)

원년 연고지를 대전으로 정했음에도 원년 멤버 중 막상 대전고 출신 선수가 한 명도 없어 구단 차원에서 상징적 인물로 영입한 선수. 1982년 4경기에 출장해 4타수 2안타를 기록한 것이 1군 성적의 전부.

## ▲외야수(7명)

### 윤동균(등번호 10)

원년 최고령 선수로, 개막전에서 선수 대표로 나서 선서를 함. 첫해 0.342의 고타율로 타격 2위를 기록, MBC 청룡 감독 겸 선수였던 백인천(0.412)이 없었다면 원년 타격왕. '백곰'이라는 별명으로 불릴 정도로 베어스라는 팀 마스코트와 가장 잘 어울린 캐릭터. 훗날 KBO 최초 은퇴식 겸 은퇴경기 주인공이자, 1992년 베어스 제5대 감독에 취임하며 KBO 최초로 선수 출신 감독이 됨.

### 김우열(등번호 3)

실업리그 홈런왕 출신으로 OB 베어스의 초대 주장. 원년에 가장 먼저 10호 홈런에 도달하는 등 전반기 홈런 1위를 달렸지만, 후반기 부상으로 13홈런에 그침. 별명은 '아가리'. 치기 좋은 공을 흘려보내면 어김없이 입을 쫙 벌리는 버릇 때문에 생긴 별명.

### 김유동(등번호 8)

실업야구 한국화장품에서 은퇴했다가 프로야구 탄생으로 다시 유니폼을 입은 케이스. 원년 한국시리즈 최종 6차전 9회초에 삼성 투수 이선희를 상대로 만루홈런을 날리면서 초대 한국시리즈 MVP를 차지.

### 이홍범(등번호 14)

실업야구 시절 유격수에서 외야수로 전향한 뒤 OB 베어스 초창기 백업 외야수로 활약. 은퇴 후 미국에서 트레이닝 연수를 받고 트레이닝 코치로 변신.

### 구재서(등번호 27)

구천서의 쌍둥이 동생으로 더 유명. 빠른 발을 갖추고 있어 주로 대주자로 활약. 1989년을 끝으로 은퇴한 뒤 동대문 시장에서 의류 관련 사업에 매진.

### 이근식(등번호 7)

일명 '작은' 이근식. 1959년생으로 충암고와 한양대를 졸업하고 OB 유니폼을 입은 좌투좌타 외야수. 큰 이근식이 학창 시절 1년을 유급해 김경문, 조범현, 큰 이근식, 작은 이근식, 정종현 5명은 OB 원년 멤버 동기로 지냄. 1986년까지 통산 타율 0.233, 1홈런, 41타점.

### 정혁진(등번호 17)

선린상고 시절이던 1976년 황금사자기 대회에서 사상 최초 만루 홈런을 때리며 주목받았지만, 고려대 졸업 후 프로에 들어와서는 이렇다 할 성적을 올리지 못함. 1군에서는 1983년까지 2년간 통산 타율 0.240, 3홈런, 25타점.

# BEARS

# 3

## "써니를 잡아라!"
## 불멸의 에이스 박철순 영입 비화

김경문과 박철순

"마이너리그에서 봤는데 한국에서 온 투수가 한 명 있어요. 꽤 잘 던졌어요."

"그 선수가 누굽니까."

"밀워키 브루어스 마이너리그에 있는 투수입니다."

"이름은……?"

"이름은 잘 기억나지 않는데 괜찮은 투수였습니다. 한국에 프로 야구가 생긴다니 데려가세요. 그 정도 수준의 투수면 한국에서 충분히 잘 던질 겁니다. 밀워키에 가서 버드 셀리그Bud Selig 구단주를 한 번 만나보세요."

1981년 가을, 메이저리그 LA 다저스의 구단주 피터 오맬리Peter O'Malley(현 샌디에이고 파드리스 구단주)는 한국에서 온 키 작은 신사에게 뜻밖의 이야기를 전했다. 키 작은 신사는 바로 메이저리그의 선진 구단 운영 기법을 배우고 조언을 듣기 위해 찾아온 OB 베어스 초대 단장 박용민이었다. 다저스 구단 사무실에서 무심코 나눈 이 대화가 메이저리그 승격을 꿈꾸던 한 젊은 한국인 투수와 OB 베어스, 그리고 프로야구의 운명을 바꾸는 방아쇠가 될 줄은 꿈에도 몰랐다.

　박철순은 초창기 베어스의 역사 그 자체다. 'OB' 하면 '박철순'이었고, '박철순' 하면 'OB'였다. 그래서 이번 3장은 오롯이 박철순 영입 과정에 대해서만 이야기하고자 한다. 박철순 영입 작전은 계획된 것이 아니라 우연히, 너무나도 우연히 시작됐다.

박철순의 투구 모습

## 🎾 피터 오맬리에게 전해 들은 한국인 마이너리거 투수

박용민 초대 단장은 키는 작았지만 강력한 추진력을 갖춘 인물로 '작은 거인'이라 불렸다. 두산그룹 박용곤 회장(OB 베어스 구단주)의 전폭적인 지원 아래 OB가 프로야구 태동기에 진취적인 구단으로 자리 잡는 데 초석을 놓은 인물이다.

박 단장은 1982년 프로야구 탄생에 맞춰 최초로 어린이 회원을 모집하고, OB 베어스의 상징인 '삼색 모자'를 만들었다. 최초로 2군 시스템과 2군 전용구장을 마련한 것도 그의 작품이었다.

합동통신(1960년 두산그룹이 인수한 뉴스통신사) 기자와 일본 특파원을 지낸 그는 프로야구단 초대 단장으로 부임하기 전 연합통신(현 연합뉴스의 전신. 1980년 언론통폐합에 따라 합동통신과 동양통신 등 5개 통신사를 통폐합해 새로이 창설한 기구)에서 사회부장과 부국장을 지냈다.

"일본 특파원 시절엔 야구에 관심이 없었어요. 오히려 우리 집사람이 일본에 살면서 무료했는지 일본 프로야구에 더 심취해 있었지. 그런데 1981년 가을 즈음에 프로야구단을 만들기로 결심한 박용곤 회장님이 어느 날 저를 부릅디다. 형제분들도 다 있는 자리에서 '야, 네가 단장 해!'라고 하시더라고. 일본 특파원을 지냈지만 야구에 대해서는 정말 아무것도 몰랐는데, 할 수 없이 초대 단장을 맡게 됐어요. 박용곤 회장님은 미국 유학 시절 워낙 야구를 좋아하셨고 그러다 보니 야구를 많이 아시는 분이셨죠. 저한테도 '시간만 되면 무조건 일본이나 미국 구단에 가서 많이 배워'라고 하시면

OB 베어스 박용민 초대 단장

서 전폭적으로 밀어주셨어요. 그래서 프로야구가 시작되기에 앞서 1981년 가을부터 일주일이 멀다 하고 미국과 일본을 수시로 드나들었죠."

프로야구가 첫발을 내딛기도 전인 1981년 가을에 박용민 단장이 메이저리그 명문팀 LA 다저스의 피터 오맬리 구단주를 만난 데는 이런 배경이 있었다. 두산그룹은 정부 정책에 등 떠밀려 프로야구단을 만든 게 아니라, 구단주의 의지로 프로야구단을 창단했다. 그런 만큼 OB 베어스는 초창기에 무엇이든 일찌감치 앞서나갈 수 있었다.

"다저스 오맬리 구단주가 마이너리그 경기를 돌아다니다 박철순을 봤대요. 한국에 프로야구가 생긴다고 하니까 '그 친구 쓸 만하니까 데리고 가라'고 하더라고요. 오맬리도 당시 박철순의 이름은 잘 기억나지 않는다고 했어요. 난 야구를 안 해봐서 당시엔 야구도 잘 몰랐어요. 기자 생활만 했지, 박철순이 누군지도 몰랐죠. 오맬리가 '좋다'고 하니까 그냥 데려와야겠다고 생각한 겁니다. 그 길로 무작정 LA에서 밀워키행 비행기표를 끊어서 날아갔죠."

박용민 초대 단장의 회상이다. 1935년생. 아흔을 바라보는 나이지만 여전히 정정하다. 최근 일에 대해서는 기억이 가물가물해도, 젊은 날 그 시절의 이야기는 어제 일처럼 또렷하게 기억한다.

여기서 잠깐. 낯익은 인물들이 등장한다. 우선 LA 다저스의 피터 오맬리 구단주. 1994년 박찬호를 영입해 한국인 최초의 메이저리거를 만든 주인공이다. 1937년생으로 박용민 단장보다 두 살 아래다. 그리고 1934년생인 밀워키 구단주 버드 셀리그. 훗날 메이저리그 커미셔너(1998년~2015년)를 지낸 인물이다.

## ⚾ "마이너리그에 있는 한국인 투수, 우리가 데려가겠소!"

"밀워키 마이너리그 소속 투수 중에 한국 선수가 있다고 들었습니다."

"써니Sunny 말씀인가요? 저희 구단에 있습니다만."

"저희가 데려가고 싶습니다."

밀워키의 버드 셀리그 구단주는 당혹스러워했다. 한국에서 온 키작은 신사가 다짜고짜 '밀워키의 한국 선수를 우리가 데려가고 싶다'고 하니 그럴 만도 했다.

박철순의 영문명은 'Cheol-Sun Park'. 미국인들은 'Sun'을 '순'으로 발음해야 하는지, '태양'을 뜻하는 '선sun'으로 발음해야 하는지알 길이 없었다. 어찌 됐든 'Sun'이라고 적혀 있으니 약간 된소리로'썬' 혹은 '써니 팍 Sunny Park'이라고 부르고 있었다.

"당시 밀워키까지 날아갔지만 박철순 본인은 만나보지도 못했어요. 구단주인 버드 셀리그만 만났죠. 그 자리에서 '내가 데리고 가야겠다'고 했더니 펄쩍펄쩍 뛰더군요. 그러면서 '프로는 선수를 그냥데려갈 수 없다. 돈 주고 사서 데려가는 거다'라고 하더라고요. 자기들도 써니를 계약금 주고 영입했고 훈련시키고 키우느라 돈이 들었으니, 우리한테 그 정도 값은 지불하고 데려가야 한다는 말이었죠."

박철순은 연세대 복학생 시절(대학 초반 이렇다 할 활약이 없어 자신감을상실한 박철순은 학교에 자퇴서를 내고 공군 야구단에 입대했다가 제대 후 연세대에복학했다)이던 1980년 1월 28일 대한체육회 10층 회의실에서 입단식까지 치르며 밀워키 유니폼을 입었다. 당시 발표한 계약 조건은 계약금 1만 달러에 월봉 700달러. 여기에 3개월 테스트 기간이 끝나면 보수를 재조정한다는 조건이 붙었다.

1966년 중앙고 3학년 투수 이원국이 일본 프로야구 도쿄 오리온스(지바 롯데 마린스의 전신)와 계약한 뒤 1968년 미국으로 건너가 시카고 컵스, 샌프란시스코 자이언츠, 몬트리올 엑스포스(워싱턴 내셔널스의 전신), 디트로이트 타이거스 산하 마이너리그에서 활약한 적은 있었다. 그러나 한국에서 곧바로 미국 무대로 직행한 것은 한국야구 역사상 박철순이 최초였다.

박용민 단장의 박철순 이적 요구에 밀워키는 거부 의사를 나타냈다. 이듬해 트리플A 승격이 예정돼 있었고, 메이저리그 무대를 향해 착실히 성장해가고 있었기 때문이다. 밀워키 구단에서 느낀 박철순의 매력은 무엇보다 볼넷이 적고 삼진도 잡아낼 수 있는 능력이라고 했다.

### 박철순의 미국 무대 성적

※자료 출처=thebaseballcube.com

| 연도 | 팀 | 레벨 | 경기<br>(선발) | 승 | 패 | ERA | 이닝 | 실점<br>(자책점) | BB/9 | K/9 |
|---|---|---|---|---|---|---|---|---|---|---|
| 1980 | 스톡턴 포츠* | A+ | 11(6) | 3 | 2 | 2.31 | 35 | 10(9) | 2.31 | 8.23 |
| 1981 | 스톡턴 포츠 | A+ | 14(14) | 5 | 7 | 4.22 | 96 | 50(45) | 2.44 | 7.88 |
| | 엘패소 디아블로스** | AA | 11(11) | 3 | 3 | 5.77 | 53 | 40(34) | 2.89 | 4.58 |
| 마이너리그 통산 | | - | 36(31) | 11 | 12 | 4.30 | 184 | 100(88) | 2.54 | 6.99 |

* 당시 밀워키 브루어스 산하 마이너리그 싱글A 구단.
** 당시 밀워키 브루어스 산하 마이너리그 더블A 구단.

그러나 박용민 단장이 간곡하게 "박철순을 양보해달라"고 거듭 부탁하자, 셀리그 구단주도 야박하게 "No!"만을 외칠 수는 없었던 모양이었다. 한참 고민을 하던 밀워키 측은 처음에 이적료 15만 달러(요즘 기준으로 보면 어림잡아 1억 5천만 원 안팎)를 입에 올렸다. 계약금과 2년 치 연봉, 특수학교에 보낼 때 들인 비용 등 자신들이 박철순을 영입해 지금까지 그 정도는 투자했다는 이야기였다. 박용민 단장이 난감한 표정을 짓자, "써니가 2년간 우리 구단을 위해 열심히 뛰었으니 10만 달러를 공제하고 5만 달러만 받겠다"고 선심(?)을 썼다.

당시 환율로 5만 달러라고 해도 웬만한 서울 아파트 2채 값. 한국의 경제 규모로 볼 때 선뜻 지불하기 힘든 거액이었다. 그러나 박 단장은 일단 박철순을 양보할 수도 있다는 밀워키 측의 의사를 파악한 것만으로도 수확이라고 판단했다.

이적료 협상은 뒤로 미루고 곧바로 한국행 비행기를 탔다. 두산그룹과 OB 베어스 초대 사령탑으로 내정된 김영덕 감독의 뜻을 살펴야 했다. 무엇보다 마이너리그 시즌 종료 후 한국에 먼저 들어가 있다는 박철순을 직접 만나 본인의 의사를 확인하는 것이 급선무였다.


## 🎾 박철순 "저녁이나 한 끼 먹는 자리인 줄 알고 나갔는데……"

"1981년 11월쯤으로 기억해요. 시즌이 끝나고 휴가를 얻어 한국에 들어와 있었죠. 12월에 미국으로 가서 다음 시즌에 대비해 훈련을 시작하려고 했는데 어디서 전화가 와서 '한번 만나자'라고 하더라고요. 두산그룹이라고 하더군요."

박철순은 40년 전 기억의 수첩에서 추억의 조각을 하나씩 뒤져나갔다.

"그때 한국에 프로야구가 생기는 줄도 잘 모르고 있었어요. 속으로 '두산그룹에서, 그것도 회장님이 왜 나를 부르지?'라고 생각했죠. 그러다 당시 두산그룹이 OB맥주를 가지고 있었고, 밀워키도 맥주회사라는 생각이 들더라고요. 혼자 '같은 맥주회사라서 회장님끼리 얘기를 하다 나를 한번 만나보라고 한 건가? 저녁이나 한 끼 사주라고 했나?'라고 생각하고 약속 장소로 갔습니다."

박철순은 잠시 눈을 감더니 다시 기억의 회로를 돌렸다.

"두산그룹에 도착했는데 직원이 회장실로 안내를 하더군요. 거기에 왕회장님(박용곤 두산그룹 회장)과 형제분들이 함께 있었던 걸로 기억합니다. 왕회장님이 그 자리에서 저에게 '한국에서 뛸 생각이 없느냐'고 물으시더라고요. OB 베어스가 (MBC 청룡과의 2대1 드래프트에서) 저를 찍으면 미국 생활을 접고 한국에 올 수 있겠느냐는 의사 타진이었죠. 그때 처음 알았어요. 한국에 프로야구가 생긴다는 걸. 당시 두산그룹 쪽에서는 이적 관계에 대해서는 말씀도 하지 않았어요. 그래서 제가 '한국에서 야구를 할 수 있으면 좋은데 밀워키가 어떻게 생각할지는 모르겠다'고 대답했던 것 같아요."

박철순은 "그때 박용민이라는 이름도 처음 알게 됐다"라고 했다.

박철순은 이듬해 트리플A 승격이 약속돼 있었다. 언제라도 메이저리그에 오를 수 있는 마지막 관문만 남겨둔 상태. 미련을 버리기 힘들었다. 그러나 "함께하자"는 박용민 단장의 설득에 마음이 움직

이고 말았다. '한국에도 프로야구가 생긴다면…….'

OB 베어스 초대 사령탑으로 일찌감치 내정된 김영덕 감독도 박철순 영입을 두 팔 벌려 환영하고 나섰다. 가뜩이나 대전과 충청권에 선수가 부족한 마당이라 미국 무대에 진출해 있는 선수를 데려온다면 그야말로 천군만마를 얻는 것과 다름없었다. 김영덕 감독은 당시 상황을 어떻게 기억하고 있을까.

"박철순이 미국에 간 선수라는 것은 알았지만 사실 어떤 선수인지는 잘 몰랐어요. 솔직히 어느 고등학교 나왔는지, 어느 대학교를 나왔는지도 몰랐고요. 신문에서 박철순이 1980년 초에 밀워키하고 계약했다는 소식을 접했고, 트리플A로 간다는 얘기까지는 보긴 봤지만……."

김 감독은 다시 말을 이어나갔다.

"저는 박철순이 던지는 모습을 본 적도 없었어요. 요즘처럼 중계가 되는 시절도 아니니까 말이죠. 그래도 구단에서 물어보길래 '무조건 영입해야 한다'고 주장했어요. 야구는 단기 레이스든, 장기 레이스든 좋은 피처가 있어야 하는 건 기본이죠. 제가 일본 프로야구에서 뛰었기 때문에 미국야구 수준이 어느 정도인지는 알았어요. 트리플A 간다는 얘기도 있었으니까 그 정도면 100% 믿어도 된다는 확신이 있었죠."

1982년 박철순의 투구 모습

## ⚾ 이적료 3만 달러? 돈 한 푼 안 주고 박철순을 품은 사연

"배명고 출신의 박철순이 만약 MBC 청룡에 선택됐다면 한국야구사는 어떻게 달라졌을까요?"

이런 가정을 하는 기자를 향해 박용민 단장은 묘한 웃음을 지었다. 그러더니 박철순이 MBC 청룡이 아닌 OB 베어스에 입단할 수 있었던 당시 뒷이야기를 풀어냈다.

"1981년 12월(29일)에 MBC와 2대1 드래프트를 할 때 우리는 박철순을 1순위로 찍었어요. MBC도 사실 우리가 박철순과 이미 얘기가 다 돼 있다는 걸 알았죠. 제가 MBC 쪽에 얘기를 하고 양해를 구했거든요. 당시 드래프트 분위기는 사실 치열했다기보다는 화기애애했어요. 다들 프로야구가 처음이니까 프로야구 전체 발전을 위하자는 생각이 더 컸죠. MBC가 먼저 2명을 찍고 우리가 1명을 뽑는 식으로 2대1 드래프트가 진행됐는데, MBC는 박철순이 어떤 투수인지 잘 모른 탓도 있지만 벌써 우리와 입단에 합의한 것을 알고는 사실상 우리에게 박철순을 양보한 거였죠."

이제 남은 것은 밀워키와 이적료 협상. 박 단장은 수시로 미국으로 날아가 이적료를 놓고 밀워키 구단과 씨름을 해야만 했다.

1982년 1월 15일 합동회관에서 열린 OB 베어스 창단식에 박철순도 참가했지만, 그때까지 이적료 협상은 타결되지 않았다. 자칫 OB로서는 귀중한 1순위 지명을 날려버리는 상황에 맞닥뜨릴 수도 있었다. 마산에 첫 스프링캠프까지 차렸으나, 2월에도 박철순 이적료 문제는 쉽사리 결론이 나지 않았다. 박철순은 그 시절을 회상하면서 "OB 유니폼을 입기까지 우여곡절이 많았다"며 웃었다.

"마산에서 열린 스프링캠프에 합류해서 훈련하다가 중간에 이적료 협상이 잘 안 된다고 해서 한 번 가방을 쌌던 기억이 나요. 실제로 OB 구단에도 '그동안 감사했습니다'라고 인사까지 했고요. 다시 미국에 들어갈 준비를 했던 거죠. 그런데 갑자기 구단에서 '박 단장님이 미국에 가서서 얘기가 잘됐다'면서 저에게 '이제 미국 안 가도 된다'고 하더라고요. 그래서 다시 가방을 풀었죠."

프로야구 개막이 코앞이었다. 당시 박용민 단장은 마지막 담판을 짓기 위해 미국으로 날아갔고, 거기서 읍소작전을 펼쳤다.

"아시다시피 우리는 이제 막 프로야구를 시작하려고 합니다. 미국은 야구의 종주국 아닙니까. 써니가 고국 무대에서 뛰고 싶어 하니 한국의 야구 발전을 위해 좀 양보해주시면 안 되겠습니까."

박 단장의 간절한 요청에 차가운 비즈니스 마인드로 무장돼 철통같이 닫혀 있던 셀리그의 마음이 마침내 열렸다. 이적료 협상이 마무리된 것이다. 프로야구 원년 개막전을 불과 한 달여 앞둔 1982년 2월 19일이었다. 다음은 당시 상황을 알린 기사이다.

> 미국 프로야구와 계약이 끝나지 않았던 박철순이 한국에서 뛰게 됐다. 박철순의 소속 구단인 밀워키 브루어스의 셀리그 구단주는 19일 한국 프로야구의 발전을 위해 박철순과의 계약을 해지하겠다고 통보해왔다. 밀워키 브루어스는 박철순에 대해 15만 달러의 경비가 들었다고 주장했으나 지난번 OB 베어스의 박용민 단장이 도미, 셀리그 구단주와 협상 끝에 박철순을 트레이드가 아닌 조건으로 계약을 해제했다. 브루어스 구단에서는 당초 배상금으로 5만 달러를 요청했으나 OB 베어스에서 상당한 금액을 계약해제에 따른 사례금으로 지급하는 데 합의했다.

이에 따라 OB 베어스는 박철순과 국내 프로야구의 최상급 대우로 계약을 맺게 됐다. 브루어스 팀에 대한 사례금을 OB 베어스에서 지급하는 외에 박철순은 계약금 2000만 원에 연봉 2400만 원을 받는다.

_1982년 2월 20일자 〈동아일보〉

박철순이 무사히 OB 유니폼을 입은 데는 미국을 수시로 드나들며 집요하게 협상을 벌인 수완가 박용민 단장의 공도 컸지만, 사실 박철순 영입의 단초를 제공한 피터 오맬리가 거중조정 역할을 해준 덕도 컸다. 결자해지의 심정이었을까. 이적료 협상이 교착상태에 빠지자 오맬리가 셀리그를 설득해 대승적 차원의 양보를 이끌어냈던 것이다.

당시 언론을 통해 발표된 박철순의 이적료(사례금)는 3만 달러였다. 대한야구협회와 KBO가 1999년에 펴낸 『한국야구사』 1166쪽에 이렇게 기록되어 있다.

1980년 3월 밀워키 브루어스 산하 마이너리그로 진출했던 박철순은 MBC와 서울자원 드래프트를 통해 OB가 연고권을 획득, 밀워키의 셀리그 구단주에게 3만 달러의 이적료를 지불하고 데려온 신병기였다.

그러나 진실은 따로 있었다. 박 단장의 뒤늦은 고백이다.

"3만 달러는 무슨……. 밀워키에 이적료를 한 푼도 안 주고 박철순을 데려왔어요. 우여곡절이 있었지만 셀리그가 나중엔 한 푼도 안 받겠다고 하더라고요. 대신 프로야구는 비즈니스인데 이적료 없이 박철순을 넘겨줬다고 하면 메이저리그 다른 구단들이 시장 질서가 교란된다고 난리를 칠 거래요. 그래서 언론 발표용으로 3만 달러를 책정한 거였죠. 그때부터 제가 셀리그를 좋아했어요. 피터 오맬리도 고마운 사람이죠. 1982년 개막식 때 한국에 오고, 한국시리즈 때도 한국에 왔어요. 연말에도 우리 박용곤 회장이 초청해서 한국에 왔 고……. 오맬리가 한국하고 인연이 많아요. 프로야구 초창기에 도움 도 많이 줬죠."

37년 전, 피터 오맬리의 우연한 귀띔은 한 젊은이의 인생과 OB 베어스, 그리고 한국 프로야구 역사의 물줄기를 완전히 다른 방향으 로 바꿔놓았다. 물론 이 모든 것은 프로야구가 시작되기 전부터 일 찌감치 선진 프로야구단 운영 기법을 배우기 위해 부지런히 두산그 룹이 먼저 움직인 결과였다.

그렇다면 만약 박 단장이 1981년 가을에 오맬리를 만나지 않았다면 역사는 어떻게 됐을까. MBC와 드래프트가 끝난 다음 1982년 1월이나 2월쯤에 박철순이 미국으로 넘어갔더라면 운명은 또 어떻게 됐을까.

그러고 보니 피터 오맬리는 1994년 박찬호를 미국으로 데려간 인물이지만, 그에 앞서 박철순을 한국에 보내준 숨은 조력자이기도 했다. 역사는 우연히 이루어진다.

# BEARS
# 4

## OB 베어스의 상징,
## 곰과 삼색 모자에 얽힌 숨은 사연

OB 베어스 심벌마크

프로야구 OB 베어스가 6개 구단 중 처음으로 1월 11일 서울운동장 야구장에 첫선을 보였다. 왼쪽 가슴에 어린 곰이 배트를 들고 있는 OB 베어스 야구단의 심벌마크가 들어 있는 산뜻한 감색 트레이닝복을 입고 트레이닝에 나선 선수와 코칭스태프들은 가볍게 배트를 휘두르고 볼을 던지면서 필승 의지를 다졌다.

_1982년 1월 11일자 〈매일경제〉

시간의 물결에 쓸려가지 않는, 세월의 흐름에 잊히지 않는 역사와 기억……. 37년 전 기사가 아련한 추억을 소환한다.

두산그룹은 프로야구단을 창단하면서 팀명을 왜 '두산 베어스'가 아닌 'OB 베어스'로 결정했을까. 그리고 왜 '곰'을 상징 동물로 내세웠을까. 초창기 OB 베어스의 심벌이 된 삼색 모자는 어떻게 만들어졌을까. 두산 베어스 팬이라면 궁금할 법한, 그리고 알아두면 좋을 만한 상식을 소개하고자 한다.

## ⚾ 왜 두산 베어스가 아닌 OB 베어스였을까?

원년 프로야구는 6개 구단으로 출범했다. 다른 5개 구단(MBC 청룡, 삼미 슈퍼스타즈, 해태 타이거즈, 삼성 라이온즈, 롯데 자이언츠)은 모두 팀명에 그룹 이름을 앞장세웠으나, 두산만 유일하게 그룹명 대신 자사 맥주 제품인 'OB'를 선택했다. 두산은 왜 '두산 베어스'가 아닌 'OB 베어스'로 출발했을까.

"당시 OB가 그룹의 주 계열사였어요. OB맥주가 잘 팔려야 하니까 OB를 앞세웠던 것이죠."

OB 베어스 박용민 초대 단장의 얘기다. 그의 말처럼, OB맥주는 그 시절 두산그룹의 주력 계열사였다. 동양맥주로 시작해 광복 이후 'OB맥주'라는 이름으로 국내 맥주 시장을 지배했다. OB는 'Oriental Brewery'의 약자. 그래서 두산은 그룹명 대신 소비재 사업의 대표 격인 OB를 프로야구단 간판으로 달았던 것이다. 박철순이 1982년 22연승 신화를 쓰며 첫 우승을 했을 때도, 김상호가 1995년 잠실 홈런왕에 오르며 두 번째 정상을 차지했을 때도, 'OB 베어스'라는 이름으로 역사를 썼다.

1990년대 후반부터 사업 구조 개편을 시도하던 두산은 1999년 그룹명을 프로야구단의 전면에 내세우기로 하면서 '두산 베어스'로 팀명을 바꿨다. 점차 OB맥주의 지분을 줄여나가다 2001년 매각하면서, 현재 OB맥주는 두산그룹과 관련이 없는 업체가 됐다. 그러나

원년부터 1998년까지 17년의 세월을 지탱한 'OB 베어스'는 프로야
구 역사와 팬들의 추억에 지워질 수 없는 정다운 이름으로 또렷이
남아 있다.

## 왜 곰을 마스코트로 정했을까?

OB 베어스 마스코트

두산그룹의 OB 베어스는 팀명과 심벌마크를 가장 먼저 정하는 등
팀 창단 준비 작업에 기선을 잡았으나 (중략) 팀명은 그동안 OB체인에
서 사용하던 것을 그대로 정했고, 곰은 우리의 조상이란 설화에 뿌리를

두고 있는 것이라고 두산 관계자는 설명했다.

_1981년 12월 25일자 〈매일경제〉


두산은 팀명과 심벌마크를 정할 때도 6개 구단 중 가장 발 빠른 행보를 보였다. 그렇다면 왜 많은 동물 가운데 곰을 마스코트로 결정했을까. 박용민 초대 단장은 이에 대해 "곰은 튼튼하고, 그래서 건강과 지혜와 평화를 상징하는 동물이라 그렇게 결정했다"고 설명했다. 지금까지 '뚝심'으로 이어지는 베어스의 전통을 생각한다면 곰을 선택한 것은 운명의 한 수였다.

사실 두산그룹이 프로야구단을 만들면서 처음으로 곰과 인연을 맺은 것은 아니었다. 그 이전에 이미 두산과 곰은 밀접한 관계를 맺고 있었다. 1980년 10월에 'OB베어'라는 체인점을 모집한 뒤 11월 초부터 일제히 문을 열면서 곰을 상징 동물로 삼았던 것. 'OB베어'는 신선한 생맥주를 간단히 서서 싸게 마실 수 있도록 꾸민 새로운 생맥주 업소였다. 그 이후 전국에 체인점이 들어서면서 빅히트를 쳤다.

당시 신문지상에 나온 'OB베어' 광고를 보면 곰이 거품 가득한 생맥주잔을 안고 있는 모습이 친근하게 그려져 있다. "이젠 곰만 봐도 믿을 수 있습니다. 새로운 멋의 생맥줏집 OB베어"라는 광고 문구도 눈길을 끈다.

## 🎾 왜 삼색 모자를 만들었을까?

OB 베어스 삼색모자 및 헬맷

　박용민 초대 단장은 현재 춘천에 살고 있다. 아흔을 앞두고 있지만 지금도 일주일에 한 번 이상 자신의 분신과도 같은 두산 베어스 경기를 관람하기 위해 춘천에서 버스를 타고 잠실구장을 찾는다. 『베팬알백』 인터뷰를 위해 잠실야구장 내 두산 구단 사무실을 방문한 노신사는 낡은 모자를 쓰고 있었다. 그는 기자에게 "이게 사실 OB 베어스 최초의 모자"라고 소개하며 모자에 숨겨진 사연을 공개했다.

　"이 모자는 두산그룹 광고 계열사인 오리콤에서 처음으로 샘플로 만들어 가져온 거였어요. OB 베어스는 페르시안 블루를 기본 색깔로 삼았는데, 원정 유니폼뿐만 아니라 모자도 처음엔 남색 바탕에 OB를 새겨 넣었죠. 그런데 제가 이 샘플 모자를 구단주인 박용곤 회장님한테 보여드렸더니 '야, 좀 화려하게 해야 한다. 너무 안 보인다'라고 말씀하시더라고요. 결국 모자 디자인을 원점에서 재검토했어요. 그런데 메이저리그 한 구단이 사용하는 모자가 눈에 들어왔어요. 삼색으로 화려하더라고요. 그 모자를 참고해 우리도 빨간색, 하얀색, 푸른색이 들어간 삼색 모자를 만들기로 했죠."

그 메이저리그 구단은 다름 아닌 몬트리올 엑스포스였다. 몬트리올은 캐나다에 있지만 프랑스어를 사용하는 퀘벡주의 제1도시. 몬트리올 엑스포스는 그래서 프랑스 국기처럼 흰색과 빨간색, 파란색을 사용하는 화려한 삼색 모자를 썼다. 언뜻 보기엔 한여름 해변에 설치하는 파라솔 같기도 하고, 어린이들이 좋아하는 삼색 사탕 같기도 한 독특한 디자인이었다. 기자의 이야기에 박용민 초대 단장은 맞장구를 쳤다.

"맞아요. 몬트리올이었어요. 그래서 몬트리올 모자 하나를 얻어와서 우리도 삼색으로 된 화려한 모자로 만들어봤죠. 삼색 모자가 처음 나왔을 땐 솔직히 '이건 화려해도 좀 너무 화려하지 않나' 했는데 성공작이었어요. 아주 성공작이었죠. 어린이들이 홀딱 반했으니까."

OB 베어스는 당시 한발 더 나아가 몬트리올 엑스포스와 자매결연을 추진하려고 계획했지만 성사되지는 않았다고 한다. 그러고는 1987년 세인트루이스 카디널스와 처음 자매결연을 하게 됐다.

"회장님이 문제 삼지 않았다면 어쩌면 이 모자가 OB 베어스 구단 최초의 모자가 됐을지도 모르죠."

박용민 초대 단장은 자신이 쓰고 온 낡은 모자를 테이블 위에 올려놓고는 물끄러미 쳐다보더니 미소를 지었다.

"오리콤에서 샘플로 가져왔다가 저한테 놓고 가버린 모자인데, 어쨌든 저한테는 첫 자식이나 마찬가지이기 때문에 지금도 외출할 때는 항상 이 모자를 쓰고 다녀요."

구경백 일구회 사무총장은 삼색 모자와 관련해 흥미로운 이야기를 꺼냈다. 그는 OB맥주에 입사한 뒤 프로야구단 창단 작업 때 OB 베어스 야구단으로 발령받아 매니저 일을 시작한 인물이다.

"OB 베어스가 원래 모자 모델로 삼으려고 했던 메이저리그 구단은 밀워키 브루어스였어요."

그러고 보니 박용민 초대 단장이 쓴 모자는 밀워키 브루어스 모자를 연상시켰다. 색깔이나 디자인이 흡사하다. 밀워키라면 박철순을 미국 무대로 데려갔던 구단. 또한 OB와 맥주회사라는 공통분모도 갖고 있었다. 그러나 밀워키풍 모자는 결국 채택되지 않았고, 모델 자리는 몬트리올 엑스포스 삼색 모자가 차지했다.

구경백 일구회 사무총장은 말을 이어갔다.

"당시 삼색 모자로 바꾸기로 했는데 컬러가 문제였죠. 제가 다른 직원 한 명하고 그 색깔을 찾기 위해 서울 시내를 다 뒤지고 다녔어요. 그러다 현재 목동야구장으로 가는 길에, 오목교 건너기 전에 '영안모자'라고 있었어요. 거기 천을 보관하는 창고가 있었는데 그 창고 안에 천 두루마리만 수만 개가 있는 거예요. 공장장과 함께 공장 내부 창고를 샅샅이 뒤졌죠. 우여곡절 끝에 컬러를 찾아서 삼색 모자를 만들었는데, 그 모자가 히트 치지 뭡니까. 어떻게 보면 당시엔 소화하기 힘든, 난해한 디자인이었잖아요. 보기에 따라서는 촌스럽기도 하고……. 그런데 유니폼하고 매치가 잘되면서 엄청난 인기를 끌었죠."

요즘 잠실구장을 가보면 OB 베어스 시절을 기억하지 못하는 젊은 두산 팬들도 삼색 모자를 즐겨 쓴다. 예나 지금이나 화려한 디자인으로 팬들에게 사랑받는 삼색 모자는 이렇게 탄생했다.

삼색 모자는 오늘날까지 두산 베어스의 정체성과 뿌리처럼 자리 잡고 있다. 두산 베어스 선수들도 '올드 유니폼 데이' 때 삼색 모자를 착용하면서 팬들과 함께 전통과 역사, 추억을 공유해나가고 있다.

## 세 차례나 창단식을 거행한 이유

6개 구단 중 가장 먼저 코칭스태프와 선수들의 계약을 끝낸 OB 베어스는 1월 11일부터 4일간 두산연수원에서 선수들의 연수를 마친 뒤

15일 창단식을 갖고 (중략) MBC는 1월 5일 선수단과 1차 접촉을 갖고 9일까지 선수계약을 매듭지은 뒤 10일 백인천 선수 겸 감독이 10일 귀국하는 대로 체력훈련을 시작할 방침이다. (중략) 해태는 6일부터 선수계약에 들어가 (중략) 롯데는 8일까지 구단 사장이 확정되는 대로 15일까지 선수 계약을 매듭짓고 (중략) 삼성은 외유 중인 이건희 구단주가 9일 귀국하는 대로 12일까지 선수계약을 끝내고 (중략) 삼미는 당초 선수들의 보수 등급을 7등급에서 8등급으로 나눠 조정한 계약금과 연봉으로 선수들과 계약을 서두르고 있다.

_1982년 1월 6일자 〈경향신문〉


한국 프로야구 6개 구단 중 두산 OB 베어스가 15일 창단식을 갖고 첫 출범의 닻을 올렸다.

_1982년 1월 16일자 〈동아일보〉


OB 베어스는 무엇을 하든 최초였다. 기사에서 보듯 다른 구단이 선수들과 원년 연봉 협상도 시작하기 전에 OB는 가장 먼저 선수계약을 마무리했고, 창단식도 가장 먼저 열었다. 개막을 앞둔 3월 18일부터 가장 먼저 어린이 회원 모집에 나서기도 했다.

프로야구단을 만들기로 결정하자마자 박용곤 두산그룹 회장의 전폭적인 지원 아래 박용민 단장이 이미 미국과 일본의 선진구단 운영 기법을 배워온 결과였다. 이를 통해 OB 베어스는 프로야구 초창기에 한발 앞서나가는 구단으로 자리매김할 수 있었다.

눈길을 끄는 점은 두산그룹이 당시 창단식을 세 차례나 거행했다

1982년 OB 베어스 전지훈련

는 사실이다. 1월 15일에 그룹 계열사인 합동통신과 OB 베어스 구단 사무실이 함께 있는 서울 종로구의 합동회관에서 6개 구단 중 최초로 창단식을 열었고, 실제 연고지인 대전(2월 16일 대전중앙관광호텔)과 청주(2월 17일 충북은행 강당)에서도 한 차례씩 창단식을 진행했다. 연고지 팬들에게 인사를 해야 했기 때문이다.

OB 베어스는 1982년 2월 1일부터 경남 마산에서 KBO 최초의 전지훈련을 시작했다. 원년 프로야구 개막을 앞두고 본격적인 담금질에 돌입한 것이다.

한편 MBC 청룡은 1월 26일, 해태 타이거즈는 1월 30일, 삼성 라이온즈는 2월 3일, 삼미 슈퍼스타즈는 2월 5일, 롯데 자이언츠는 2월 12일 각각 창단식을 열면서 본격적인 프로야구 출항을 준비했다.

# BEARS

# 5

## 베어스 최초 경기,
## 역사적 1호 기록과 추억을 찾아서

원년 OB 베어스 최초 경기

"미국 본토 야구를 배워 온 박철순이냐? 일본 프로야구 타격왕 출신의 백인천이냐?"

첫판부터 호사가들의 구미를 당기게 하는 빅매치가 성사됐다. 팬들과 언론의 관심은 온통 이들의 맞대결에 쏠렸다.

1982년 3월 28일 서울운동장 야구장(동대문야구장). 하루 전 KBO 공식 개막전을 치른 MBC 청룡은 이날 OB 베어스전이 두 번째 게임이지만, OB 베어스에게는 이날 MBC와 치르는 경기(원정 경기)가 구단 역사상 최초의 게임이었다.

당시 MBC 청룡은 선수 구성상 삼성의 독주를 견제할 유일한 대항마로 꼽히던 팀이었다. 선수층도 넓은 서울을 연고지로 삼았고, 일본 프로야구에서 산전수전 다 겪은 백인천이 감독을 맡게 되면서 별도의 드래프트 없이 자연스럽게 MBC 선수로 등록되기도 했다. 게다가 전날 공식 개막전에서 그 유명한 이종도의 연장 10회말 끝내기 만루홈런으로 삼성을 11-7로 격파해 사기가 하늘을 찌르고 있었다.

반면 OB 베어스는 시즌에 앞서 객관적인 전력상 "잘해야 3, 4위권" 정도로 평가됐다. 일부에서는 "국가대표 출신 선수가 단 한 명도 없는 삼미보다는 앞서지 않겠느냐"며 "꼴찌 아니면 다행"이라는 박한 평가를 내놓기도 했다. 실제로 OB 베어스 내부에서도 "MBC나 롯데 둘 중 하나 정도만 잡고 3위만 해도 성공"이라는 목소리가 작지 않았다.

OB가 믿을 구석은 역시 박철순이었다. 밀워키 브루어스 산하 더블A에서 뛰었고, 트리플A 승격이 약속돼 있던 해외파 투수였다. OB는 창단 최초 게임 선발투수로 일찌감치 박철순을 내정해놓고 결전의 날을 기다렸다.

이번 5장은 '베어스 역사상 최초의 게임'이다. 프로야구 출범 이후 1982년부터 2022년까지 41시즌 동안 베어스는 통산 5203경기를 치렀다. 그 수많은 전투 속에서도 첫 경기는 의미가 남다를 수밖에 없다. 베어스는 역사적 첫 경기를 승리로 장식하면서 웅장한 첫걸음을 내디뎠다.

## 🎾 축제 분위기 속 긴장감! 최초의 경기 앞둔 풍경

"동대문에 도착했더니 여기저기 플래카드가 걸려 있고, 팡파르가 울려 퍼지고 그랬어요. 마치 만국기를 운동장에 걸어놓고 축제 분위기를 연출하는 초등학교 운동회 같은 느낌이었다고 할까? 구단 차원의 최초 게임이었으니까 다들 설레면서도 긴장을 많이 했던 것 같아요."

초창기 OB 베어스의 2루를 책임진 '날다람쥐' 김광수(현 일구회 회장)의 회상이다.

김광수는 OB 베어스 역사상 최초의 안타를 기록한 인물이다. 건국대를 졸업한 뒤 실업팀 농협에 입단했다가 프로야구에 뛰어든 그는 OB 베어스 최초의 게임에 2번 2루수로 선발 출장해 1회초 구단 역사상 최초의 안타를 기록했다.

프로야구 시대의 개막. 유인 우주선 아폴로 11호가 1969년 달나라에 최초로 착륙한 것처럼, 프로야구는 그동안 우리가 세상에서 미처 경험하지 못했던 새로운 야구 문명의 시대를 열어줄 것만 같은 분위기였다. 더군다나 전날 공식 개막전에서 MBC 청룡이 끝내기 만루홈런으로 만화 같은 승리를 장식하면서 그런 기대감과 분위기는 한층 더 고조됐다.

"프로야구가 시작됐지만 당시 동대문구장은 선수단이 밥 먹을 데가 마땅치 않을 정도로 열악한 환경이었어요. 그래서 개막전을 앞두고 도시락을 일식집에서 주문해서 가져왔는데, 대기실과 더그아웃 뒤쪽 복도에서 다들 쭈그리고 앉아서 먹고 최초의 경기를 치르러 나갔죠."

원년부터 OB 베어스 매니저를 맡았던 구경백 일구회 사무총장

의 설명이다. 구 사무총장은 당시 두산그룹 임직원이 총출동했다고
기억했다.

"그날 박용곤 회장님도 오시고 그룹 차원에서 임직원들이 많이
왔어요. 구단주인 회장님께서 OB 선수단 앞에서 '긴장하지 말고 편
안하게 하라. 너무 승부에 연연하지 마라. 다만 최선을 다하고 허슬
플레이를 해달라'고 주문했어요. 특히 '허슬플레이를 하라'고 당부
하신 게 분명히 기억나요. 두산의 허슬플레이 기원을 찾아 올라가면
사실 그때부터 시작된 게 아닌가 싶습니다. 박용곤 회장님은 그 이
후에도 자주 야구장에 오셨지만 그때 말고는 선수단 미팅을 한 번
도 하지 않았어요. 그라운드로 내려오시지 않았으니까요."

## ⚾ 선발투수 박철순! OB 베어스 최초 게임 라인업을 아십니까?

OB 베어스 초대 사령탑에 오른 김영덕 감독은 역사적 첫 게임을
승리로 장식하기 위해 라인업을 짜는 데 고민을 거듭했다. 그러나
유일하게 고민하지 않아도 되는 자리가 있었다. 바로 선발투수였다.

"원년 개막을 앞두고 마산 캠프 때 박철순이 던지는 걸 처음 봤는
데 공이 좋았어요. 저뿐 아니라 코치나 선수 누구라도 야구를 한 사
람이면 딱 보면 알죠. 미국에서 야구를 배웠으니 잘할 것이라는 기
대가 있었는데, 캠프 때 실제로 박철순이 던지는 모습을 처음 보는

최초 경기 선발투수 박철순

순간 공이 너무 좋은 거예요. 당연히 첫 경기 우리 선발투수는 박철
순이었죠.”

김영덕 감독은 최초의 게임에 대해 기억을 더듬어나갔다. “하도
오래전 일이라 생각이 잘 나지 않는다”면서도 박철순을 선발 카드
로 내세운 사실에 대해서는 또렷하게 기억해냈다.

그렇다고 해도 선발투수를 결정하는 과정마저 순탄했던 것은 아
니었다. 3장에서 설명했듯이 박철순을 미국 밀워키 구단에서 데려
오기까지 우여곡절이 많았다. LA 다저스의 피터 오맬리 구단주가
중재에 나서면서 밀워키 구단주인 버드 셀리그의 양보를 이끌어냈

지만, 개막을 앞둔 시점까지 이적 동의서가 오지 않은 것. 이 때문에 개막을 앞둔 시점까지 한국야구위원회에 박철순의 선수 등록이 보류되고 있었다. 여기에 박철순 대안으로 생각할 수 있는 좌완 선우 대영마저 감기몸살로 훈련을 쉬는 상황이었다.

KBO 공식 개막전이 열리기 불과 이틀 전인 3월 25일 오후, 마침내 밀워키에서 보낸 이적 동의서가 OB 베어스 구단 사무실에 도착했다. OB는 곧바로 KBO에 정식으로 박철순의 선수 등록을 신청했다. 박철순이 정식 선수가 된 이상 개막전 선발투수는 더 이상 고민할 필요가 없어졌다.

"스프링캠프 때 철순이 형의 공을 처음 받아봤는데 확실히 느낌이 달랐어요. 팜볼과 너클볼도 던졌는데, 당시만 해도 국내에 그런 볼을 던지는 투수가 없었죠. 직구와 슬라이더, 커브만 있던 시절이었으니까."

OB 베어스 최초 게임에 8번 포수로 선발 출장한 조범현 전 kt 감독의 회상이다.

"직구도 빠르고 공 끝이 좋았는데, 요즘으로 치면 팜볼을 체인지업처럼 던졌으니 타자들이 많이 속았죠. 그 시절에 완급조절을 한 거였어요. 여기에 낙차 큰 커브가 있었죠. 키도 커서 각도가 아주 좋았어요. 커브는 주로 카운트 잡는 용도로 사용했죠."

최초 경기 선발포수 조범현

원년 한국시리즈에서 마지막 아웃카운트를 잡으며 우승을 확정 지었던 순간에는 김경문이 박철순과 포옹을 했지만, 베어스 최초 게임에는 조범현이 선발포수로 안방에 앉아 박철순과 호흡을 맞췄다. 배터리가 정해지면서 선발 명단이 완성됐다.

### 1982년 3월 28일 OB 베어스 라인업

| 타순 | 포지션 | 이름 |
| --- | --- | --- |
| 1 | 좌익수 | 이근식(小) |
| 2 | 2루수 | 김광수 |
| 3 | 우익수 | 윤동균 |
| 4 | 지명타자 | 김우열 |
| 5 | 1루수 | 신경식 |
| 6 | 3루수 | 양세종 |
| 7 | 중견수 | 이홍범 |
| 8 | 포수 | 조범현 |
| 9 | 유격수 | 유지훤 |
| P | 선발투수 | 박철순 |

상대팀인 MBC 청룡의 선발투수는 이광권이었다. 독특하게 몸을 비틀어 던지는 데다 공 끝이 지저분한 국가대표 출신 잠수함 투수. 전날 개막전에서 투수 이길환과 유종겸을 소모한 청룡이었기에 강속구 투수 하기룡의 선발 등판을 점치는 전문가가 많았지만, 백인천 감독은 이광권 카드를 뽑아 들었다.

### 1982년 3월 28일 MBC 청룡 라인업

| 타순 | 포지션 | 이름 |
| --- | --- | --- |
| 1 | 2루수 | 김인식 |
| 2 | 중견수 | 송영운 |
| 3 | 1루수 | 김용윤 |
| 4 | 포수 | 유승안 |

| 5 | 지명타자 | 백인천 |
|---|---|---|
| 6 | 좌익수 | 이종도 |
| 7 | 우익수 | 신언호 |
| 8 | 유격수 | 정영기 |
| 9 | 2루수 | 박재천 |
| P | 선발투수 | 이광권 |

## 🏐 김광수 구단 최초 안타! 이어진 부정배트 시비 해프닝

오후 3시, 황석중 주심이 힘차게 "플레이볼!"을 외쳤다. 원정팀 OB 베어스의 선공으로 1회초가 시작됐다. 1번 타자 '작은' 이근식은 우익수 플라이로 물러났다.

1사 후 2번 타자 김광수가 등장했다. 연속 2개의 스트라이크를 지켜본 뒤 파울 하나를 포함해 볼카운트를 2B-2S로 몰고 갔다. 6구째를 받아쳤다. 장쾌한 중월 2루타! 베어스 역사상 최초의 안타가 터진 순간이었다. 그러나 기쁨도 잠시, 상대팀 MBC 청룡의 백인천 감독이 더그아웃을 박차고 나왔다. 그러고는 황석중 주심에게 뭔가를 항의하기 시작했다.

김광수는 당시 상황을 지금도 생생히 기억하고 있다.

"제 기억으론 우중간 쪽으로 치우친 2루타를 쳤어요. 구단 최초 안타를 기록해서 2루에 서서 좋아하고 있었는데, 갑자기 백인천 감독이 '타임'을 부르더라고요. 그러더니 심판들과 함께 배트 검사를

최초 경기 선발 2루수이자 구단 최초 안타의 주인공 김광수

하기 시작했어요. 실업야구 땐 알루미늄 배트를 쓰다 프로야구가 생기면서 나무 배트를 사용하게 됐죠. 당시 선수들은 나무 배트를 개인적으로 사기 힘들어 구단이 일본에서 방망이를 대량으로 수입해 선수당 15자루씩 나눠줬어요. 선배부터 골라가고 후배들은 남은 배트 중에서 대충 길이와 무게, 그립감으로 배트를 골라잡았죠. 그런데 그게 부정배트라고 하니 황당했죠."

백인천 감독 역시 당시 상황을 잊지 않고 있었다. 1942년생으로 어느덧 팔순. 그러고 보니 원년 6개 구단 감독 중 4명(삼미 슈퍼스타즈 초대 감독 박현식, 삼성 라이온즈 초대 감독 서영무, 해태 타이거즈 초대 감독 김동엽, OB 베어스 초대 감독 김영덕)은 이미 세상을 떠났다. 생존 중인 감독은 1941년생 박영길(롯데 자이언츠 초대 감독), 그리고 백인천 2명뿐이다.

"그 방망이는 일본에서 압축배트로 금지된 방망이였어요. 제가 일본 프로야구에서 20년을 뛰어서 모를 리 없잖아요. 왕정치 시대에는 허용했지만 1980년부터 금지했어요. 그런데 당시 한국에서는 그걸 압축배트라고 아는 사람조차 없더라고요. 심판들도 압축배트를 본 사람이 없어서 그런지 모두 '이상 없다'라고 해요. 제 주장이 받아들여지지 않았죠. 프로야구가 막 시작하는 시점이라 계속 제 고집만 피울 수는 없었어요. 제가 양보를 할 수밖에 없었죠."

구경백 일구회 사무총장은 "프로야구가 시작되면서 두산상사라는 무역회사를 통해 일본에서 나무 배트를 수백 자루 구했던 것이었다"면서 그때 일을 기억해냈다.

"그 시절에 좋은 방망이는 일본 선수들이 쓰고 나머지 방망이를 우리뿐만 아니라 다른 구단들도 수입해 썼죠. 그런데 김광수 안타 때 백인천 감독이 나와서 갑자기 어필을 하더라고요. 사실 그게 압축배트인지 아닌지 누구도 알지 못했어요. 백인천 감독이 일본 프로야구에서 뛰었기 때문에 압축배트를 알아보고 지적했는지는 모르겠지만, 당시 우리가 사용하던 방망이엔 분명히 일본 프로야구 커미셔너 공인 마크가 찍혀 있었어요. 그래서 심판도 부정배트가 아니라고 판단하고 경기를 재개하게 됐죠."

압축배트 시비는 사흘 뒤인 3월 31일 광주에서 열린 MBC-해태전에서도 발생했다. 1회말 해태 4번 타자 김봉연이 좌전안타를 치자 MBC 백인천 감독이 또 그라운드로 나와 "김봉연이 사용한 방망이는 압축배트"라고 항의하면서 15분간 경기가 중단되기도 했다.

그것이 압축배트였는지 여부는 지금까지 그 누구도 진실을 알지 못한다. 백인천 감독의 주장이 옳았는지, 아니면 백 감독이 억지 주장을 펼쳤는지 검증할 수 있는 시스템 자체가 그 시절에 없었기 때문이다. 한 가지 확실한 것은 실업야구 시절 알루미늄 배트를 쓰다 프로야구가 갑자기 출범하면서 일본산 나무 배트를 비롯해 프로에 걸맞은 야구 장비를 구하는 것도 그 시절 각 구단의 큰 업무 중 하나였다는 사실이다.

### 🎾 박철순 완투+신경식 4타점! 9-2 역전승으로 장식

OB 베어스의 역사적 첫 안타가 터지자마자 한바탕 회오리바람이 지나갔다. 경기는 속개됐지만, 베테랑 윤동균과 김우열이 범타로 물러나면서 OB는 선취득점에 실패했다.

이어 1회말 MBC의 공격이 시작되자 모든 눈은 마운드로 향했다. 미국 유학파 박철순의 야구 실력을 눈앞에서 확인할 기회였다.

KBO 원년에 특급선수에게는 계약금 2000만 원과 연봉 2400만 원을 책정했는데, 6개 구단 선수 가운데 유일하게 연봉 2400만 원을 받은 선수가 바로 박철순이었다.

그러나 출발은 좋지 않았다. 1회 시작하자마자 선취점을 빼앗겼다. 선두타자 김인식을 1루수 앞 땅볼, 2번 타자 송영운을 유격수 앞 땅볼 유도해 2사까지는 잘 잡았지만, 3번 타자 김용윤에게 좌전안타를 맞았다. 이어 유승안의 볼넷으로 2사 1, 2루. 여기서 백인천을 맞닥뜨렸다. '미국파가 셀까? 일본파가 셀까?' 모두 숨죽이며 백인천과 박철순의 맞대결을 지켜봤다.

스트라이크 1개와 볼 1개가 지나가면서 볼카운트 1B-1S. 백인천은 양쪽 팔꿈치가 맞닿을 정도로 특유의 웅크린 자세로 타격 폼을 가다듬더니 박철순의 3구를 제대로 잡아당겼다. 타구는 3루수 양세종의 다이빙캐치를 뚫고 좌익선상으로 굴렀고, 2루 주자 김용윤이 홈을 밟았다. 1타점 2루타였다.

계속된 2사 2, 3루 위기. 타석에는 전날 만루홈런을 때리며 영웅이 된 이종도가 들어섰다. 이종도라면 박철순이 연세대 1학년을 마치고 군 복무를 위해 성무에 입단했을 때 목표 의식 없이 방황하던 그를 다잡아준 선배였다.

박철순 스스로도 1995년 8월에 펴낸 자전 에세이 『혼을 던지는 남자』에서 "이종도 선배는 내게 있어서 커다란 강을 건너게 해준 사람"이라며 고마운 마음을 표했다. 엄격한 선배에게 혹독한 가르침을 받은 덕분에 마음에 '오기'라는 게 만들어졌고, 이를 통해 국가대표 투수로 성장할 수 있었다고 고백했다. 그러나 승부는 승부. 여기서 박철순은 이종도를 좌익수 플라이로 잡고 위기를 탈출했다.

곧바로 반격이 이어졌다. 2회초 신경식이 우전안타로 포문을 열었다. OB 베어스의 2호 안타! 신경식은 다음 타자 양세종 타석 때 곧바로 2루를 훔쳤다. OB 베어스 구단 역사상 최초의 도루가 기록되는 순간이었다.

여기서 신경식에 대해 좀 더 상세한 설명이 필요할 듯하다. 신경식은 프로에 입단할 때만 해도 이름이 크게 알려지지 않았다. 공주고를 졸업한 뒤 곧바로 상업은행 야구단에 들어가 3년간 뛰다 OB 베어스 유니폼을 입었지만, 원년 OB의 주전 1루수는 '큰' 이근식이 유력하다는 평가였다.

그러나 마산에서 시작해 천안북일고로 이어진 스프링캠프를 통해 신경식이 점점 주전 1루수 후보로 급부상했다. 장신을 이용해 다리를 찢어 공을 받는 '학다리'로 변신한 것도 그 무렵이었다.

"지금으로 치면 시범경기 기간이었던 것 같아요. 천안북일고에서 연습게임을 하는데, 김영덕 감독님이 갑자기 '너는 다리도 길고 유연성도 있으니 다리를 쭉 뻗으면서 공을 받아봐라'라고 하셨어요. 그래서 낮게 오는 내야수의 송구를 그렇게 받기 시작했어요. 당시만 해도 실업팀 롯데 출신의 '큰' 이근식 선배가 있었기 때문에 저는 속으로 '경기에 뛸 수나 있을까'라고 걱정하고 있었거든요. 그런데 연습경기 때 근식이 형 한 번, 저 한 번 나가면서 점차 출장 기회가 늘어나더라고요."

최초 경기 선발 1루수이자 구단 최초 도루의 주인공 신경식

김영덕 감독은 이에 대해 "처음엔 수비를 잘해 눈길이 갔지만 갈수록 방망이 치는 게 눈에 들어왔다"며 "이미 일찌감치 마음속으로 개막전 주전 1루수로 신경식을 점찍었다"는 사실을 털어놨다.

신경식은 188cm의 장신으로 원년 선수 중 190cm인 롯데 자이언츠 김용희에 이어 두 번째로 키가 컸다. 여기에다 발레 선수처럼 다리를 쭉 뻗어 내야수의 송구를 받으니 다른 1루수보다 한발 앞서 타자를 아웃시키는 장점이 있었다.

실제 김광수는 "신경식 덕분에 송구가 수월했다"라고 말했다. "키가 크니까 저로선 위쪽으로나 옆으로 대충 던져도 되고, 낮게 던지면 다리를 찢어서 다 받아주니 실책 수도 줄었고 송구하기가 그렇게 편할 수 없었다"라며 웃었다.

"원년 최초 게임은 정말 어떻게 치렀는지 모르겠어요. 관중석을 까만 천막 같은 것으로 쳐놓은 느낌이었어요. 관중이 한 명도 안 보일 정도로 긴장했죠."

신경식은 OB 베어스 역사상 최초로 도루에 성공한 상황을 기억해나갔다.

"당시 제 밑으로는 쌍둥이 형제인 구천서, 구재서밖에 없었어요. 저도 막내급이었죠. 안타도 어떻게 쳤는지 모르겠지만 도루는 정말 어떻게 했는지 잘 모르겠어요. 살긴 살았는데, 다리로 들어가는 훅 슬라이딩을 잘못하면서 엉덩방아를 찧는 바람에 꼬리뼈가 무지하게 아팠던 기억이 나요."

최초 게임에서 승리를 이끈 신경식은 전기리그에서 백인천과 타격 선두 다툼을 할 정도로 눈에 띄는 활약을 펼쳤다.

이어 이날 또 다른 히어로는 양세종. 6번 타자로 등장해 우중간 2루타를 날리면서 신경식을 불러들였다. 1-1 동점. OB 베어스 최초의 타점과 득점이 기록되는 순간이었다.

5회초 승기를 잡았다. 1사 후 '작은' 이근식이 상대 2루수의 송구 실책으로 출루하면서 2사 3루 찬스가 이어졌다. 마운드에는 3회초 1사 후부터 이광권을 구원 등판한 MBC 2번째 투수 하기룡이 서 있었다. 개막전에서 최고령 선수로서 선수단 전체를 내표해 선서를 했던 윤동균이 타석에 등장했다. 그리고는 중전안타로 3루 주자 이근

베어스 1호 타점을 기록한 양세종

식을 생환시켰다. OB 베어스가 2-1로 역전했다. 결과적으로 이날의 결승타(승리타점)가 터진 시점이었다.

이어 김우열의 볼넷으로 계속된 2사 1, 2루. 여기서 신경식이 다시 우월 3루타로 2명의 주자를 모두 홈으로 밀어 넣었다. 베어스 최초의 3루타가 터진 순간이었다. OB는 4-1로 앞서나갔다.

1회말 첫 실점 이후 안정을 찾은 박철순은 5회말 고비를 만났다. 선두타자 8번 정영기를 내야안타로 내보낸 뒤 9번 타자 박재천의 타구를 유격수 유지훤이 실책(베이스 최초 실책)을 범하면서 무사 1, 2루의 위기에 봉착했다. 이어 김인식의 투수 앞 땅볼로 1사 2, 3루. 여기서 송영운의 2루수 앞 땅볼 때 3루 주자의 득점을 허용해 이날 두 번째이자 마지막 실점을 하게 됐다.

4-2로 쫓긴 상황. OB는 6회초 선두타자 이홍범이 벼락같은 스윙으로 왼쪽 담장을 넘기는 솔로 홈런(비거리 110m)을 때리면서 다시 분위기를 반전시켰다. 5-2 리드. 시곗바늘은 오후 5시 4분을 가리키고 있었다. 베이스 최초 홈런의 주인공이 탄생한 시점이었다.

7회초 상대 실책을 틈타 1점을 추가한 OB는 9회초 MBC 세 번째 투수 정순명을 상대로 홈런 2방을 날리며 한꺼번에 3점을 뽑아 승부에 쐐기를 박았다. 2사 1루에서 신경식의 2점 홈런(오후 6시)과 양세종의 솔로 홈런(오후 6시 2분)이 연이어 터진 것. 최초의 백투백홈런이었다.

OB 베어스는 역사적인 첫 게임을 9-2 완승으로 장식했다. 3시간 14분이 걸린 이날 경기에서 박철순은 9이닝 동안 124개의 공을 던지며 탈삼진 3개를 포함해 4안타 4볼넷 2실점(1자책점)으로 역투했다. 미국 유학파의 실력을 유감없이 발휘하면서 베이스 최초의 승리투수이자 최초 완투승을 일궜다. 원년 24승 투수의 화려한 출발은 이렇게 시작됐다.

OB 베어스 타선은 첫 경기에서 홈런 3방을 포함해 장단 11안타를 터뜨렸다. 신경식이 홈런 1방과 5타수 3안타 4타점을 올리며 맹활약했고, 양세종 역시 홈런 1방을 포함해 5타수 4안타 2타점으로 상대 마운드를 맹폭했다.

원년 OB 베어스 최초 경기 결과

## ⚾ "저녁 회식 장소 호텔로 변경!" 밤새 이어진 축제 분위기

"삼성과 MBC가 양강으로 꼽히고, 우리는 사실 꼴찌 아니면 다행이라는 평가가 많았어요. 그런데 개막전에서 강력한 우승 후보 삼성을 이기고 기세가 오른 MBC를 우리가 꺾으면서 축제 분위기가 됐어요. 당초 저녁은 동대문의 한 식당을 예약해놨었는데, 그룹 차원에서 명동에 있는 세종호텔 뷔페로 잡으라고 해서 부랴부랴 회식 장소를 바꿨던 기억이 나네요. 그래서 저녁을 늦게 먹었어요."

구경백 일구회 사무총장은 최초 게임의 추억을 소환했다. 박용민 초대 단장 역시 그날을 잊지 못한다.

"MBC가 첫 경기 이기고 상당히 분위기 좋게 나왔는데, 저는 그냥 선수단에 '최선을 다하자'라는 말만 했어요. 전 야구를 안 했기 때문에 OB 최초 경기를 앞두고도 야구 얘기는 안 했어요. 그런데 첫 경기를 그렇게 이기더라고요. 세종호텔로 가서 선수들에게 술을 많이 사줬죠. 저도 그날 술을 왕창 먹었고요. 코칭스태프를 포함해 선수단이 30명 가까이 되는데 전부 저한테 술 한 잔씩 주더라고요. 그걸 다 받아먹었으니까……. 그땐 제가 술이 좀 셌어요. 허허."

OB가 이처럼 첫 승 후 만취될 정도로 술을 마신 데는 그 시절 운동선수가 술을 마시는 것에 관대한 분위기도 있었지만, 원년에는 팀당 80경기(전기리그와 후기리그 40경기씩)를 치러 일정상 여유가 있었기 때문이기도 하다.

OB 베어스는 3월 28일(일요일) 첫 경기를 치른 뒤, 이틀을 쉬고 3월 31일 부산 구덕구장에서 롯데 자이언츠와 2번째 경기를 치르는 일정이었다. 그래서 베어스 선수단은 첫 승의 여흥을 만끽할 수 있었다. 1982년 3월의 마지막 일요일, 명동의 밤은 OB 베어스 선수단의 술잔 부딪치는 소리로 가득했다.

## 1982년 3월 28일 OB 베어스 최초 경기에서 나온 OB 베어스 1호 기록들

| | |
|---|---|
| 1호 범타 | 이근식(1회초 선두타자로 나와 우익수 플라이 아웃) |
| 1호 안타 및 2루타 | 김광수(1회초 1사 후) |
| 1호 아웃카운트 처리 | 신경식(1회말 MBC 선두타자 김인식의 1루수 앞 땅볼 잡아 태그아웃) |
| 1호 도루 | 신경식(2회초 우전안타 출루 후 2루 도루) |
| 1호 득점 | 신경식(2회초 2루에서 양세종 2루타 때 득점) |
| 1호 타점 | 양세종(2회초 무사 2루 때 우중간 2루타로 신경식을 불러들임) |
| 1호 삼진 | 조범현(2회초 1사 2루 상황) |
| 1호 볼넷 | 김광수(3회초 1사 후) |
| 1호 결승타 | 윤동균(5회초 2사 3루 상황에서 중전 적시타) |
| 1호 3루타 | 신경식(5회초 2사 1, 2루 상황) |
| 1호 실책 | 유지훤(5회말 무사 1루 상황에서 MBC 박재천의 유격수 땅볼 놓침) |
| 1호 홈런 | 이홍범(6회초 선두타자로 나서 1점 홈런) |
| 1호 백투백홈런 | 신경식(2점 홈런, 9회초 2사 1루 상황), 양세종(1점 홈런, 9회초 2사) |
| 1호 승리투수 및 완투승 | 박철순(9이닝 4안타 4볼넷 3삼진 2실점(1자책점)) |

5. 베어스 최초 경기, 역사적 1호 기록과 추억을 찾아서

# BEARS

## 6

# 왜 대전이 아닌 청주에서
# 원년 홈 개막전을 치렀을까?

청주구장에서 홈런을 기록한 김우열

이날 청주공설운동장에는 관중들이 몰려들어 표를 사려고 아우성을 치는 바람에 경기장 입구는 큰 혼잡을 빚었으며, 관중이 다 입장한 것은 경기 시작 1시간이 지난 후였다. 관리인이 고작 4명인데 전문매표원이 한 사람도 없는 데다 지난 79년 개장한 이래 단 한 번도 표를 팔아본 일이 없어 표를 파는 데 시간이 걸려 대혼잡을 이룬 것.

_1982년 4월 5일자 〈경향신문〉

세월은 흐르고 추억은 남는다. 디지털이 지배하는 요즘 관점에서 보면 웃지 못할 해프닝 같지만, 아날로그 같은 당시 풍경이 오히려 더 포근하고 정겨운 느낌을 자아내는 것은 왜일까. 그땐 그랬다.

6장의 이야기는 바로 베어스 역사상 최초의 홈경기 추억 여행이다. 그런데 여기서 한 가지 궁금한 사실. OB 베어스는 프로야구 원년에 대전을 연고지로 출발했는데, 왜 청주에서 홈 개막전을 치렀던 것일까?

## ⚾ 대전 대신 청주에서 홈 개막전을 치른 사연

대전 지역은 프로야구가 출범하기 전까지는 야구 열기가 뜨겁지 않았다. 고교야구 붐이 전국적으로 불었지만, 대전고는 전국대회에서 한 번도 우승과 인연을 맺지 못한 약체였다. 그러다 보니 대전 시민들은 야구에 그다지 큰 관심이 없었고, 야구장 시설 또한 변변치 않았다.

때마침 1982년 소년체전이 대전에서 열리게 되고, 대전이 프로야구 OB 베어스의 연고지로 확정되면서 대전구장은 개보수를 시작했다. 그러나 프로야구 개막까지 정비를 마무리할 시간이 부족했다.

이에 따라 결국 KBO와 OB 베어스는 4월 4일 홈 개막전을 대전이 아닌 청주에서 열기로 결정했다. 대전 개막전은 그로부터 한참 뒤인 5월 15일 개최된다.

OB 베어스의 홈 개막전은 1982년 4월 4일(일요일)과 5일(월요일) 이틀에 걸쳐 MBC 청룡과 2연전을 치르는 일정으로 잡혔다. MBC 청룡은 3월 28일 OB 베어스의 최초 경기 상대였다. 그 이전에 서울 연고지를 두고 서로가 적임자라고 주장하면서 다툼을 벌였던 상대이기도 했다.

어쨌든 프로야구단 OB 베어스를 맞이하는 청주는 홈 개막 며칠 전부터 축제 분위기로 달아올랐다. 당시 청주MBC는 방송을 통해 MBC 청룡 응원단을 모집하는 데 열을 올리기도 했다.

마침내 4월 4일. 구단 직원들은 아침부터 눈코 뜰 새 없이 바빴다. 2장에서 소개했듯이, 당시 직원이라고 해봤자 단장을 제외하면

이민우 사무국장과 구경백 매니저, 경리 박인자 씨 등 3명뿐이었다. 경기 개시 시간은 오후 2시로 예정되어 있었는데, 오전부터 팬들이 표를 사기 위해 몰려들기 시작하면서 청주구장 앞은 인산인해를 이루었다.

위 기사에서 보듯 구장 관리인은 고작 4명이었고, 전문매표원이 한 사람도 없었다. 1979년에 개장한 청주구장은 그때껏 표를 팔아본 일이 없어 파도처럼 밀려드는 팬들을 감당하는 것이 불가능했다. 구장 앞이 아수라장으로 변한 것은 당연한 일이었다. 당시 매니저였던 구경백 일구회 사무총장은 그때 상황을 이렇게 이야기했다.

"당시엔 요즘처럼 표를 전산으로 예매하는 시스템이 없었죠. 저희는 개막전 준비를 하고 있었고, 구장 관리인들이 현금을 받고 표를 주는 식이었는데 매표 인원이 턱없이 부족했어요. 사람들이 표를 사기 위해 줄을 50, 60미터씩 서 있었지만 진도가 나가지 않자 고함을 치고 난리가 났죠. 결국 경기 시작 직전까지 표를 못 구한 사람들이 외야로 달려가 담을 타고 야구장 안으로 넘어왔어요. 당시 청주구장 외야는 언덕이 산비탈처럼 급경사로 이뤄져 있었고 풀밭이었어요. 외야석 뒤로 담장이 낮아서 사람들이 담을 넘어 들어올 수 있었던 거죠. 결국 그 관중들이 다 자리를 잡고 나서야 경기가 시작됐던 걸로 기억합니다."

공식 기록지를 보면 경기는 예정보다 늦은 오후 2시 25분에 시작됐다. 당시 관중 수를 두고 어떤 신문은 청주구장 개장 이래 최다인

2만 명이 운집했다고 표현했고, 어떤 신문은 1만 5000명이 들어왔다고 설명했다. 그러나 담을 타고 넘어온 관중까지 집계할 수 없었으니, 어림짐작으로 관중 수를 기사화했던 셈이다.

현 두산 베어스의 김태준 잠실구장관리부장은 청주 출신으로, 역사적인 OB 베어스의 청주 홈 개막 2연전을 현장에서 지켜본 산증인이다. 그리고 운명처럼 지금은 두산 베어스 점퍼를 입고 일하고 있다. 당시 그는 고등학생이었다.

"개막 며칠 전부터 청주에서 프로야구가 열린다고 하니 다들 신기해하던 분위기였습니다. 당시 청주엔 세광고가 있었지만 야구와는 큰 인연이 없었거든요. 저는 아버지가 구해주신 표로 동생과 함께 개막 2연전을 구경하러 갔어요. 경기 전부터 사람들로 무척 붐볐고, 청주MBC에서 방송을 통해 응원단을 조직적으로 구성해, OB 팬뿐 아니라 MBC 팬도 많았던 것으로 기억해요. 첫 경기에서 김우열 선수가 홈런을 쳤고, 두 번째 경기에서 3루수 양세종 선수가 트리플 플레이에 성공했던 일이 지금도 인상에 남아 있습니다."

당시 기사를 보면 두산은 그룹 임직원 350여 명이 8대의 버스에 나눠 타고 청주까지 내려와 열띤 응원전을 펼쳤다. OB의 마스코트인 형제곰이 등장해 야구장 앞과 관중석을 종횡무진 누비며 팬들을 즐겁게 했다고도 한다.

## 🎾 홈 개막전 선발도 에이스 박철순! MBC 청룡과의 재대결

OB 베어스는 3월 28일 동대문구장에서 열린 베어스 최초의 경기인 MBC 청룡전(원정경기)에서 박철순이 9이닝 2실점(1자책점)으로 완투를 펼치며 9-2로 승리했지만, 다음 경기인 3월 31일 구덕(부산) 롯데전에서는 4안타의 빈공으로 상대 선발투수 좌완 천창호에게 완봉승을 안겨주며 0-4로 패했다.

1승 1패 후 마침내 맞이한 홈 개막전. OB 베어스 초대 사령탑 김영덕 감독은 역사적인 날에 홈팬들에게 승리로 인사를 하고 싶었다. 그래서 스케줄을 미리 짜놓고 가장 믿을 수 있는 에이스 박철순을 선발투수로 올렸다. MBC 선발투수는 좌완 유종겸.

박철순이 1회초 공 7개로 김인식, 송영운, 김용달을 가볍게 삼자범퇴로 막았고, 팀은 1회말 선취점을 뽑았다. 1번 타자 '작은' 이근식이 중전안타로 출루한 뒤 2번 김광수의 2루수 앞 땅볼 때 2루까지 진루했다. 이어 3번 타자 윤동균의 타구를 MBC 2루수 조호가 처리하지 못하면서(실책) 2루 주자 이근식이 먼저 홈을 밟았다. 신명난 팬들의 박수와 함성이 터져 나왔다.

2회말에도 양세종의 볼넷과 1사 후 조범현의 2루타로 1사 2, 3루가 되었고 2사 만루 찬스가 이어졌지만 득점에는 실패했다. 한편 박철순은 3회까지 9명의 타자를 모조리 범타로 돌려세우며 에이스의 위용을 과시했다.

OB 타선이 3회말 1점을 추가했다. 2사 후 신경식의 중전안타와 양세종의 2루타가 이어지며 2-0으로 앞서나갔다.

그러나 4회초 박철순이 2점을 내주고 말았다. MBC의 김인식과 송영운에게 연속 내야안타를 맞은 뒤 1사 2, 3루 상황에서 감독 겸 선수인 4번 타자 백인천을 볼넷으로 내보내 만루가 됐다. 여기서 원년 개막전 만루홈런의 사나이 이종도에게 2타점 중전 적시타를 허용하면서 2-2 동점이 된 것이다.

일진일퇴 공방은 계속됐다. OB는 5회말 3번 타자 윤동균과 4번 타자 김우열의 연속 중전안타와 신경식의 1루수 앞 내야안타로 무사 만루의 황금 찬스를 잡았다. 그러나 양세종의 유격수 땅볼로 3루 주자 윤동균이 홈에서 포스아웃됐다. 이어 김유동의 땅볼 때 2루수 실책이 나오면서 3-2로 앞서나갔지만, 무사 만루 기회에서 1점만 얻은 것은 분명 아쉬웠다.

결국 6회초 동점을 허용했다. MBC 선두타자 송영운의 유격수 앞 땅볼을 유지훤이 놓친 것이 화근이었다. 청주구장은 지금도 그렇지만 당시에는 그라운드 사정이 더 열악해 내야수들이 수비하기가 쉽지 않았다. 이어 김용달 타석에서 대타로 나온 김용윤이 볼넷을 골라 출루하며 무사 1, 2루가 되었다. 여기서 강타자 백인천이 좌전 적시타를 날렸다. 3-3 동점. 계속된 무사 1, 2루 상황에서 MBC는 과감히 더블스틸에 도전했는데, 포수 조범현의 정확한 송구에 김용윤이 3루에서 아웃됐다.

이어진 2사 만루. 여기서 일이 발생했다. 3루 주자 백인천이 돌연 홈 쪽으로 걸어 나왔다. 심판이 타임을 선언하기 전이었다. 이때 포수 조범현이 공을 갖고 재빨리 뛰어가 백인천을 태그아웃시켰다. 태그 직전 백인천은 우성제 3루심에게 "타임"을 외쳤지만 받아들여지지 않았고, 아웃이 선언되자 백인천은 그라운드에 모자를 집어던지며 항의를 해 경기가 중단됐다. 팬들은 영문을 몰라 어리둥절할 수밖에 없었다.

7회초 고비가 왔다. 6회까지 투구 수 96개로 MBC 타선을 3점으로 막아냈던 박철순이 1사 후 9번 타자 신언호에게 볼넷을 내줬다. 그리고 김인식의 땅볼을 잡은 유격수 유지훤이 1루에 악송구하면서 1사 2, 3루 위기에 몰렸다. 투구 수는 106개. 타석에는 2번 타자인 좌타자 송영운이 들어설 차례였다. 결국 OB는 박철순을 내리고 좌완 황태환을 올렸다. 여기서 송영운의 좌익수 희생플라이로 MBC의 3-4 역전. 김용윤의 좌전 적시타가 이어지며 3-5로 뒤지게 됐다.

## ⚾ 홈 개막전 역전패, 충청도 사나이 김우열의 홈런이 위안

7회말 OB의 공격. 선두타자 김우열이 타석에 들어섰다. MBC 투수는 4회말 1사 1루 상황에서 등판한 하기룡. 김우열은 볼카운트 1B 1S에서 하기룡의 3구를 받아쳤고, 타구는 왼쪽 담장을 훌쩍 넘어갔다. 4-5로 1점 차로 따라붙는 추격의 솔로포였다.

이 홈런은 청주 홈팬들이 구경한 최초의 프로야구 홈런이기도 했다. 관중석의 팬들은 "김우열!"을 연호했고, 트레이드마크였던 구레나룻을 휘날리며 홈에 들어온 김우열은 손을 들어 홈팬들에게 인사했다. 쇼맨십과 팬서비스 정신이 투철했던 김우열이었다.

팬들이 더욱 열광한 데는 또 다른 이유가 있었다. 바로 김우열이

팬들에게 사인해 주고 있는 김우열

충북 영동 출신 스타플레이어였던 것이다. OB 베어스는 선수 부족
으로 서울 지역 출신 선수들을 놓고 MBC와 2대1 드래프트를 하면
서 정작 순수 충청도 출신 선수가 거의 없었다. 김경문과 신경식이
공주고 출신이기는 했지만, 둘 다 고향이 충청도는 아니었다. 고교
시절 공주고로 스카우트된 케이스였다.

　이런 상황에서 충북 영동 출신의 김우열은 지역 팬들에게 더욱
인기를 끌었다. 김우열은 선린상고 출신이지만, 고향을 유난히 많이
따지던 당시 시대 상황에서는 그가 곧 '충청의 아들'이었다.

그러나 OB는 결국 9회까지 던진 하기룡을 더 이상 무너뜨리지 못하고 MBC와의 홈 개막전에서 4-5로 무릎을 꿇었다. 박철순은 6과 1/3이닝 4안타 5볼넷 1탈삼진 5실점(2자책점)으로 시즌 첫 패(1승 1패)를 당했다.

## ⚾ '충청의 아들' 구레나룻 홈런왕 김우열 간암 투병

김우열은 안정된 실업팀 제일은행에서 은퇴 후 은행원으로 살아가려고 했다. 그런데 1982년 프로야구가 출범하자, 33세의 뒤늦은 나이에 프로 세계에 뛰어들었다. 그런 만큼 고향 팬들에게 홈 개막전 승리를 안겨주고 싶었던 그는 패배가 확정되자 분한 마음을 감출 수 없었다.

그러나 청주 팬들은 "역시 김우열"이라며 패배 속에서도 김우열의 홈런포를 선물받은 것으로 위안을 삼았다.

"제 키가 170cm에 불과합니다. 당시 몸무게는 63kg이었어요. 그런데 작은 체격에도 불구하고 실업야구 시절 거구의 김응용, 박영길 등을 제치고 홈런왕에 오르자 팬들이 저를 아주 좋아해주셨죠."

2014년 간암 수술 후 경기도 양평에서 살고 있는 그는 옛날이야기가 나오자 신이 난 듯 목소리를 높였다.

실제 그는 실업야구 2년째인 1969년 홈런왕에 오르며 화제를 불러일으켰다. 고교 2학년까지 체격이 작아 후보에 그쳤고, 3학년 때 야구 실력이 늘면서 1968년 가까스로 제일은행에 입단할 수 있었다. 그런데 입단 2년 만에, 3차례(1965년, 1967년, 1968년)나 홈런왕을 차지했던 거포 김응용을 밀어내고 타이틀을 따냈으니 그럴 만도 했다.

"제가 실업야구 시절 통산 127홈런을 기록하면서, '아시아의 철인'이라고 불린 박현식 선배의 124홈런 기록을 깼어요. 프로야구가 시작될 당시 저는 서른세 살이었는데 제일은행 대리였죠. 당시엔 스물일곱 살만 돼도 노장 소리를 듣고 은퇴하던 시절이었어요. 저하고 윤동균이 좀 오래 선수 생활을 했죠. 저도 그래서 그때쯤 은퇴를 하고 안정적인 은행에서 직장생활을 하려고 했는데, KBO 이용일 사무총장이 '프로야구 흥행을 위해 프로에 와서 뛰어달라'고 계속 사정을 하는 바람에 결국 프로야구에 들어가게 됐어요."

김우열은 이날 홈런을 시작으로 40경기로 치러진 그해 전기리그에서만 11개의 홈런을 날려 1위를 달렸다. 원년 전체 시즌 홈런왕은 22홈런을 기록한 해태 김봉연이 차지했지만, 전기리그 홈런왕은 김우열이었다. 그런데 그는 최종 13홈런으로 홈런 순위 4위를 기록했다. 왜 그랬을까?

"6월 22일 삼성전(대전)에서 홈스틸을 하다가 포수 이만수와 충돌을 했어요. 허리와 어깨를 다치면서 결장할 수밖에 없었죠. 그 후유증으로 홈런을 치지 못했어요. 원년에 홈런왕에 오르고 싶었는데 그게 아쉬웠죠."

실제 전기리그 5경기를 남겨둔 시점에서 부상으로 이탈한 뒤 7월 말에 팀에 복귀했지만, 홈런은 2개를 추가하는 데 그쳤다.

김우열은 프로야구 원년에 홈런포와 함께 또 다른 매력 포인트로 팬들에게 어필했다. 바로 구레나룻이었다.

"팬들이 저를 참 좋아했어요. 제가 충북 영동 출신이니까 특히 청주 팬들이 저를 많이 응원했죠. 구레나룻은 얼굴에 수염이 많아 일부러 안 깎은 건데 당시 저를 상징하는 트레이드마크가 됐어요. 제가 잘생겼잖아요. 구레나룻이 더 포인트가 됐죠."

평소 우스갯소리를 잘하고 쇼맨십이 강했던 김우열이었다. 그의 입담은 여전했다. 자신이 말해놓고도 웃기는지 큰 웃음을 터뜨렸다.

"사람들이 밖에서도 저를 보면 '저 구레나룻 간다' 그러면서 알아보곤 했어요. 지금도 기르고 다녀요. 구레나룻을 보고는 사람들이 '김우열 선수 아닙니까?' 하면서 알아봅니다. 하하."

우리 나이 칠순을 넘어선 그는 현재 양평 집에서 남양주로 출퇴근하면서 초·중·고에 다니는 어린 선수들을 무료로 지도하고 있다고 한다.

"간암 수술은 잘돼서 많이 좋아졌어요. 그렇지만 간경화까지 와서 앞으로 평생 조심하면서 살아야 한다고 합니다. 이제 제가 가지고 있는 것 모두 어린 선수들한테 다 전수해줘야죠. 저처럼 체격이 작아도 홈런왕에 오를 수 있거든요. 돈 없는 어린 친구들한테 무보수로 야구를 가르치면서 보람을 찾고 있습니다."

## ⚾ 양세종의 트리플플레이! 청주 홈구장 첫 승 신고

청주에서 홈경기를 치르다 보니 홈은 홈인데 사실상 원정이나 마찬가지였다. 다음 경기를 위해 집이 아닌 청주의 한 여관에서 잠을 자야 했다. 구경백 사무총장은 그 시절의 이야기를 들려주었다.

"당시 우리 선수들은 대부분 집이 서울에 있었어요. 원년엔 지금처럼 3연전씩 하지 않았어요. 일주일에도 6경기를 꾸준히 하던 시절이 아니었죠. 한 시즌 80경기를 했으니까 일주일에 서너 경기를 했습니다. 주중에 1경기 또는 2연전을 하고 하루 이틀 쉬다가 주말에 2연전을 하는 식이었죠. 그런데 당시 청주에 호텔이 없다 보니 여관에서 지냈어요. 청주가 홈구장이었지만 원정 가듯이 선수단이 구단 버스를 타고 청주에 도착해 여관에서 하루나 이틀 묵었다가 서울 집으로 올라왔어요."

OB 베어스는 홈 개막전 패배 다음 날인 4월 5일(월요일)에 설욕을 다짐했다. 계형철을 선발로 내세웠다. MBC 청룡의 선발투수는 정순명이었다.

OB는 이날 일본 프로야구 타격왕 출신의 백인천을 막지 못해 어려운 경기를 펼쳤다. 1회초 시작부터 무사 만루 상황에서 백인천에게 희생플라이를 허용해 선취점을 내줬다. 1회말 윤동균의 적시타로 1-1 동점을 만들었지만, 3회초에 또다시 백인천에게 적시타를 맞아 1-2로 끌려갔다.

황태환의 투구 모습

그러나 OB는 6회말 대거 3점을 올리면서 4-2 역전에 성공했다. 승리의 기운이 몰려오는 상황에서 8회초에 또 백인천을 만났다. 1사 3루 상황에서 백인천에게 적시 2루타를 맞아 3-4로 쫓겼지만, 8회말 양세종의 희생플라이로 5-3으로 한발 더 앞서나갔다.

9회초 MBC의 마지막 공격. 8회부터 구원 등판한 OB 좌완 황태환이 선두타자인 대타 김용달에게 좌월 2루타를 맞았다. 대타 김용운에게 볼넷, 김인식에게 몸에 맞는 볼을 내주며 무사 만루라는 절체절명의 위기에 몰렸다. 안타 한 방이면 동점이었다. 나아가 3연패의 어두운 그림자가 몰려오던 상황. MBC는 좌타자 송영운 대신 우타자 신언호를 대타로 냈다.

여기서 역사적인 그 장면이 펼쳐졌다. 신언호가 황태환의 2구를 받아쳤고 타구는 총알처럼 3루 쪽으로 날아갔다. 장타를 허용하지 않으려고 선상을 지키던 3루수 양세종이 껑충 뛰어오르며 글러브로 타구를 낚아챘다. 1아웃. 그러고는 재빨리 3루를 밟았다. 2아웃. 이어 2루로 송구했다. 3아웃. 트리플플레이(삼중살)로 팀의 승리를 마무리하는 보기 드문 장면이 팬들의 눈앞에서 펼쳐졌다.

두산 김태준 구장관리부장이 지금까지도 그 장면을 또렷하게 기억하고 있는 것은 팬들이 볼 때 그만큼 신기한 플레이였기 때문이다. 그러나 이 트리플플레이는 KBO 역사상 최초의 기록은 아니었다. 간발의 차이로 2호가 됐다.

1호는 원년 약체의 대명사 삼미 슈퍼스타즈가 만들었다. 공교롭게도 그날 삼미가 춘천(역시 홈구장인 인천구장 개보수 관계로)에서 롯데 자이언츠를 불러들여 홈 개막전을 치렀는데, 1회초 시작과 동시에

트리플플레이의 사나이 양세종

트리플플레이가 나왔다.

롯데 1번 타자 정학수와 2번 타자 김일환의 연속 안타로 무사 1, 2루. 여기서 3번 타자 김정수의 타구가 삼미 2루수 이철성의 글러브에 빨려 들어갔다. 1아웃. 주자들이 스타트를 끊는 바람에 2루(2아웃)와 1루(3아웃)로 공이 차례로 배달되면서 역사적인 최초의 트리플플레이가 완성됐다.

어쨌든 프로야구 개막 이후 진기한 장면이 연이어 펼쳐졌다. 원년 개막전에서 이종도의 끝내기 만루홈런이 터졌고, 4월 5일 경기에서는 하루에 2개 구장에서 트리플플레이가 탄생했다.

특히 청주에서는 삼중살로 경기가 마무리되는 진기명기가 펼쳐졌다. 마치 '프로야구란 이런 것'이라고 세상에 알려주는 것처럼……. 원년 시작부터 프로야구는 자연스럽게 흥행 열차에 탑승하게 된다.

# BEARS

# 7

## 박철순의 22연승,
## 그 신화의 처음과 끝

22연승의 신화를 쓴 박철순

프로야구에 수많은 별이 뜨고 졌다. 그중 한국 프로야구 최초의 별이라면, 가장 먼저 빛난 별이라면, 단연 OB 베어스 박철순이다.

프로야구 초창기 역사를 말할 때 '박철순'이라는 이름 석 자는 100년이 지나도 200년이 지나도 거론될 수밖에 없다. 특히 원년인 1982년에 그가 작성한 22연승 신화는 메이저리그에서도, 일본 프로야구에서도 유례가 없는 단일 시즌 최다연승 신기록이었다.

이번 이야기는 베어스 팬이라면 모두가 알고 있고, 또 알아야 하는 1982년 박철순의 22연승 과정이다. 그 신화의 시작과 끝을 탐험해본다.

### 🎾 1승 2패 저조한 출발, 빈 깡통이 요란하다?

원년 박철순을 이야기하자면 22연승부터 떠올려진다. 그러나 사실 처음부터 연승을 달린 것은 아니었다. 오히려 1승 2패로 출발이 좋지 않았다.

OB 베어스의 최초 게임인 3월 28일 동대문 MBC전에서 완투승을 올린 뒤, 4월 4일 청주 홈 개막전에서 MBC에 6과 1/3이닝 5실점(2자책점)을 기록하며 첫 패를 당했다.

그리고 이어진 4월 7일 대구 삼성전. 시즌 3번째 등판이었다. 9회 초까지 2-1로 앞서 승리를 눈앞에 두었는데, 9회말 1사 후 오대석에게 중전안타를 맞은 뒤 함학수에게 좌월 2루타를 내주면서 2-2 동점을 허용하고 말았다. 투구 수 105개. 박철순은 선우대영에게 마운드를 넘겨주고 강판됐다.

선우대영이 허규옥을 2루수 앞 땅볼로 잡았지만 2사 3루. 여기서 다시 선우대영을 구원 등판한 황태환이 정구왕에게 끝내기 좌전 적시타를 맞았다. 2-3 역전패. 박철순의 실점은 3점으로 불어났고, 패전투수도 박철순의 몫이었다. 1승 후 2연패였다.

"미국 유학파도 별 볼 일 없네."

성급한 사람들은 박철순을 평가절하했다. 메이저리그 승격을 노리던 해외파 출신에게 '울트라 초특급 슈퍼 에이스'를 기대했던 팬들의 시선은 회의적으로 바뀌었다. OB 베어스 팀 성적 역시 이 순간 2승 3패로 6개 구단 중 4위로 내려앉았다. OB 전력은 하위권으로 분류되기 시작했다. 박철순은 당시 상황에 대해 기억을 더듬었다.

"시즌 초반엔 볼 스피드도 별로 안 나오고 솔직히 컨디션이 좋지 않았어요. 첫 경기 승리 이후 바로 2연패를 하니까 여기저기서 말이 많이 나오더라고요. 지금도 기억나는데 어느 신문 기사 제목이 '빈 깡통이 요란한 박철순'이었어요. 또 'OB 구단 속았다'는 다른 신문 기사도 있었죠."

그러나 OB 베어스 초대 사령탑을 맡은 김영덕 감독의 이야기는 달랐다. 기록만 보자면 부진한 출발이었지만, 내용을 살펴보면 실망할 단계가 아니었다는 주장이다.

박철순의 너클볼 그립

"감독인 저나 투수코치를 맡았던 김성근 코치나 크게 걱정하지

7. 박철순의 22연승, 그 신화의 처음과 끝

않았어요. 우리야 전지훈련부터 쭉 박철순을 지켜봤으니 그가 보통 투수가 아니란 걸 알았죠. 공도 빨랐고 컨트롤도 좋았어요. 완전히 정통 오버핸드 투수여서 폼도 예뻤죠. 당시 국내에서 보지도 못하던 팜볼이나 너클볼도 던질 수 있었습니다. 1승 2패를 기록했지만 개막 후 우리 팀 타선이 터지지 않은 측면이 있었고요. 승운이 따르지 않았죠. 아무튼 코칭스태프나 우리 선수들은 박철순에 대한 믿음이 있었어요."

## 🎾 반전의 계기, 22연승의 시작점

절치부심切齒腐心, 그리고 와신상담臥薪嘗膽. 매도 먼저 맞는 것이 나았다. 박철순은 더 신중해졌고, 국내 타자들을 더 분석하고 더 치밀하게 상대하기 시작했다. 더 과감하게 직구를 몸쪽과 바깥쪽으로 찔렀고, 타자가 직구를 기다리면 나풀거리는 너클볼과 팜볼을 던져 타격 밸런스와 타이밍을 무너뜨렸다.

"오히려 출발이 좋지 않았던 게 저에겐 약이 됐던 것 같아요. 한국야구가 만만하지 않다고 생각했고, 이러다가는 망신을 당할 수 있다는 생각에 정신을 가다듬었죠. 속으로 '박철순 정신 차려야 한다'고 다그쳤습니다."

박철순은 시즌 초반의 부진이 스스로에게 채찍질을 가하는 계기가 됐다고 털어놨다.

4월 10일 전주 해태전. 이날의 구원승이 박철순 22연승 행진의 시발점이 됐다.

OB 타선은 이날 해태 타이거즈 선발투수 김성한에게 5회까지 노히트노런으로 눌렀다. 김성한은 원년에 투수로 10승을 올리고, 타자로서는 3할을 치고(0.305) 69개의 타점으로 타점왕에 오르며 투타에서 맹활약한 선수였다.

0-0으로 팽팽하게 이어지던 7회초. OB는 신경식의 적시타로 1점을 먼저 뽑았다. 기회를 엿보던 김영덕 감독은 7회말 두 번째 투수 황태환이 선두타자를 내보내자 박철순을 호출해 급한 불을 껐다. 이어진 8회초에서 팀은 2점을 추가해 3-0으로 앞서나갔다. 박철순은 9회까지 3이닝 무실점으로 팀의 승리를 마무리 지으면서 구원승을 챙겼다.

이날 OB의 선발투수였던 선우대영은 5회 2사 만루 위기에서 내려가고, 황태환이 구원 등판해 1과 1/3이닝 동안 3안타 2볼넷 무실점을 기록했다. 황태환이 던지고 있을 때 1-0 리드를 잡았지만, 승리투수의 월계관은 황태환이 아니라 7회 무사 1루 상황에서 등판한 박철순에게 돌아갔다. 왜 그랬을까.

'야구규칙'의 9.17에 승리투수와 패전투수 결정에 대한 규칙이 나와 있다. (a), (b)항은 선발투수의 승리요건에 대한 설명이고, (c)항에서는 선발투수가 승리투수가 되지 못하고 2명 이상의 구원투수가 출전했을 경우에 대해 설명한다. 대개는 구원투수가 던지고 있는 동안 리드를 잡으면 그 투수에게 승리가 기록된다. 그런데 (c)의 (4)항에는 [예외] 조항이 있다. '구원투수가 잠시 동안 비효과적인 투구를 하고, 그 뒤에 나온 구원투수가 리드를 유지하는 데 효과적인 투구를 하였을 경우 나중의 구원투수에게 승리투수를 기록한다'는 것이다.

1982년 4월 10일 OB-해태전의 경기 기록을 맡은 김학효 KBO 공식기록위원은 이에 따라 황태환이 아니라 박철순이 '효과적인 투구를 했다'고 판단해 승리를 부여한 것이었다. 이때만 해도 이것이 22연승의 물줄기가 되리라고는 누구도 짐작하지 못했다. 심지어 박철순마저.

### 박철순 1982년 등판 일지

| 경기 | 날짜 | 구장 | 상대 | 결과 | 구분 | 이닝 | 실점 (자책점) |
|---|---|---|---|---|---|---|---|
| 1 | 3월 28일 | 동대문 | MBC | 승 | 완투 | 9 | 2(1) |
| 2 | 4월 4일 | 청주 | MBC | 패 | 선발 | 6 1/3 | 5(2) |
| 3 | 4월 7일 | 대구 | 삼성 | 패 | 선발 | 8 1/3 | 3(3) |
| 4 | 4월 10일 | 전주 | 해태 | 승 | 구원 | 3 | 0(0) |
| 5 | 4월 14일 | 대구 | 삼성 | 승 | 완봉 | 9 | 0(0) |
| 6 | 4월 18일 | 청주 | 해태 | 승 | 완투 | 9 | 3(2) |
| 7 | 4월 24일 | 춘천 | 삼미 | 승 | 선발 | 6 | 4(4) |
| 8 | 4월 25일 | 춘천 | 삼미 | 세 | 구원 | 1 | 0(0) |
| 9 | 5월 2일 | 청주 | 삼성 | 승 | 완투 | 10 | 5(2) |
| 10 | 5월 8일 | 동대문 | MBC | 승 | 완투 | 9 | 2(2) |
| 11 | 5월 15일 | 대전 | 삼미 | 승 | 선발 | 8 | 0(0) |
| 12 | 5월 19일 | 구덕 | 롯데 | 승 | 완투 | 9 | 3(1) |
| 13 | 5월 22일 | 대구 | 삼성 | 세 | 구원 | 2 | 0(0) |

| 14 | 5월 23일 | 대구 | 삼성 | 승 | 완투 | 9 | 2(2) |
|---|---|---|---|---|---|---|---|
| 15 | 5월 26일 | 대전 | 삼미 | 승 | 구원 | 3 | 2(2) |
| 16 | 5월 29일 | 대전 | 롯데 | 세 | 구원 | 2 2/3 | 0(0) |
| 17 | 5월 30일 | 대전 | 롯데 | 승 | 완투 | 9 | 1(1) |
| 18 | 6월 2일 | 대전 | 삼미 | 승 | 구원 | 8 1/3 | 0(0) |
| 19 | 6월 6일 | 광주 | 해태 | 승 | 완투 | 9 | 1(1) |
| 20 | 6월 12일 | 대전 | MBC | 승 | 완투 | 9 | 3(2) |
| 21 | 6월 16일 | 구덕 | 삼미 | 승 | 구원 | 7 | 1(1) |
| 22 | 6월 19일 | 동대문 | MBC | 승 | 구원 | 6 1/3 | 4(4) |
| 23 | 6월 22일 | 대전 | 삼성 | 승 | 완투 | 9 | 2(2) |
| 24 | 6월 26일 | 동대문 | 해태 | - | 구원 | 5 | 6(5) |
| 25 | 7월 31일 | 인천 | 삼미 | 세 | 구원 | 2 | 2(2) |
| 26 | 8월 4일 | 대전 | 삼성 | 승 | 구원 | 1 2/3 | 1(0) |
| 27 | 8월 12일 | 대구 | 삼성 | 세 | 구원 | 1 2/3 | 0(0) |
| 28 | 8월 15일 | 동대문 | MBC | 승 | 구원 | 4 2/3 | 0(0) |
| 29 | 8월 18일 | 대전 | 롯데 | 세 | 구원 | 1 | 0(0) |
| 30 | 8월 19일 | 동대문 | 삼성 | 승 | 완봉 | 9 | 0(0) |
| 31 | 9월 8일 | 대구 | 삼성 | 세 | 구원 | 2 | 0(0) |
| 32 | 9월 11일 | 대전 | MBC | 승 | 완투 | 11 | 3(3) |
| 33 | 9월 18일 | 대전 | 롯데 | 승 | 완투 | 9 | 1(1) |
| 34 | 9월 22일 | 잠실 | 롯데 | 패 | 구원 | 1 | 1(1) |
| 35 | 9월 23일 | 대전 | 해태 | 승 | 구원 | 3 | 1(0) |
| 36 | 9월 29일 | 대구 | 삼성 | 패 | 완투 | 11 2/3 | 2(2) |
| 계 | 36경기(선발 19경기) 등판, 224 2/3이닝 투구, 24승(8구원승) 4패 7세이브, 평균자책점 1.84, 15완투, 2완봉, 승률 0.857 | | | | | | |
| 수상 | 다승 1위, 평균자책점 1위, 승률 1위, 정규시즌 초대 MVP | | | | | | |

## 🎾 연전연승, 전기리그에서만 무려 18승

설욕의 무대가 만들어졌다. 4월 14일 대구. 일주일 전 자신에게 KBO리그 데뷔 첫 연패를 안겨준 삼성 라이온즈를 같은 장소에서 다시 만났다.

7회말 2사까지 노히트노런 행진. 오대석에게 중전안타를 맞으면서 대기록 수립이 무산됐으나, 9회까지 단 2개의 안타만 허용하며 6-0 승리를 이끌었다. KBO리그 5경기 등판 만에 거둔 첫 완봉승. 그리고 데뷔 첫 2연승이었다.

3승 2패를 기록한 박철순은 롯데 노상수와 다승 공동 1위에 오르며 최다승 투수로 가는 길을 닦았다. 이날 박철순과 배터리를 이룬 조범현은 3-0으로 앞선 4회초 프로 데뷔 첫 홈런을 신고했고, 김유동은 5회초 투런포로 프로 데뷔 20타석 만의 첫 안타를 의미 있게 장식했다.

이후부터는 거칠 것이 없었다. 연전연승. 상대팀은 박철순만 보면 꼬리를 내렸고, OB 타자들은 박철순만 등판하면 더 많은 안타와 홈런을 생산했다. 지고 있어도 질 것 같지 않은 분위기. 불사조의 날갯짓은 승리를 불렀고, OB 역시 덩달아 승승장구했다. 모두가 기대했던 '울트라 초특급 슈퍼 에이스' 모드가 작동했다.

4월 18일 청주 해태전 9이닝 완투승, 4월 24일 춘천 삼미전 6이닝 선발승, 4월 25일 춘천 삼미전 첫 세이브. 4월까지 5승 2패 1세이브를 작성했다.

5월 2일 청주 삼성전 10이닝 완투승에 이어 5월 8일 동대문 MBC

전 9이닝 완투승을 기록하며 어버이날을 맞아 야구장을 찾은 가족 팬들에게 투수 박철순을 제대로 각인시켰다.

그리고 이어진 5월 15일 대전 삼미전. 이날 경기는 최초의 대전 홈경기였다. 6장에서 설명했듯이, 원년 대전구장은 프로야구 출범을 앞두고 소년체전 관계로 구장 개보수를 하는 바람에 이날에야 프로야구 첫 경기를 열 수 있었다.

OB 베어스 최초의 경기(3월 28일 동대문 MBC전), 최초의 청주 홈경기(4월 4일 청주 MBC전)처럼 역사적인 최초 대전 홈경기에서도 팬들 앞에 가장 먼저 인사를 해야 할 투수는 역시 에이스 박철순이었다.

4월 4일 청주 홈 개막전 패전투수가 됐던 박철순은 이날 대전 홈 개막전에서는 선발 8이닝 무실점으로 9-1 승리를 따냈다. 시즌 7승째. 타선도 초반부터 폭발하며 대전 팬들을 즐겁게 했다. 1회말 2사 후 윤동균이 우전안타로 대전구장 1호 안타를 기록하면서 우레와 같은 박수를 받자, 청주구장 1호 홈런을 날린 4번 타자 김우열이 이번에는 좌월 2점 홈런으로 대전구장 1호 홈런까지 기록하며 타고난 스타 기질을 맘껏 발산했다. 박철순은 5월에만 5번의 완투승을 포함해 7승 2세이브를 올렸다.

OB는 전기리그 우승 매직넘버 10을 안고 6월을 시작했다. 그리고 매직넘버 3을 남겨놓은 채 6월 22일 대전에서 삼성과 최종 8차전을 치렀다. OB 우완 박철순, 삼성 좌완 권영호의 투수전. 여기서 김유동은 7회말 좌월 솔로 홈런으로 2-2의 균형을 깨고 3-2 리드를 잡았다.

박철순은 9회초 2사 1, 2루 위기에 몰렸지만, 7번 함학수를 중견수 플라이로 처리하면서 완투승을 올렸다. 매직넘버를 1로 줄이며 사실상 우승의 최대 고비를 넘긴 박철순은 마운드에 큰절을 하듯 엎드려 감격의 눈물을 흘렸다.

OB는 이튿날인 23일 롯데를 홈에 불러들여 5-2로 승리했다. 이날 OB는 박철순 없이 매직넘버를 소멸시키면서 4경기를 남겨둔 채 한국시리즈 진출권을 획득했다. 박철순은 팀당 40경기로 치러진 전기리그에서만 홀로 무려 17연승을 포함해 18승(2패) 3세이브를 올렸다. 그해 최하위 삼미가 전·후기리그를 합쳐 거둔 승수가 총 15승(65패)이었다는 점도 놀라웠지만, 박철순이 전기리그에서만 삼미의 시즌 전체 승수보다 많은 18승을 기록했으니 놀라움 그 자체였다.

OB 베어스는 박철순의 일당백 활약에 힘입어 전기리그 우승을 차지했고, 한국시리즈 진출 티켓도 최초로 거머쥐는 역사를 썼다.

"어떻게 팀당 40경기만 하는 전기리그에서 혼자 18승이나 올렸느냐"는 기자의 질문에 박철순은 "이 자식, 누군지 몰라도 많이도 이겼네"라며 36년 전 젊은 시절의 자신을 향해 너털웃음을 지었다.

### 🎾 "승리는 함께 만드는 것" 희망을 부르는 파랑새

"철순이 형이 선발투수라는 사실이 알려지면 선배들이 '야, 오늘 철순이다, 철순이'라면서 웃곤 했죠. 철순이 형이 등판하면 계속 이기니까 선수단 내에 그냥 그날은 이긴다는 믿음이 생겼어요. 그러다 보니 오히려 홈런도 더 많이 터지고, 점수도 더 나고, 지고 있어도 질 것 같은 생각이 들지 않았어요."

원년 OB 베어스 포수 조범현의 회상이다.

그랬다. 박철순은 바로 승리를 부르는 파랑새였고, 지고 있어도 결코 쓰러지지 않는 불사조였다.

"원년에 OB가 가장 먼저 메리트 시스템을 시행했는데 안타 하나에 얼마, 홈런 하나에 얼마, 승리투수에 얼마, 완투와 완봉승에 얼마 하는 식으로 메리트가 지급됐죠. 심지어 벤치에서 열심히 박수치고 소리 내는 사람한테도 일정 금액이 책정되기도 했어요. 철순이 형은 등판할 때마다 최고 수훈 선수로 선정돼 가장 많은 수당을 받았죠. 완투승을 올리면 웬만한 봉급쟁이 월급보다 더 많은 50만 원 정도를 받았어요."

조범현은 당시 박철순의 마음 씀씀이에 대해 말을 이어갔다. 연승 행진은 우연이 아니었다는 설명이다.

"그런데 철순이 형은 늘 동료들한테 공을 돌렸죠. 저한테 '범현아, 네 덕분에 이겼다'고 하고, '경문아, 네 덕분에 잘 던질 수 있었다'라고 하면서 상금을 베풀곤 했죠. 그날 홈런을 치거나 점수를 뽑아준 다른 야수들에게도 얼마씩 떼어서 주곤 했어요. 원정지에 가면 고스톱을 치면서 일부러 잃어주기도 하더라고요. 물론 철순이 형의 구위가 좋았던 것이 첫 번째 연승 원인이겠지만, 동료들이 철순이 형이 나올 때 더 힘을 내서 도와주려고 한 측면도 있었죠."

후배 조범현의 이야기에 박철순은 손사래를 쳤다.

"후배들이 그렇게 기억해주니 고맙지만, 솔직히 당시 메리트는 그야말로 보너스라 제 것이 아니라고 생각했어요. 승리는 혼자 만드는 게 아니잖습니까. 모두가 함께 만드는 것이죠. 베푼 것도 아니라 그냥 진심에서 우러나오는 고마운 마음의 표현이었죠. 저야말로 패전 위기에서 타자들이 점수를 뽑아주면서 연승 행진을 이어갔으니 고마워해야죠. 제가 2실점 하면 타자들이 3점을 뽑아줬으니까요. 진짜 감사하고 고마웠어요."

OB 베어스는 당초 "잘해야 중위권" 정도로 평가받던 팀이었다. 그런데 전기리그에서 투타의 완벽한 하모니로 우승을 차지하는 반란을 일으켰다. 박철순을 중심으로 한 마운드도 빛났지만, 타선 역시 윤동균과 김우열 등 노장들이 앞장서서 이끌고 신경식, 구천서 등 젊은 타자들이 맹활약하면서 신구 조화 속에 팀 타율 1위를 기록하는 막강한 화력을 뽐냈다.

## 🅑 쉬엄쉬엄 시작된 후기리그, 그리고 22연승의 그날

전기리그 우승으로 한국시리즈 티켓을 따낸 상황에서 후기리그 는 굳이 무리할 필요가 없었다. 박철순은 도중에 올스타전에 출전 하기는 했지만, 정규시즌을 기준으로 보면 한 달 가까이 쉬었다. 전 기리그 마지막 등판이 6월 26일 동대문 해태전 구원 등판이었고, 후기리그 첫 등판이 7월 31일 인천 삼미전 구원 등판(2이닝 세이브)이 었다.

8월 4일 대전 삼성전에서 1과 2/3이닝 1실점(비자책점) 구원승으 로 18연승이자 시즌 19승을 챙기며 다시 연승 가도를 이어갔다. 충 분한 휴식 후 꼭 잡아야 할 경기에 결정적인 순간 구원투수로 등판 하면서 승리를 만들어갔다.

8월 15일 광복절. 동대문구장에서 열린 MBC전에서 2-1로 앞선 5회말 1사 1, 2루 상황에서 선발 계형철을 구원 등판해 경기 종료까 지 1안타 무실점 역투를 펼치면서 대망의 20승 고지에 올랐다. 아울 러 19연승을 달렸다.

이어 8월 19일 동대문 삼성전 9이닝 2안타 무실점 완봉승으로 20연승이자 시즌 21승째를 채웠다.

메이저리그 최다연승 기록은 칼 허벨Carl Hubbell이 뉴욕 자이언츠 (샌프란시스코 자이언츠의 옛 이름) 시절이던 1936~1937년 2년에 걸쳐 기록한 24연승. 단일 시즌만 놓고 보면 메이저리그에서 1888년 팀 키프Tim Keefe와 1912년 루브 마쿼드Rube Marquard 등 뉴욕 자이언츠 투 수들이 기록한 19연승이 최고 기록이었다. 이 부문 일본 프로야구 최고 기록은 마쓰다 기요시(1951년 요미우리 자이언츠)와 이나오 가즈히사(1957년 니시테츠 라이온스*)가 기록한 20연승이었다.

"솔직히 20연승을 할 때까지만 해도 그냥 이기는 게 좋았어요. 이겨야 한다는 생각뿐이었죠. 기록엔 큰 관심이 없었어요. 그런데 20연승을 하고 나니 욕심이 생기고 부담감이 커지더라고요. 사람 마음이 그런가 봐요. 주위에서는 제가 등판하면 당연히 이길 것으로 믿었고, 저로서는 어떻게 해서든 연승 기록을 이어가야 한다는 부담이 생기더라고요."

다시 박철순의 기나긴 휴식이 이어졌다. 한국시리즈에 대비하는 장기적 포석이었다. 김영덕 감독 역시 김성근 코치에게 감독 대행을 맡기고 8월에 보름가량 일본으로 연수를 떠났다. 지금으로서는 시즌이 진행되고 있는 상황에서 사령탑이 해외 연수를 가는 것을 이해하기 어렵지만 당시에는 그랬다.

"요즘 같으면 상상도 못 할 일이죠. 그런데 전기리그에서 우승을 하고 나니 구단에서 기대 이상의 성과를 냈다고 포상휴가처럼 저를 일본에 보내줬어요. 어차피 후기리그 우승팀과 한국시리즈를 해야 하니, 이 기회에 차라리 내년 시즌을 위해 뭔가를 배워 오는 게 낫다고 판단한 것이죠. 그만큼 후기리그는 여유롭게 대처를 했어요. 박철순도 전기리그에서 고생했기 때문에 충전을 위해 쉬게 했던 거죠."

---

* 세이부 라이온스의 전신.

김영덕 감독의 설명이다.

박철순은 8월 19일 완투승 이후 9월 8일 대구 삼성전에서야 다음 등판을 이어갔다. 2이닝 무실점 세이브로 오랜만에 마운드 복귀 인사를 했다. 그는 당시 상황을 이렇게 설명했다.

"그때만 해도 어디 아파서 쉰 게 아니었습니다. 전기리그에 많이 던졌으니 휴식 차원에서 푹 쉬었던 거였죠. 그런데 후기리그도 우승이 가시권에 들어오니까 다시 등판을 하기 시작했어요. 선두 싸움을 하면서 후기리그까지 우승해 한국시리즈를 없애는 게 낫겠다고 생각하게 됐던 거죠"

박철순은 9월 11일 대전 MBC전에서 11이닝 3실점 완투승을 올리며 21연승을 기록했다. 이어 9월 18일 대전 롯데전에서 극적으로 22연승을 수립했다. 9이닝 5안타 8탈삼진 1실점 완투로 4-1 승리를 거두었는데, 결과만 보면 낙승처럼 보이지만 그렇게 판단할 수 없는 경기였다.

OB는 1회말 윤동균과 김우열의 연속 2루타로 선취점을 뽑았지만, 이후 롯데 선발투수 김문희의 투구에 막혀 좀처럼 추가점을 올리지 못했다. 1-0 리드를 안고 8회초 2사까지 1안타 무실점 역투를 펼치던 박철순이 흔들렸다. 김일환에게 2루타를 내준 뒤 이날 3회에 유일하게 안타를 허용한 롯데 백업포수 최순하에게 좌전 적시타를 맞으며 1-1 동점을 허용하고 말았다.

다 잡았던 승리가 날아가는 듯했다. 그러나 박철순이 마운드에

7. 박철순의 22연승, 그 신화의 처음과 끝

있을 땐 언제나 힘을 내는 OB 타선이었다. 9회말 1사 1, 2루에서 김경문 타석 때 대타로 들어선 김유동이 끝내기 3점 홈런을 날렸다. 그러면서 박철순의 연승 행진 숫자가 22로 늘어났다. 22연승 신화의 마지막 장면으로 기록되는 순간이었다.

## ⚾ '공든 탑' 22연승의 종착역, 신화가 깨지던 날

세상에 영원한 것은 없다. 22연승을 처음 시작할 때 누구도 예상하지 못했던 것처럼, 끝날 때도 이것이 마지막이 될 줄 예상하는 이는 없었다. 박철순이 원년에 22연승을 올렸다는 사실은 웬만한 야구팬이라면 모두 아는 상식이지만, 그가 어떻게 연승 행진에 마침표를 찍었는지 아는 이는 많지 않다.

9월 22일. 기차는 운명의 종착역으로 가고 있었다. 잠실구장에서 열린 롯데와 OB의 더블헤더. 잠실에서 경기를 했으니 OB 베어스 홈경기로 아는 이들이 많지만, 이날 경기는 롯데 자이언츠의 홈경기였다.

원년에는 각 팀이 연고지 외에도 전국을 돌며 야구붐 조성과 홍보 차원에서 몇 경기씩 특별경기를 소화했는데, 이날 경기도 그런 차원에서 진행됐다. OB도 동대문에서 삼성을 불러들여 홈경기(8월 19일)를 치렀고, 구덕에서 삼미(6월 16일)와 MBC(9월 9일)를 초대해 홈경기를 하기도 했다.

7월에 개장한 잠실구장은 서울 연고팀으로 먼저 출발한 MBC가

8월 1일부터 본격적으로 홈구장으로 사용했는데, 9월 22일 이날은 롯데의 특별경기로 배정돼 롯데와 OB가 더블헤더를 치렀던 것이었다.

박철순은 당초 더블헤더 제2경기의 선발투수로 내정돼 있었다. 그런데 제1경기가 묘하게 흘렀다. OB가 7회까지 0-3으로 뒤지다 8회초 밀어내기 볼넷으로 1점을 뽑은 뒤 9회초 무사 1, 3루 상황에서 조범현의 중전 적시타와 유지훤의 투수 앞 기습번트 안타로 3-3 동점을 만들었다.

이날 경기 전까지 후기리그 1위 삼성을 0.5경기 차로 추격하던 OB였기에 김영덕 감독은 고민을 하기 시작했다.

9회말 롯데의 공격. 1사 1루 상황이었다.

"투수 교체! 박철순!"

어차피 1차전에서 패하고 2차전에서 승리를 거두나, 1차전에서 승리하고 2차전을 패하나 마찬가지였다. 운이 좋으면 1차전도 이기고, 2차전까지 잡을 수도 있는 상황. 일단 1차전부터 잡고 가자는 계산이었다.

계형철과 황태환에 이어 박철순이 마운드에 올랐다. 급박하게 등판한 박철순은 여기서 무실점으로 이닝을 마쳤고, 연장 10회초 OB 역시 득점을 올리지 못했다.

계속된 10회말. 선두타자인 롯데 3번 박용성에게 좌전안타를 맞았다. 이어 부산 동광초등학교 6학년 때 손을 잡고 함께 야구를 시작한 친구 김용희를 좌익수 플라이로 잡았다. 박용성은 태그업을 통해 2루까지 진출했다. 1사 2루.

타석에는 역시 동광초등학교 2년 후배인 5번 김용철이 들어와 있었다. 스트라이크-파울-파울-볼-파울. 볼카운트 1B-2S의 유리한 상황에서 박철순은 6구를 던졌고, 김용철이 친 타구는 3루수 옆을 지나 좌익수 앞으로 날아갔다. 2루 주자 박용성은 홈으로 전력질주해 롯데의 4번째 득점을 올렸다. 끝내기 안타였다.

이렇게 박철순은 4월 10일 해태전부터 9월 18일 롯데전까지 진행된 22연승 기록에 마침표를 찍었다. 전날까지 163일 동안 이어온 무패의 공든 탑도 무너지는 순간이었다.

"김용철은 초등학교 2년 후배인데, 제가 6학년 때 4학년으로 함께 야구를 시작했어요. 그런데 이 친구가 제 연승을 깨놓고 지금까지 사과가 없네요, 허허. 아직도 생생해요. 몸쪽 꽉 찬 직구를 던져야겠다고 맘먹고 던졌는데, 기다리고 있었는지 기막히게 쳤어요. 타구가 총알처럼 날아가는데, 3루수 양세종이 몸을 날렸지만 잡을 수 없었어요."

글러브를 끼고 있던 손이 갑자기 무겁게 느껴지면서 가슴속에서 뭔가가 빠져나가는 듯한 기분이 들었다. 허탈했다. 이미 관중들의 환호성도 동료들의 얼굴도 눈에 들어오지 않았다. 하지만 그 허탈감은 오래가지 않았다. 까짓것 다시 시작하면 되지.

1995년 펴낸 박철순의 자전 에세이『혼을 던지는 남자』에 나오는 대목이다. 이에 대해 물어봤더니 그는 "당시 그런 느낌과 기분이 들었다"며 미소를 지었다.

"처음엔 허탈하고 아무 생각이 안 났는데, 조금 지나니 허탈함과 후련함이 교차했어요. 오만 가지 생각이 다 나더라고요. 사실 언제까지 연승을 할 수 없는 거잖아요. 20연승부터는 기록에 눌리고 부담감이 자꾸 커져갔는데, 그렇게 생각하니 마음이 가벼워졌죠."

박철순의 연승 행진을 깬 김용철은 "형님, 22연승 할 때 롯데가 몇 승을 보태드렸는데 그럽니까?"라며 웃는다.

22연승 과정에서 롯데와 해태는 3승씩, MBC와 삼미는 5승씩을 보태줬다. 삼성은 가장 많은 6승을 헌납했다. 박철순은 이후 1승과 1패를 보태 원년 24승 4패 7세이브, 평균자책점 1.84를 기록했다. 다승과 평균자책점은 물론 승률(0.857) 부문까지 휩쓸어 원년 3관왕에 올랐다.

# BEARS

# 8

## 원년 삼미 슈퍼스타즈와의
## 16전 전승 신화는 어떻게 탄생했나?

삼미 슈퍼스타즈 엠블럼 (출처 : 한국야구위원회)

'졌다, 졌으니까 이제 그만 좀 해라'라는. 상대팀을 향한 눈물의 호소와 통곡만이 처절한 울림으로 마음속에 메아리칠 뿐이었다. 나는 생각했다. '한민족끼리 이래도 된단 말인가?'. 4월 25일의 OB전은 '야구는 9회말 2아웃부터'라는 진리를 다시 한 번 확인시켜준 경기였다. 다시 떠올리기도 싫은 이날의 경기에 관해서는 긴말을 하고 싶지 않다. '8점 차'라는, OB의 최다 점수 차 역전승으로 프로야구사에 길이 남게 된 이 경기. (중략) 불쌍한 소년들의 입에서 오열이 터져 나오게 하고, 그 괴로움으로 땅바닥에서 뒹굴게 했던 이 경기. 12살의 소년들에게 심근경색이 무엇인지, 뇌졸중이 무엇인지, 중풍이 무엇인지를 체험하게 해준 눈물 나게 고마운 이 경기. 우리의 박현식 감독을 한 달 만에 일선에서 물러나게 만들었던 이 경기. (중략) 나는 생각했다. '내 팔자야!'

2003년 출판된 박민규 장편소설 『삼미 슈퍼스타즈의 마지막 팬클럽』에 나오는 대목이다. 8점 차의 역대 최다 점수 차 역전승 기록이 만들어진 1982년 4월 25일 삼미-OB전이 끝난 뒤, 원년 삼미 팬의 시각과 감정이입으로 당시 상황을 묘사한 부분이다.

삼미 팬이 '한민족끼리 이래도 된단 말인가'라고 절규한 것처럼, OB 베어스는 원년에 삼미 슈퍼스타즈를 상대로 인정사정없이 '한 시즌 상대 전적 16전 전승' 신화를 만들었다. 한 팀이 특정팀을 상대로 한 시즌 전 경기를 이긴 유일한 사례다. 2018년 시즌에 두산 베어스는 LG 트윈스를 상대로 15전 전승을 기록하다 마지막 경기에서 패하면서 이 기록을 재현하지는 못했다.

8장은 프로야구 역사상 유일한 원년 OB 베어스의 삼미전 16전 전승 스토리다. 군이 이 이야기를 끄집어내는 것은 그 속에 프로야구 역사와 갖가지 사연이 숨어 있기 때문이다.

### 🎾 맞대결 전승 신화의 신호탄을 쏘아올리다

OB 베어스의 삼미전 16전 전승의 첫 단추는 4월 15일 춘천 경기부터 시작됐다. 원년에 삼미는 인천이 본거지였지만, 경기도와 강원도까지를 광역 연고로 삼고 있었다. 인천 도원구장이 공사 중이어서 삼미는 프로야구 출범 후 한동안 춘천구장에서 홈경기를 소화했다. 7월 17일에서야 MBC를 불러들여 첫 인천 경기를 열 수 있었다.

이에 앞서 양 팀의 분위기부터 살펴볼 필요가 있다. OB는 원년 우승팀이지만 시즌 초반 출발이 좋지 않았다. 개막 후 6경기를 치르는 동안 에이스 박철순이 1승 2패로 저조한 출발을 보이는 등 2승

4패의 부진한 성적표를 쥐고 있었다. 그러더니 4월 10일과 11일 전주에서 해태에게 2연승을 거두고, 14일에 대구에서 박철순이 삼성을 상대로 6-0 완봉승을 거두면서 3연승의 휘파람을 불었다. 단숨에 5할 승률을 넘어 5승 4패로 승패 마진이 +1이 됐다. 팀 분위기가 막 상승하는 시점이었고, 팀 순위는 6개 팀 중 공동 3위로 올라섰다.

삼미는 원년 개막 전부터 약체로 분류됐다. 선수 수급도 원활하지 않았고, 무엇보다 팀명인 '슈퍼스타즈'와는 달리 국가대표 출신이 단 1명도 없었다. "삼미는 박현식 감독만 슈퍼스타일 뿐 슈퍼스타가 없다"는 조롱을 듣고 있었다.

그런데 시즌 개막 이후 작은 돌풍을 일으켰다. 3월 28일 대구에서 열린 삼성전. 삼미 구단 역사상 최초의 게임이었다. 여기서 국가대표 출신 선수가 즐비한 삼성을 5-3으로 꺾었다. 그러자 삼미 초대 사령탑 박현식 감독('아시아의 철인'으로 불린 왕년의 홈런왕 출신)은 경기 후 언론 인터뷰에서 "앞으로 우리 팀을 '슈퍼스타가 없는 슈퍼스타즈'로 부르지 말았으면 좋겠다. 우리 팀 전원이 슈퍼스타니까"라면서 어깨를 으쓱했다.

삼미는 첫 경기 승리 이후 2연패를 당하더니 4월 5일에는 춘천에서 롯데에 8-7로 승리하며 홈 첫 승을 올렸다. 시즌 2승 2패로 균형을 맞췄다. 예상보다 좋은 출발이었다. 그러나 거기까지였다. 그날 이후로 전력의 열세를 극복하지 못한 채 5연패를 당하면서 결국 2승 7패로 꼴찌로 내려앉았다.

이런 흐름 속에서 4월 15일 OB 베어스와 삼미 슈퍼스타즈의 역사적인 첫 경기가 펼쳐졌다. OB 선발투수는 좌완 에이스로 평가받

4월 15일 경기 선발투수 선우대영

던 선우대영이었다. 삼미 선발투수는 좌완 감사용. 2004년 영화 〈슈퍼스타 감사용〉으로 재조명받았지만, 그는 당시 정식 실업야구 선수로 활동하고 있지 않았다. 마산고와 인천체전에서 잠시 선수 생활을 했지만 두각을 나타내지 못했고, 군 복무를 하면서 사실상 유니폼을 벗었다. 삼미철강에서 직장팀 선수로 뛰던 그는 좌완이 부족한 삼미에 테스트를 통해 합격하면서 원년 멤버로 합류하는 기막힌 스토리를 썼다.

OB는 1회초부터 감사용을 몰아붙였다. 2사 후 3번 타자 윤동균의 볼넷과 4번 타자 김우열의 좌전안타로 1, 3루의 찬스를 잡더니 김우열이 2루 도루에 성공하면서 2, 3루가 되었다. 여기서 5번 타자 신경식의 2타점 좌전 적시타가 터져 2-0 리드를 잡았다. 삼미가 2회말 4번 타자 김호인(현 KBO 비디오판독센터장)의 솔로 홈런으로 저항했지만, 3회 김우열의 솔로 홈런과 4회 구천서의 솔로 홈런이 이어지며 4-1로 달아났다. 결국 9-3 승리. 그런데 이 승리가 16전 전승 신화의 신호탄이 될 줄 누가 알았겠는가.

## 🎾 0대8에서 12대11, 최다 점수 차 역전승으로 대기록의 발판을 마련

삼미는 4월 17일 해태를 꺾고 6연패의 늪에서 벗어났지만, 일주일 뒤 춘천에서 펼쳐진 OB와의 2연전에서 충격의 2연패를 당하고 만다. 거꾸로 OB는 삼미를 상대로 2연승을 거두면서 시즌 9승 5패로 2위로 도약하게 된다. 경기 내용을 살펴보자.

4월 24일 경기에서 OB 선발투수 박철순은 6회까지 4실점 하며 2-4로 끌려갔다. 그러나 타선이 7회초 3점을 뽑아주면서 가까스로 6-4 승리를 이끌고 힘겹게 승리투수가 될 수 있었다. 개인 4연승이자 시즌 5승째. 자칫 박철순의 연승 행진이 끊길 뻔했으나, 타선 덕분에 연승 신화의 불씨를 가까스로 살려낸 셈이었다. 이처럼 박철순은 이상하리만치 최약체 삼미에 고전했다.

"원년에 22연승을 했지만 삼미에 정말 많이 혼났어요. 이상하게 삼미 타자들이 제 공을 잘 쳤어요. 삼미 때문에 연승 기록이 몇 번이나 끊길 뻔했는지 몰라요. 그럴 때마다 운 좋게 우리 타자들이 점수를 뽑아주면서 승리하거나 패전투수를 모면했죠."

박철순은 삼미 이야기를 꺼내자 고개부터 절레절레 흔들었다. 원년에 삼미를 상대로 5승 2세이브 무패를 기록했으나, 내용상으로는 힘든 게임이 많았기 때문이다. 실제로 그해 시즌 평균자책점이 1.88이었는데, 삼미전에서는 2.29(35와 1/3이닝 9자책점)를 기록했다. 요즘 관점에서 보면 2점대 초반의 평균자책점도 특급 기록이지만, 최하위 삼미를 상대로 시즌 평균자책점에도 못 미쳤다는 점에서 보면 박철순의 말이 엄살이나 겸손의 뜻에서 나온 것만은 아님을 알 수 있다.

이튿날인 4월 25일 경기는 역사에 남을 만한 경기였다. 이날은 삼미가 분풀이라도 하듯 1회말 시작부터 OB 마운드를 맹폭했다. OB 선발투수 선우대영을 상대로 1번 타자 장정기와 2번 타자 조홍운이 연속 안타를 치며 무사 1, 2루 찬스를 잡았다. 이어 3번 타자 김무관의 좌전 적시타, 4번 타자 양승관의 중견수 희생플라이가 터지며 2-0으로 앞서나갔다.

2회말에는 7안타를 몰아치며 무려 6점을 뽑았다. 1사 후 허운(현 KBO 심판위원장)이 중전안타를 치자 OB 김영덕 감독은 투수를 박상열로 교체했지만, 들불처럼 불붙은 삼미 타선을 잡지 못했다. 조홍운의 홈런을 비롯해 2루타 2개, 3루타 1개 등 장타가 폭발했다.

2회말 종료 후 스코어는 이미 8-0. 삼미로선 내심 '이 정도면 이기겠지' 하고 안심할 수 있는 점수 차였다. 그런데 돌아서자마자

OB의 반격이 시작됐다. 2회까지 무실점으로 막아내던 삼미 선발투수 감사용이 3회초 시작과 동시에 3연속 안타로 1실점 한 뒤 내려갔고, 이후 인호봉이 구원 등판했지만 또 연속 안타를 맞으며 대거 4점을 내줬다.

OB는 4회초 3점을 더 얻어 7-8, 1점 차로 압박했다. 5회초에는 2사 후 양세종의 2루타를 시작으로 5연속 안타를 몰아치며 3점을 뽑아내 순식간에 승부를 10-8로 뒤집었다.

OB는 6회와 7회에도 1점씩을 추가해 12-8로 점수 차를 벌렸다. 이쯤 되면 삼미가 충격을 받고 그대로 쓰러질 법도 했다. 그러나 삼미의 반격이 시작됐다. 8회초 2사 1, 2루에서 OB가 황태환을 구원 투입했지만 1점을 내주면서 12-9로 추격을 허용했다.

9회말에 양승관에게 볼넷, 대타 금광옥에게 2루타를 맞으면서 무사 2, 3루의 위기 상황. OB 벤치는 급하게 김옥경 주심에게 다가가 투수 교체를 알렸다.

"투수 박철순!"

박철순으로 삼미 타선을 잠재우고자 했다. 그러나 한번 불붙은 삼미 타선은 박철순을 상대로도 거센 반격을 이어갔다.

박철순은 마운드에 오르자마자 김경남에게 우전 적시타를 맞았다. 12-10. 여기서 연속 삼진으로 위기를 벗어나는 듯했으나, 김진철에게 볼넷을 내준 뒤 장정기에게 밀어내기 볼넷까지 허용하면서 1점 차로 쫓기고 말았다. 더군다나 두 볼넷 모두 스트라이크 하나 잡지 못하고 볼만 연속으로 8개를 던져 내준 것이었다.

12-11에서 계속된 2사 만루. 타석에 조흥운이 들어섰다. 이날 이미 3안타를 칠 정도로 타격감이 좋은 상태였다.

"지금도 기억나요. 조흥운 선수를 상대하는데 초구에 팔이 말리는 느낌이 들었어요. (1B 1S에서) 3구째 직구를 던졌는데, 그 타구가 3루수 양세종 앞으로 가더라고요. 양세종이 공을 잡은 다음에 실밥까지 확인하고 1루에 던져서 경기를 끝냈어요. 그만큼 다들 긴장했어요. 우리가 0-8로 뒤지던 게임을 12-8로 뒤집었는데, 여기서 또 역전패를 당하면 우리에게도 충격이 클 수밖에 없었거든요. 아예 처음부터 그대로 졌으면 모를까."

박철순은 이 경기에서 1이닝 동안 1안타 2볼넷으로 고전하면서도 무실점으로 막아 세이브를 올렸다. 만약 조흥운에게 안타 한 방을 맞았다면 패전투수가 되고 연승 행진도 중단될 뻔했다. 여기서 졌다면 22연승 신화도 없었을 것이다. 얼마나 진땀을 흘렸으면 지금까지 그 장면을 생생하게 기억하고 있을까.

박철순은 5월 26일 삼미전에서도 8회에 구원 등판해 3이닝 2실점 하면서 패전 위기에 몰렸다가 연장 10회에 양세종의 끝내기안타로 구원승(10연승)을 챙겼다. 6월 2일 삼미전에서도 6회에 구원 등판했다가 동점을 내주면서 연장전을 허용했다. 다행히 14회말에 터진 이홍범의 끝내기 희생플라이로 다시 승리투수(12연승)가 됐다. 그만큼 박철순에게 삼미는 껄끄러운 존재였다.

6월 2일 삼미전에서 14회말 끝내기 희생플라이를 친 이홍범

## ⚾ 삼미 박현식 감독, 사상 최초 감독 경질 사태

어쨌든 삼미가 8-0으로 이기다 역전패한 4월 25일 경기의 후폭
풍은 거셌다. 훗날 기록이 깨졌지만, 8점 차 역전패는 1982년뿐 아
니라 20세기 내에서는 KBO 역대 한 경기 최다 점수 차 역전패 기록
으로 남아 있었을 정도로 당시로서는 충격적인 일이었다.

앞서 인용한 『삼미 슈퍼스타즈의 마지막 팬클럽』에도 나오듯이,
삼미를 응원하던 팬들은 "아이고, 내 팔자야"라며 신세 한탄을 할 만
했고, "한민족끼리 이래도 된단 말인가"라며 OB를 향해 절규할 만

했다. 전날 박철순을 상대로 4점을 뽑아 리드를 잡고도 역전패한 삼미는 다음 날 더 치욕적인 역전패를 당하자, 결국 한국 프로야구 사상 최초의 감독 경질을 결정하게 된다.

"그날 삼미그룹 김현철 회장이 춘천구장에 왔다가 점수 차가 커지자 구장을 나섰던 걸로 기억해요. 그날은 이길 거라고 봤던 거죠. 그런데 역전패를 당했다는 얘기를 나중에 듣고 박현식 감독을 경질했다고 하더라고요."

OB 베어스 박용민 초대 단장의 이야기다.

이로써 삼미 슈퍼스타즈의 초대 사령탑 박현식 감독은 13경기 만에 3승 10패(승률 0.231)의 초라한 성적을 남긴 채 이튿날 유니폼을 벗었다. 이선덕 코치에게 지휘봉을 넘기고 단장으로 일선에서 물러나야 했다.

박현식 감독은 한국야구사의 홈런왕 계보를 잇는 슬러거로, 아시아선수권대회에 6회 연속 태극마크를 달고 출전해 '아시아의 철인'이라는 별명을 얻기도 했다. 그러나 감독으로는 철인이 되지 못했다. KBO 역대 최단명 감독으로 이름을 남겼으니 말이다.

그렇게 박현식 감독이 경질되고, 4월 29일에는 해태 타이거즈가 '빨간 장갑의 마술사' 김동엽 감독을 해고했다. 김동엽 감독 역시 개막 후 13경기(5승 8패) 만에 지휘봉을 내려놓게 됐지만, 날짜상으로 박현식 감독에 이어 2호 경질 감독으로 기록됐다.

결국 4월 25일 춘천에서 OB가 8점 차의 열세를 뒤집고 대역전극을 펼치면서 'KBO 최초 감독 경질'이라는 사례가 나오게 됐다고 볼 수 있다. 아울러 이날 승리로 박철순의 연승 행진도 계속 이어지게 됐다.

## ⚾ 삼미전 16전 전승을 완성하던 날

"당시 우리 팀 타력은 괜찮았는데 투수력이 너무 약했어요. 그러다 보니 이기고 있다가도 중후반에 역전패를 많이 당했죠. 지금은 고인이 된 1루수 김경남이나 다른 야수들이 경기 도중 갑자기 투수로 등판하기도 했어요. 그만큼 삼미는 투수가 부족했어요. OB에 8점 차 역전패를 당한 것도 충격이었지만, 사실 그해 삼미에겐 그 비슷한 경기가 허다했거든요. 앞서고 있어도 불안했고, 역전패를 걱정하면 그대로 역전패를 당하곤 했죠."

삼미 원년 멤버였던 양승관(현 독립구단 파주 챌린저스 감독)의 얘기다. 그는 1982년 OB에게 계속 패했던 당시의 기억을 되살렸다.

"삼미가 OB에 16전 전패를 당했는데, 특정팀에 계속 지고 역전패를 당하다 보니 심리적으로 더 많이 위축됐던 것 같아요. OB만 보면 일종의 트라우마가 생겼죠. 어릴 때 친구와 싸움을 하다 한 번 지고 두 번 지고 나면 나중에 커서도 영원히 기에서 눌리게 되는 것처럼 말이죠."

거꾸로 OB는 그날 대역전극 이후 삼미라면 늘 자신감이 넘쳤다. 4월과 5월에 3승씩을 거둔 뒤 6월에 2승, 7월과 8월에 3승씩을 올렸다. 9월에도 2승을 추가했다. 그렇다고 해서 일방적인 스코어로 이긴 건 아니었다. 6경기가 1점 차 승리, 4경기가 2점 차 승리였을 정도로 까다로운 승부를 펼쳤다.

9월 16일 청주에서 열린 양 팀 간의 시즌 마지막 경기. 삼미는 치욕의 시즌 전패를 모면하기 위해 안간힘을 썼다. 1회초 선두타자 조홍운이 볼넷과 도루로 찬스를 만들고 장정기의 적시타로 선취점을 뽑았다. 4회초에 2점을 추가하며 3-0으로 앞서나갔다.

그러나 OB는 6회말 정혁진의 2타점 2루타와 양세종의 적시타로 한꺼번에 가볍게 3점을 뽑아 3-3 동점을 만들었다. 그러자 삼미는 다시 쫓기기 시작했고, OB는 8회말 무사 1, 3루의 황금 기회를 잡았다. 여기서 완투를 하던 삼미 선발투수 김재현을 상대로 정혁진이 좌전 적시타를 날리면서 4-3 역전에 성공했다. 또한 5회부터 구원 등판한 잠수함 투수 강철원이 삼미의 9회초 공격을 틀어막으면서 16전 전승 신화를 완성했다.

OB는 원년 삼미전 전승으로 한국시리즈 우승의 발판을 마련했다고 해도 지나치지 않다. 삼미는 전기리그 때 10승(30패)을 올린 뒤 후기리그에서는 단 5승(35패)에 그쳤다. 한마디로 박철순의 그해 승수(24승)에도 훨씬 못 미치는 초라한 성적이었다.

팀당 80경기를 소화한 원년에 삼미는 15승 65패를 기록했다. 승률 0.188은 지금까지 역대 최저승률로 남아 있다. OB를 제외한 나머지 팀들을 상대하면서는 15승 49패를 기록해 승률이 0.234로 오른다. 그만큼 OB전 16전패 기록이 뼈아팠다.

투수들의 개인 성적도 희비가 엇갈렸다. OB에서는 박철순과 박상열이 삼미를 상대로 5승씩을 챙겼다. 반대로 삼미에서는 OB를 상대로 김재현이 7패, 감사용이 5패를 떠안았다. 박철순이 22연승 포함 24승(4패 7세이브)으로 다승왕에 올랐다면, 김재현은 전·후기리그 총 80경기가 치러진 그해 19패(6승 1세이브)로 롯데 노상수(14승 19패 2세이브)와 최다패 공동 1위 투수가 됐다.

KBO리그 역사상 유일한 특정팀 상대 시즌 전승. OB의 삼미전 싹쓸이는 이렇듯 많은 역사적 뒷이야기와 기록을 배출했다. 베어스의 역사와 KBO리그의 역사를 논할 때 원년 삼미전 16전 전승 신화는 빼놓을 수 없는 이야기다. 한 시즌 특정팀 상대 전승은 다시는 보기 힘든 불멸의 기록일지도 모른다.

**1982년 OB 베어스의 삼미 슈퍼스타즈 상대 16전 전승 일지**

| 차전 | 날짜 | 구장 | 스코어 | 승리투수 | 패전투수 |
|---|---|---|---|---|---|
| 1 | 4월 15일 | 동대문 | 9-3 | 박상열 | 감사용 |
| 2 | 4월 24일 | 춘천 | 6-4 | 박철순 | 감사용 |
| 3 | 4월 25일 | 춘천 | 12-11 | 박상열 | 김재현 |
| 4 | 5월 15일 | 대전 | 9-1 | 박철순 | 김동철 |
| 5 | 5월 16일 | 동대문 | 13-4 | 박상열 | 김재현 |
| 6 | 5월 26일 | 대전 | 4-3 | 박철순 | 김재현 |
| 7 | 6월 2일 | 대전 | 5-4 | 박철순 | 감사용 |
| 8 | 6월 16일 | 구덕 | 5-4 | 박철순 | 김재현 |
| 9 | 7월 14일 | 대전 | 4-2 | 박상열 | 인호봉 |
| 10 | 7월 15일 | 대전 | 5-4 | 황태환 | 감사용 |

| 11 | 7월 31일 | 인천 | 6-5 | 박상열 | 오문현 |
|----|---------|------|-----|--------|--------|
| 12 | 8월 1일 | 인천 | 4-2 | 계형철 | 감사용 |
| 13 | 8월 26일 | 대전 | 8-2 | 선우대영 | 김재현 |
| 14 | 8월 28일 | 인천 | 5-1 | 강철원 | 김재현 |
| 15 | 9월 1일 | 인천 | 9-6 | 강철원 | 인호봉 |
| 16 | 9월 16일 | 청주 | 4-3 | 강철원 | 김재현 |

# BEARS
# 9
## '불사조' 박철순, 7전 8기 악몽의 시작

마운드에 선 박철순

나는 발버둥 쳤다. 이대로 떠나지는 않겠다고. 누가 시킨 것도 아니고, 그렇다고 사려 깊게 생각해서 잘 정리해 보니 그게 좋겠다고 판단을 해서 내린 결론이 아니었다. 나는 본능에 따라 행동했다. '살고 싶다. 살고 싶다'를 외치면서. '시련아! 이제 내게서 멀어져라' 하고 소리소리 지르면서 언덕이 있을 때마다 나는 몸을 끌고서라도 넘으려 했다. 쉽게 야구를 포기하는 후배들. 매년 떠나가는 사람들. 한 번쯤 죽을힘을 다해서 해보고 떠나도 떠났으면 좋겠다. '고통이여, 와라' 하고 모두 떠나간 연습장에서 비지땀을 흘리는 진정한 스포츠맨만이 두 발을 딛고 설 자격이 있다. 최소한 나의 기준은 그렇다.

_박철순 자전 에세이 『혼(魂)을 던지는 남자』 중에서


'불사조'라는 단어 하나만으로 설명할 수 있는 인물. 박철순은 원년 22연승과 프로야구 역사상 최초 MVP로 기록되면서 동시에 '불굴의 의지'와 '재기의 화신'으로 기억된다. 운동선수가 아니라 일반

인으로도 정상적인 생활이 불가능할지 모르는 대수술을 거듭했지만, 그는 끝까지 포기하지 않고 다시 마운드로 돌아왔다. 넘어지면 일어서고, 쓰러지면 부활하는 그의 모습에 초창기 프로야구 팬들은 가슴이 뜨거워졌다. '불사조'라는 별명을 듣노라면 오히려 처연함과 숙연함이 밀려든다.

이번 9장의 이야기는 박철순이 처음으로 쓰러진 가슴 아픈 시련의 순간이다. '불사조' 스토리가 시작된 첫 장이기도 하지만, OB 베어스 구단과 프로야구 전체의 역사가 얽히고설킨 순간이기도 하다.

## ⚾ 한국시리즈를 없애자!

1982년 한국시리즈는 전기리그 우승팀과 후기리그 우승팀이 격돌하는 시스템이었다. 전기리그 우승팀이 후기리그 우승까지 성공한다면 한국시리즈는 무산되고 통합우승으로 싱겁게 챔피언이 가려지는 불완전한 제도였지만, 누구도 그 가능성을 예상하지는 못했다. 아니, 예상을 했더라도 그런 일이 일어나지 않기를 바랐는지 모른다.

그런데 OB 베어스가 그 시나리오를 향해 달려가고 있었다. OB는 전기리그에서 4경기를 남겨둔 상황에서 일찌감치 우승을 확정했다. 결국 전기리그 최종 성적 29승 11패(승률 0.725)로 마감했다. 2위 삼성(26승 14패)에 3경기 차로 앞섰다.

한국시리즈 진출권을 확보한 OB 베어스는 사실 후기리그는 큰 관심이 없는 상태였다. 꼴찌를 하더라도 한국시리즈에는 나갈 수 있었기 때문이다. 오히려 무리하지 않고 일찌감치 한국시리즈에 대비해 전력을 재정비하는 게 중요하다고 봤다. 당초 기껏해야 6개 구단 중 3, 4위권 전력으로 평가받던 OB였기에 이미 '할 만큼 했다'는 생각도 없지 않았다.

이런 분위기 속에 전기리그에서만 17연승을 포함해 팀의 29승 중 18승을 책임진 박철순을 한 달 이상(6월 26일 전기리그 마지막 등판 이후 후기리그 7월 31일 첫 등판) 쉬게 했다. 한술 더 떠 구단의 배려로 김영덕 감독은 후기리그가 한창 진행되던 8월에 보름가량 선진야구를 배우기 위해 지휘봉을 김성근 코치에게 잠시 맡긴 뒤 일본으로 연수를 다녀오기도 했다.

'비우면 채워지고 낮추면 높아진다'는 노자의 '무위無爲' 철학처럼, OB는 후기리그에 마음을 비웠지만 도리어 승수를 채워나갔다. 막바지에 삼성과 후기리그 1, 2위를 다투는 상황까지 이르렀고, 결국 1위로 치고 올라섰다. 9월 26일 해태를 7-1로 꺾고 후기리그 27승 11패의 전적을 올렸을 때, 삼성은 MBC에 0-7로 덜미를 잡혀 25승 12패를 기록하게 됐다. OB가 1.5경기 차로 앞서나갔다.

OB의 후기리그 남은 경기 수는 2경기. 9월 28일 동대문 MBC전과 29일 대구 삼성전이 예정된 상황이었다. 만약 OB가 MBC를 이기고 삼성에 진다면 최소 공동 선두를 확보하게 된다. 삼성은 남은 3경기(삼미, OB, MBC)를 모두 이기고, OB와의 후기 우승 결정전(3전 2선승제)까지 이겨야 한국시리즈에 오를 수 있다. 반대로 OB는 MBC에 지더라도 삼성만 잡는다면 후기리그 우승을 확정하게 된다. 이렇게 되면 원년 한국시리즈를 없애고 통합우승을 차지하게 된다.

OB는 기로에 섰다. 바로 에이스 박철순의 투입 시점 때문이었다. 9월 23일 해태전 승리 이후 휴식을 취하고 있는 에이스 박철순을 28일 동대문구장에서 열리는 MBC전에 투입하느냐, 29일 대구구장에서 열릴 최종 삼성전에 투입하느냐. 답은 뻔했다. OB 수뇌부는 승부수를 던졌다. 바로 삼성전이었다. 누구라도 그렇게 선택할 수밖에 없었다.

9월 28일 서울에서 MBC전이 열렸지만, 박철순은 하루 먼저 홀로 대구로 내려가 삼성전을 대비했다. 아니나 다를까. OB는 이날 MBC에 0-7로 완패했고, 삼성은 대구에서 삼미를 9-4로 꺾었다. 양 팀 간의 격차는 0.5경기로 다시 좁혀졌다.

## 삼성전 번트 수비, 불행을 잉태하다

9월 29일 대구구장. 물러설 수 없는 한판승부였나. OB는 설대 에이스 박철순 카드 하나였지만, 삼성은 권영호를 비롯해 황규봉(작고), 이선희 등 15승을 올리며 다승 공동 2위에 오른 트로이카를 보유하고 있었다. 박철순에 맞서 삼성은 좌완 에이스 권영호를 선봉에 내세웠다.

초반에 양 팀은 득점 기회가 있었지만 살리지 못했다. 다시 말하자면 에이스들의 빼어난 경기 운영이 돋보였다.

0-0의 팽팽한 균형을 먼저 깬 것은 OB였다. 6회초 백전노장 김

우열이 솔로 홈런을 터뜨렸다. 1-0 리드. 그러자 삼성은 7회말 천보성과 김한근의 연속 2루타로 응수했다. 1-1 동점.

OB는 박철순이 홀로 마운드에 버텼다. 카드가 다양한 삼성은 7회부터 우완 에이스 황규봉으로 교체하며 체력전으로 박철순에 대항해나가고 있었다.

운명의 8회말. 삼성은 무사 1루 찬스를 잡고 오대석에게 희생번트 작전을 냈다. 여기서 박철순에게 시련의 시그널이 찾아왔다. 재빨리 번트 타구를 처리하던 순간 그만 허리를 삐끗하고 만 것. 갑자기 허리에 통증이 밀려왔다. 그러나 경기가 경기인 만큼 박철순은 마운드를 내려올 수 없었다. 이를 악물고 투구를 이어갔다. 실점 없이 8회를 넘겼다. 9회까지 양 팀이 점수를 내지 못하면서 승부는 결국 연장으로 넘어갔다. 10회, 11회……. 전광판에는 계속 0의 행렬이 이어졌다.

연장 12회말. 박철순은 여전히 마운드를 지키고 있었다. 그러나 힘이 조금씩 떨어지고 있었다. 1사 후 2번 타자 허규옥에게 중전안타를 맞았다. 2사 후 4번 타자 이만수에게 좌전안타를 내주면서 1, 3루 위기에 몰렸다.

타석에는 5번 타자 함학수. 땅볼 타구는 3루수 양세종과 유격수 유지훤 사이로 얄밉게 뚫고 나갔다. 끝내기 안타였다. 삼성의 2-1 승리. 2위 삼성이 0.5경기 차로 후기리그 1위로 올라선 순간이었다. 황규봉이 시즌 15승째를 수확했고, 박철순은 11과 2/3이닝 역투를 펼쳤지만 완투패를 기록하며 시즌 4번째 패전(24승 7세이브)을 떠안았다.

OB 베어스는 이날 경기로 먼저 후기리그를 마감했다. 삼성은 10월 2일 MBC와 시즌 최종전을 남겨두고 있었다. 만약 삼성이 MBC에 패하면 OB와 동률이 되면서 후기리그 우승 결정전을 치러야 하는 상황. 후기리그 자력 우승이 물 건너간 OB로서는 행운이 찾아오기만을 기다리는 수밖에 없었다.

그러나 그런 일은 벌어지지 않았다. 삼성이 시즌 최종 MBC전에서 5회초 이종도에게 선제 솔로 홈런을 맞을 때만 해도 '혹시나' 했지만, 결국 3-1로 역전승했다. 후기리그 우승은 삼성에 넘어갔다. 결국 원년 한국시리즈는 OB와 삼성의 매치업으로 짜이게 되었다.

박철순은 4시간 7분의 혈투를 치른 뒤 마운드를 내려오면서 비로소 통증이 심상치 않다는 것을 알아차렸다. 화장실에 기어 들어갈 만큼 허리 통증이 극심해지자 서울로 후송됐고, 급기야 병원 신세를 져야 했다.

눈치 빠른 기자들이 박철순의 허리 상태를 파악하기 위해 OB 구단에 물었지만 구단 측은 일단 "가벼운 요통일 뿐"이라고 말하는 수밖에 없었다. 박철순은 그해 추석(10월 1일)은 물론 그 이후에도 꼼짝을 하지 못하고 병원 침대에 몸을 맡겨야만 했다.

한국시리즈 1차전은 10월 5일. 박철순의 허리는 좀처럼 호전되지 않았다. 선수에게나 OB 구단에게나 절망적인 상황. 한국시리즈 1차전에 내세울 선발투수가 마땅치 않은 OB로선 한숨만 나오는 시간이었다.

## 🎾 반복되는 운명의 장난, '불사조'가 된 절절한 사연

부질없는 가정이지만, 만약 9월 29일 8회말 번트 수비에서 허리 통증이 발생하지 않았다면 박철순의 운명은 어떻게 됐을까. 아니, 번트 수비 후 허리를 삐끗했을 때 교체가 됐더라면 어땠을까.

그땐 후기리그 우승을 눈앞에 둔 상황에서 선수도, 코칭스태프도 허리 부상에 신경 쓸 여유가 없었다. 요즘이야 선수 보호를 우선시하지만, 당시에는 팀을 위해, 승리를 위해 누구든 투혼을 불살라야 했다. 박철순뿐 아니라 에이스라면 누구나 그렇게 던졌던 시절이다.

박철순에게 당시 상황을 묻자 "또 불사조 얘기하시려고? 이젠 그 얘긴 그만합시다"라며 웃어넘긴다. 허허로운 웃음 마디마디가 아리게 다가온다. 당시의 고통이 허리를 타고 다시 밀려오는 듯했다.

박철순은 허리 통증으로 걷기도 힘든 상황에서 진통제 주사를 맞고 한국시리즈에 3차전부터 등판해 우승을 이끌었다(자세한 이야기는 다음 장에 서술하기로 한다). 그러나 이듬해 2월 대만 스프링캠프 도중 허리 디스크 증세로 쓰러져 일본 병원으로 후송되는 아픔을 겪었다. 오랜 재활 끝에 1983년 9월 22일 MBC전에 등판했지만, 하늘의 장난처럼 1회말 시작하자마자 송영운의 직선 타구에 허리를 맞고 쓰러져 다시 구급차에 실려 나갔다.

1984년 4월에는 미국 LA로 건너가 척추 디스크 수술을 했고, 머리카락이 다 빠진 채 휠체어를 타고 귀국한 그를 보고 모두들 '야구선수 박철순은 끝났다'고 여겼다.

그러나 그는 또 일어섰다. 1985년 8월 20일 청보전에서 승리하

9. '불사조' 박철순, 7전 8기 악몽의 시작

면서 1062일 만(1982년 9월 23일 해태전 승리 이후)에 첫 승을 맛본 것. '박철순은 끝났다'고 생각한 모든 사람을 놀라게 했다.

하지만 그해 9월 22일 대구에서 훈련을 하다 허리 부상이 재발했고, 1985년 5월 17일 대전 빙그레전 승리로 3차 재기에 성공했다.

그런데 또 예상하지 못한 시련이 찾아왔다. 1988년 속옷 CF 촬영 도중 새벽 한강변에서 러닝을 하다 점프를 하는 장면을 찍어야 했는데, 하필이면 점프 후 착지를 하는 과정에서 왼쪽 아킬레스건이 끊어지고 말았다.

아킬레스건을 이어 붙였지만 왼발 뒤꿈치가 땅에 닿지 않는 상황. 야구선수로서는 치명적인 부상이었다. 그러나 그는 포기하지 않았다. 다시 마운드로 돌아왔고, 1990년 7월 4일 잠실 해태전에서 완봉승을 거두며 부활했다. 훗날 한화 송진우에 의해 깨지긴 했지만, 1994년 9월 4일 전주 쌍방울전에서는 역대 최고령(35세 5개월) 완봉승 기록을 작성하기도 했다.

쓰러지면 일어서고, 앞으로 나아가려 하면 또 쓰러지는 운명의 장난. 그럼에도 그는 그 운명을 탓하지 않았다. 시련에 무릎 꿇지 않고 끝끝내 마운드로 돌아왔다. 그래서 우리는 박철순을 '불사조'라 불렀던 것이다.

> 상처투성이의 몸과 영혼을 던진 이곳에 내 유니폼을 던져두고 떠나는 날, 늘 걷던 담벼락에 이렇게 쓰면 어떨까. '운명아, 비켜서라, 내가 간다!'라고.
>
> _『혼을 던지는 남자』 중에서

# BEARS

# 10

## 영원불멸의 영광,
## 최초 한국시리즈 우승의
## 흔적, 기록, 기억들

원년 한국시리즈 우승의 순간

원바운드로 투수 키를 크게 넘어가는 타구. 도무지 미칠 수 없는 공을 잡아보려 점프를 하다 땅바닥에 엉덩방아를 찧으며 주저앉았다. 등번호 21번의 박철순. 땅바닥에 앉은 채로 유격수가 27번째 아웃카운트를 잡아내는 모습을 지켜보면서 일어서지도 못한 채 무릎을 꿇고 만세를 불렀다.

등번호 20번의 3루수 구천서가 가장 먼저 마운드로 뛰어와 박철순을 끌어안았다. 등번호 4번의 2루수 김광수는 날다람쥐처럼 달려와 두 명에게 엉겨 붙었다. 마지막 타구를 잡아 러닝스로로 1루에 던진 등번호 6번의 유격수 유지훤도 환호하며 뛰어들었고, 마지막 공을 미트로 잡아내며 우승을 확정한 등번호 19번의 1루수 신경식은 두 팔을 벌린 채 마운드 주변을 정신없이 껑충껑충 뛰어다녔다.

한국시리즈 우승 확정 순간, 포수와 투수가 가장 먼저 포옹하는 게 익숙한 풍경이지만, 등번호 22번의 포수 김경문은 1루 뒤로 커버하러 들어갔다가 뒤늦게 마운드로 달려가 동료들과 얼싸안았다.

베어스 팬이라면 한 번쯤은 봤을, 아니 수도 없이 봤을 영상. 바로 원년 한국시리즈 최종 6차전에서 OB 베어스가 우승을 확정하는 장면이다.

10장에서는 KBO리그 최초의 우승 신화를 만든 1982년 한국시리즈 이야기를 해보고자 한다.

## 🎾 박철순 없는 한국시리즈, 목표는 그저 1승

9장에서 설명했듯이 OB는 9월 29일 후기리그 최종전에서 패했다. 후기리그 우승을 차지했다면 원년 한국시리즈 없이 통합우승으로 챔피언이 됐겠지만, 어쩔 수 없이 10월 5일 열리는 한국시리즈를 준비해야 했다.

4시간 7분간 펼쳐진 연장 12회 달구벌 혈투에서 완투패를 당한 박철순은 서울에 올라와서도 허리 통증이 가라앉지 않자 서울대병원으로 향했다.

검진을 받은 결과 '요부 추간판 헤르니아'라는 청천벽력 같은 소식을 전해 들었다. 척추 뼈와 뼈 사이의 구조물인 디스크가 탈출된 증상을 말하는 것이었다.

절망적이었다. OB 원년 투수는 총 7명. 박철순을 제외하면 박상열이 10승(5패)으로 두 자릿수 승리를 거뒀지만 그 10승 중 8승이 구원승이었다. 선우대영(7승), 황태환(6승), 강철원(5승), 계형철(4승), 김현홍(0승)이 있었지만, 24승 7세이브를 거둔 '절대 에이스' 박철순을 빼고 한국시리즈를 치른다는 것은 상상하기 힘들었다. 국가대표 출신이 즐비한 삼성 타선을 상대하는 건 여간 부담스러운 게 아니었다.

삼성 마운드는 어떤가. 국가대표 출신의 이선희(좌완), 권영호(좌완), 황규봉(우완) 트로이카가 나란히 시즌 15승을 거두며 박철순에 이어 다승 공동 2위에 올랐다. 여기에 우완 스리쿼터 성낙수(7승)도 뒤를 받치고 있었다. 박철순 없는 OB 마운드로는 양적으로나 질적으로나 대적하기 힘든 상대인 게 사실이었다.

OB 원년 사령탑을 맡았던 김영덕 감독은 당시를 회상하면서 "박철순은 한국시리즈 등판이 어렵다고 봤다. 그래서 솔직히 한국시리즈 들어가기 전 우리의 목표는 1승이었다. 망신만 당하지 말자는 생각이었다"고 기억을 더듬었다. 구경백 일구회 사무총장도 당시 상황에 대해 "박철순이 한국시리즈에 못 나간다고 하니 내부적으로는 초상집이었다"고 돌이켰다.

박철순은 1차전이 열린 대전은 물론 2차전이 펼쳐진 대구에도 선수단과 동행하지 못한 채 서울대병원에서 침대 신세를 지고 있었다.

### 🎾 1차전 10월 5일(대전) = 선발 강철원의 역투, 연장 15회 무승부

| 팀 | 1회 | 2회 | 3회 | 4회 | 5회 | 6회 | 7회 | 8회 | 9회 | … | 15회 | 합계 |
|---|---|---|---|---|---|---|---|---|---|---|---|---|
| 삼성(1무) | 0 | 0 | 0 | 0 | 0 | 2 | 0 | 0 | 1 | … | 0 | 3 |
| OB(1무) | 2 | 0 | 0 | 0 | 1 | 0 | 0 | 0 | 0 | … | 0 | 3 |
| 승리투수·패전투수 없음 | | | | | | | | | | | | |

1차전은 10월 5일 전기리그 우승팀 OB의 홈구장인 대전에서 열렸다. 삼성은 권영호를 선발 카드로 꺼내 들었다.

　그렇다면 OB 1차전 선발투수는 누구였을까. 뜻밖에도 잠수함 투수 강철원이었다.

　당시에는 선발투수 예고제가 시행되지 않았기에 김영덕 감독과 김성근 코치, 이광환 코치, 강철원 등 극소수만이 1차전 선발투수를

1982년 한국시리즈 1차전 선발투수 강철원

알고 있을 뿐이었다. 구단 관계자나 OB 선수 중에서도 이 같은 사실을 알고 있는 이는 드물었다.

1차전 선발 라인업이 교환되고 OB의 선발투수 주인공이 밝혀졌을 때 다들 깜짝 놀랄 수밖에 없었다. 기자들은 물론 야구팬들도 강철원 카드를 일종의 '바람잡이 선발'로 이해했다.

그러나 OB 코칭스태프가 기대를 거는 구석이 있었다. 강철원은 어깨 통증으로 전반기에는 통째로 쉬었지만, 후기리그 막바지 19경기를 남겨둔 시점에 가세해 연승 가도를 달렸다. 8경기에 등판해 완투 3차례를 포함해 5연승 무패로 정규시즌을 마감했다.

'미스 강'이라는 별명처럼 예쁘장한 얼굴에 호리호리한 몸매. 그러나 각도 큰 커브와 우타자 몸 쪽을 파고드는 역회전볼로 타자들의 타이밍을 흐트러뜨리는 기술이 있었다.

유흥수 충남도지사의 시구가 끝나고, 김광철 주심의 "플레이볼!" 선언과 함께 강철원의 손끝에서 떠난 초구를 통해 역사적인 최초의 한국시리즈가 시작됐다.

이날 경기는 KBS를 통해 전국에 생중계됐다. 삼성 1번 타자 장태수 좌익수 플라이, 2번 타자 허규옥 유격수 땅볼, 3번 타자 오대석 삼진. 1회초가 간단하게 삼자범퇴로 끝났다.

이어진 1회말. OB 1번 타자 윤동균이 중전안타로 한국시리즈 최초의 안타를 만들었다. 구천서의 희생번트 후 이어진 2사 2루. 4번 타자 신경식의 좌월 2루타로 선취점을 뽑았다. 이어 5번 타자 김유동의 중전 적시타로 2-0 리드를 잡았다.

그러자 삼성은 3회부터 곧바로 투수 교체를 단행했다. 또 다른

15승 투수 황규봉을 구원 등판시켰다. 3회와 4회를 득점 없이 넘긴 OB는 5회말 윤동균의 2루타와 3번 타자 김우열의 우전 적시타로 3-0으로 달아났다.

그러는 사이 OB 선발투수 강철원은 놀랍게도 5회까지 노히트노런을 이어갔다. 볼넷 6개와 사구 1개가 있었지만 삼성 타선은 강철원의 유연한 투구 폼에서 나오는 지저분한 공에 허둥지둥하며 결정타를 날리지 못했다.

그러나 강철원의 노히터 행진은 6회초에 깨졌다. 삼성 함학수의 2점 홈런(한국시리즈 1호 홈런)이 터지면서 스코어는 3-2. 그 점수는 9회초 삼성이 마지막 공격에 들어가는 시점까지 이어졌다.

OB 마운드는 여전히 강철원이 지키고 있었다. 그러나 선두타자 정현발을 볼넷으로 내보낸 것이 화근이었다. 김한근의 투수 앞 땅볼로 1사 2루. 이어 천보성 투수 앞 땅볼 때 2루 주자를 묶어두면서 2사 2루로 만들었다.

1차전 승리까지는 아웃카운트 1개. 하지만 여기서 통한의 동점을 내주고 말았다. 배대웅에게 중월 2루타를 맞으면서 3-3 동점을 허용했다.

강철원은 다음 타자 장태수를 좌익수 플라이로 처리하면서 9이닝을 마쳤다. 투구수 160개. 볼넷 9개와 사구 1개 등 10개의 사사구를 내줬지만 단 2개의 안타만 맞으면서 버텨냈다.

OB는 10회초부터 선우대영을 마운드에 올렸고, 삼성은 연장 10회말 위기에서 황규봉을 내리고 또 다른 15승 투수 이선희를 등판시키며 저항했다.

이날 승부는 연장 15회까지 4시간 30분 동안 진행됐지만 양 팀 모두 더 이상 점수를 내지 못했다. 원년 정규시즌에서 한 번도 나오지 않았던 연장 15회 무승부가 한국시리즈 1차전에서 처음 만들어졌다.

1차전이 끝난 뒤 OB 코칭스태프는 맥주로 목을 축이며 2차전을 준비했다. 김성근 투수코치는 "저쪽(삼성)도 투수를 많이 썼다"며 위안거리를 찾았다. 3-0으로 앞서다 3-3 무승부로 끝난 상황만 놓고 본다면 아쉽기도 하지만, 강철원 카드로 삼성의 15승 투수 3명을 소진시켰다는 점에서는 만족할 만했다.

강철원은 1983년에도 4연승을 추가해 프로 데뷔 후 정규시즌 9연승 무패를 달렸지만, 이후 어깨 부상으로 크게 빛을 보지 못했다. 1986년 청보로 트레이드된 뒤 은퇴하고 나서 야구계를 완전히 떠나 그의 이름도 서서히 잊혀가고 있다. 통산 39경기 등판 9승 4패, 평균자책점 5.02의 성적을 남겼다.

현재 잠실새내역 근처에서 화방을 크게 운영하며 제2의 인생을 살아가고 있는 강철원은 당시를 돌아보면서 "한국시리즈 1차전 선발 투수로 통보받은 뒤에도 크게 떨리지는 않았다. 그냥 그것도 한 경기일 뿐이라고 생각했다. 상대 투수가 누구든 내 공만 던지자는 생각이었다"면서 "9회에 동점을 허용해 아쉬웠지만 그래도 그날의 강렬했던 추억은 어제처럼 생생하다"고 세월을 더듬었다. 그러면서 "동기들하고는 가끔씩 연락하지만 은퇴 후에는 아예 다른 길을 가기 위해 야구장 쪽을 보지도 않고 살아왔다. 그래도 가끔은 그때가 생각난다. 원년 우승 멤버가 한번 모이면 좋을 것 같기도 하다"며 웃었다.

## ⚾ 2차전 10월 6일(대구) = 0-9 대패, 어두운 그림자

| 팀 | 1회 | 2회 | 3회 | 4회 | 5회 | 6회 | 7회 | 8회 | 9회 | 합계 |
|---|---|---|---|---|---|---|---|---|---|---|
| OB(1무 1패) | 0 | 0 | 0 | 0 | 0 | 0 | 0 | 0 | 0 | 0 |
| 삼성(1승 1무) | 0 | 6 | 0 | 2 | 0 | 0 | 0 | 1 | × | 9 |
| 승리투수 : 이선희 | | | 세이브투수 : 성낙수 | | | | 패전투수 : 계형철 | | | |

　　2차전은 하루 뒤인 10월 6일 대구구장으로 이동해 펼쳐졌다. 1차전에서 강철원(9이닝)과 선우대영(6이닝)을 쓴 OB는 계형철을 선발투수로 낙점했다. 삼성은 전날 10회 2사 후 등판해 15회까지 5와 1/3이닝(64구)을 던진 이선희를 선발투수로 다시 올렸다.

　　승부는 초반에 쉽게 갈렸다. 1회를 무실점으로 막은 계형철은 2회말 1사 만루로 몰렸다. 8번 타자 김한근의 2타점 적시타와 와일드피치, 실책이 이어지며 순식간에 4실점 했다. 어수선한 분위기를 수습하기 위해 투수를 박상열로 교체했지만 2점을 더 허용했다. 2회에만 타자일순하며 무려 13명의 삼성 타자가 타석에 들어섰고, 스코어는 0-6으로 벌어졌다.

　　OB는 4회말에 2점, 8회말에 1점을 추가로 내주며 0-9로 완패했다.

　　OB는 계형철(1이닝 5실점 3자책점)에 이어 박상열(5이닝 3실점 2자책점), 김현홍(2이닝 1실점 1자책점)이 던졌다. 계형철은 한국시리즈 사상 최초 패전투수가 됐다.

　　삼성은 이선희(5와 2/3이닝 무실점)가 한국시리즈 최초 승리투수로 기록되는 가운데 성낙수(3과 1/3이닝 무실점)가 경기를 마무리하며 한국시리즈 최초 세이브를 올렸다.

OB 타선은 단 5안타의 빈공으로 1점도 뽑지 못했다. 정규시즌 마지막 경기부터 따지면 삼성에 1무 2패를 당했다. 박철순도 없겠다, 1차전에서 다 잡은 승리도 놓쳤겠다, 2차전에선 대패를 당한 터라 선수단 내부에 '삼성을 상대로는 어렵다'는 열패감이 밀려들었다.

심지어 2차전 패배 후 어이없는 사고가 발생했다. 다음 날 이동일이라 선수들이 분위기 전환 차원에서 대구의 한 나이트클럽에 갔다가 술 취한 사람들과 시비가 붙으면서 주먹이 오가는 패싸움으로 번졌다. 자칫 집단 패싸움에 연루된 선수들이 철창 신세를 질 뻔했지만 주변의 도움 속에 가까스로 합의를 봐서 경찰서에 넘겨지는 사태까지는 이어지지 않았다.

오히려 전화위복이 됐을까. 맏형인 김우열과 윤동균은 "우리 선수들이 말썽을 일으켰으니 다들 알아서들 하자"며 선수들을 독려했다. 이 일은 지은 죄가 있는 OB 선수들이 정신을 차리고 다시 의기투합하는 계기가 됐다.

## 🎾 3차전 10월 8일(서울)
## =박철순의 진통제 주사 투혼! 역사적 KS 첫 승

| 팀 | 1회 | 2회 | 3회 | 4회 | 5회 | 6회 | 7회 | 8회 | 9회 | 합계 |
|---|---|---|---|---|---|---|---|---|---|---|
| 삼성(1승 1무 1패) | 0 | 0 | 0 | 1 | 0 | 0 | 0 | 2 | 0 | 3 |
| OB(1승 1무 1패) | 0 | 0 | 1 | 0 | 2 | 1 | 1 | 0 | × | 5 |
| 승리투수 : 선우대영 | | | 세이브투수 : 박철순 | | | | 패전투수 : 권영호 | | | |

원년 한국시리즈는 3차전부터 7차전까지 중립지역인 서울운동장(동대문구장)에서 열리게 돼 있었다. 다만 홈팀은 번갈아 가며 맡기로 했다. 그래서 3차전은 OB, 4차전은 삼성, 5차전은 OB, 6차전은 삼성이 홈팀(후공)을 맡게 됐다.

OB는 2차전 패배로 1무 1패의 열세에 몰렸지만, 하루의 이동일을 거치면서 일단 어수선한 분위기를 수습할 시간을 벌었다.

그리고…….

10월 8일 3차전을 앞두고 서울대병원에 입원해 있던 박철순이 경기 전 서울운동장에 모습을 나타냈다.

김영덕 감독은 "우승을 하지 못하더라도 무리하게 박철순을 써서는 안 된다"고 했지만, 박철순은 등판하겠다며 고집을 부렸다. "이대로 선수 생명이 끝나도 좋다"며 진통제 주사를 맞고서라도 한국시리즈 무대에 서겠다는 뜻을 나타냈다. 이런 의견 대립 속에 구단 역시 '언제 다시 올지 모르는 우승 기회를 날려버릴 순 없다'며 박철순의 자진 등판 의지에 힘을 실었다.

김성근 투수코치가 박철순을 만나 다시 한 번 "정말 괜찮겠느냐"며 걱정스레 물었지만, 박철순은 "많이 좋아졌다"며 허리를 움직여가며 웃었다.

OB 선수들은 박철순이 야구장에 나타난 사실 자체만으로 기운이 났다. 더그아웃에는 활기가 넘쳤다. 박철순은 이미 단순한 에이스 한 명 이상의 정신적 지주로 자리를 잡고 있었다.

3차전 선발투수는 OB 선우대영과 삼성 권영호의 좌완 대결. 2차전 패배 후 나이트클럽 집단 패싸움까지 벌어진 상황에서 선수들에게 "알아서들 하자"며 분위기를 휘어잡은 윤동균이 공격의 선봉에 섰다. 1번 타자로 전진배치된 그는 0-0으로 진행되던 3회말 선두타자로 나서 중월 2루타를 날리며 찬스를 만들더니 1사 후 3번 타자 김우열의 좌전안타 때 선취득점을 올렸다.

4회초 삼성이 함학수의 적시타로 1점을 따라붙자 OB는 5회말 2점을 뽑으며 리드를 잡았다. 2루타로 나간 윤동균이 상대 실책 때 2-1로 앞서나가는 득점에 성공했고, 2사 후 5번 타자 김유동의 좌전 적시타 때 김광수가 홈을 밟아 3-1로 달아난 것이다.

6회초 1사 후 역투하던 선우대영이 함학수에게 좌중월 2루타를 맞았다. 정현발의 타구를 유격수 유지훤이 놓치는 실책을 범하면서 1사 1, 3루의 위기를 맞았다.

이때였다. OB 벤치는 선우대영 대신 마침내 박철순 카드를 꺼내 들었다. 경기 전 야구장 밖에 세워둔 검은색 밴에 올라탄 박철순은 진통제 주사를 맞았다. 그러고는 멀쩡한 투수처럼 마운드에 섰다. 1차전과 2차전에서 자취를 감췄던 박철순의 등판에 OB 팬들은 환호성을 질렀다.

박철순은 박철순이었다. 등판하자마자 견제구로 1루 주자 정현발을 솎아내더니 천보성을 좌익수 플라이로 처리하며 절체절명의 위기를 아무렇지 않게 지워냈다.

OB 타선은 6회 윤동균의 적시타와 7회 구천서의 적시타로 1점씩을 추가하며 5-1로 도망갔다.

박철순은 8회에 이만수에게 3루타, 함학수에게 우익수 희생플라이, 정현발에게 좌월 솔로 홈런을 내주며 5-3으로 쫓겼지만 추가

실점 없이 9회까지 3과 2/3이닝 2실점으로 막아 승리를 지켰다.

선발투수 선우대영은 5와 1/3이닝 1실점으로 베어스 최초 한국시리즈 승리투수가 됐고, 박철순은 베어스 최초 한국시리즈 세이브를 기록하게 됐다. OB는 1승 1무 1패로 균형을 맞추며 역전 우승의 발판을 마련했다.

박철순은 세월의 흔적 속에 희미해진 기억을 되살려 3차전 등판 내용을 복기했다. 그러면서 김영덕 감독 얘기를 가장 먼저 꺼냈다.

"나중에 김영덕 감독님이 우승을 위해 저를 등판시켰다고 비난을 받았지만, 실제로는 제가 등판하겠다고 고집을 피웠던 것이었어요. 감독님은 오히려 '우승 못 해도 좋다'며 저를 말리셨지만 저로선 정말 최초의 한국시리즈 우승 기회를 놓치고 싶지 않았습니다. 솔직히 주사를 맞고 공을 던졌지만 전력투구를 하지 못했어요. 공이 제대로 가지 않더라고요. 그래서 '장타를 조심하자'고 다짐하면서 요령으로 던졌는데 운이 좋았죠. 그날 지면 우승 희망이 없다고 생각해서 무조건 등판하려고 했습니다."

## 🎾 4차전 10월 9일(서울)
### =황규봉과 이만수의 충돌로 얻어낸 행운의 역전승

한글날이었다. OB는 다시 한 번 기적을 꿈꾸며 1차전 선발투수로 나서 '깜짝투'를 펼친 강철원을 선발로 내세웠다.

| 팀 | 1회 | 2회 | 3회 | 4회 | 5회 | 6회 | 7회 | 8회 | 9회 | 합계 |
|---|---|---|---|---|---|---|---|---|---|---|
| OB(2승 1무 1패) | 0 | 0 | 0 | 1 | 1 | 0 | 5 | 0 | 0 | 7 |
| 삼성(1승 1무 2패) | 0 | 0 | 2 | 2 | 0 | 0 | 2 | 0 | 0 | 6 |
| 승리투수 : 황태환 | | | 세이브투수 : 박철순 | | | | 패전투수 : 황규봉 | | | |

그러나 강철원은 이번에는 오래 버티지 못했다. 3회말 장태수에게 2점 홈런으로 선취점을 내준 뒤 4회말 3루타 2개 등 3안타로 2점을 추가로 허용하면서 강판됐다.

OB 타선은 삼성 선발투수 이선희를 상대로 4회초 김우열의 좌월 솔로 홈런, 5회초 정종현의 중월 솔로 홈런으로 2점을 뽑아냈다. 2-4로 따라붙으며 역전 드라마를 그리기 시작했다.

삼성 마운드는 이선희가 5와 2/3이닝 2실점으로 물러난 뒤 황규봉이 이어받았다.

운명의 전환점이 된 7회초. 2사 만루에서 김광수의 대타로 나선 정혁진이 2타점 우월 2루타를 날렸다. 4-4 동점.

계속된 2사 2, 3루. 여기서 한국시리즈 운명을 반전시킨 역사적인 장면이 나왔다. 김우열의 타구가 마운드 쪽으로 높이 치솟자 투수 황규봉과 포수 이만수가 서로 잡겠다며 타구만 바라본 채 낙구 지점으로 가다가 충돌하면서 그만 공을 떨어뜨리고 만 것. 이때 3루 주자 윤동균이 홈을 밟으면서 5-4 역전에 성공했다. 이어진 2사 만루에서 김유동이 2타점 중전 적시타를 터뜨려 OB는 단숨에 7-4로 달아났다.

7회말 무사 1, 2루 위기에서 승리를 굳히기 위해 박철순이 흔들리던 황태환을 구원 등판했다. 그리고는 더블스틸 때 3루로 달리던 장태수를 잡아내 한숨을 돌리는 듯했다.

그러나 박철순은 정상 컨디션이 아니었다. 이만수와 정현발에게 적시타를 맞고 7-6으로 쫓겼다. 그래도 박철순은 무너지지 않고 버텼다. 8회와 9회를 삼자범퇴로 깔끔하게 막아내면서 1점 차 승리를 지켰다. 3이닝 1실점. 한국시리즈 두 번째 세이브를 거두는 순간이었다. OB는 1무 1패 후 2연승을 올리며 한국시리즈의 방향타를 바꿔놓았다.

### 🎾 5차전 10월 10일(서울) = 유지원의 끝내기 안타, 우승의 전주곡

| 팀 | 1회 | 2회 | 3회 | 4회 | 5회 | 6회 | 7회 | 8회 | 9회 | 합계 |
|---|---|---|---|---|---|---|---|---|---|---|
| 삼성(1승 1무 3패) | 0 | 0 | 0 | 0 | 2 | 0 | 2 | 0 | 0 | 4 |
| OB(3승 1무 1패) | 3 | 0 | 1 | 0 | 0 | 0 | 0 | 0 | 1 | 5 |
| 승리투수 : 황태환 | | | | | 패전투수 : 이선희 | | | | | |

기세가 오른 OB는 5차전에서 초반부터 삼성을 몰아붙였다. 삼성 선발투수 권영호를 상대로 1회말 2사 2루에서 신경식의 우월 2루타로 선취득점을 올린 뒤 김유동의 좌월 2점 홈런으로 3-0의 리드를 잡았다. 3회에는 김우열의 좌월 솔로 홈런으로 4-0으로 앞서나가며 권영호를 강판시켰다.

삼성은 5차전까지 패하면 우승 가능성이 희박해진다고 보고 권영호(2와 2/3이닝 4실점)에 이어 이선희를 구원 투입하는 총력전을 펼쳤다. 그런 의지가 더그아웃의 삼성 선수들에게 전달됐을까. 4회까지 OB 선발 선우대영에게 1안타로 침묵하던 삼성 타선은 5회초 김한근의 안타와 오대석의 2점 홈런으로 추격을 시작했다. 7회초 대타 박찬의 2점 홈런으로 4-4 동점이 됐다.

OB는 선우대영이 다시 볼넷을 내주자 황태환을 구원 등판시켰다. 황태환이 삼성 타선의 불길을 잠재운 가운데, OB의 9회말 정규이닝 마지막 공격이 시작됐다.

선두타자 이홍범의 중전안타. 이때 삼성 중견수 정구왕의 실책으로 무사 2루 황금 찬스를 잡았다. 8번 타자 김경문의 희생번트로 1사 3루. 여기서 타석에 들어선 9번 타자 유지훤이 이선희를 상대로 좌전 적시타를 날리며 5-4 승리를 확정했다. 한국시리즈 사상 최초 끝내기 안타가 나온 순간이었다.

OB는 승리도 승리지만, 박철순을 아낀 채 선발 선우대영(6과 1/3이닝 4실점)과 황태환(2와 2/3이닝 무실점) 2명의 투수로 경기를 마무리하면서 부담을 덜었다. 삼성으로서는 권영호(2와 2/3이닝 4실점)가 조기 강판된 뒤 이선희가 구원 등판해 5와 2/3이닝 1실점(비자책점)의 역투를 펼쳤지만 패전투수가 된 점이 두고두고 아쉬웠다.

## 🎾 6차전 10월 12일(서울)
### = 박철순 완투와 김유동 만루홈런! 원년 우승 신화 완성

하루의 휴식기를 지낸 뒤 10월 12일 6차전이 펼쳐졌다. 삼성의 홈경기로 치러져 OB가 선공, 삼성이 후공을 펼치게 됐다.

| 팀 | 1회 | 2회 | 3회 | 4회 | 5회 | 6회 | 7회 | 8회 | 9회 | 합계 |
|---|---|---|---|---|---|---|---|---|---|---|
| OB(4승 1무 1패) | 0 | 1 | 1 | 0 | 1 | 0 | 0 | 0 | 5 | 8 |
| 삼성(1승 1무 4패) | 2 | 0 | 1 | 0 | 0 | 0 | 0 | 0 | 0 | 3 |
| 승리투수 : 박철순 | | | | | 패전투수 : 이선희 | | | | | |

　　OB는 3차전 구원 등판(3과 2/3이닝 63구)과 4차전 구원 등판(3이닝 46구) 후 이틀을 쉰 박철순을 선발투수로 내세웠다.

　　삼성 선발투수는 이선희. 1차전 구원 등판(5와 1/3이닝 64구), 2차전 선발 등판(5와 2/3이닝 63구), 4차전 선발 등판(5와 2/3이닝 95구), 5차전 구원 등판(5와 2/3이닝 75구). 이미 4경기에 나와 297구를 던졌다. 그렇지만 황규봉과 권영호가 기대에 미치지 못한 상황에서 벼랑 끝에 몰리자 또 6차전에 선발로 낙점됐다.

　　허리가 정상이 아닌 박철순이나, 지칠 대로 지친 이선희나 정신력으로 공을 던지기는 매한가지였다. 지금으로서는 이해하기 어렵지만, 프로야구 초창기는 에이스라면 그런 투혼을 발휘하는 게 시대정신처럼 여겨지던 시절이었다.

　　벼랑 끝에 몰린 삼성이 먼저 장군을 불렀다. 1회말 1사 만루 상황에서 5번 타자 이만수가 2타점 중전 적시타를 날리며 2-0으로 앞서나갔다.

　　그러자 OB는 곧바로 멍군을 불렀다. 2회초 김유동의 좌월 솔로 홈런으로 추격을 시작한 뒤 3회에 김우열의 적시타로 2-2 동점을 만들었다.

　　삼성이 3회말 이만수의 적시타로 3-2로 달아나자, OB는 5회초 다시 김유동의 중전 적시타로 3-3 동점에 성공했다. 그러고는 8회까지 0의 행렬이 이어졌다. 양 팀 선발투수들은 그대로 마운드에서 버티며 혼신의 힘을 다해 공 하나하나를 던져나갔다.

운명의 9회초.

OB 선발 포수로 나선 8번 타자 김경문이 3루수 쪽 기습안타로 팽팽한 흐름에 균열을 만들었다. 1사 후 윤동균의 중전안타와 김광수의 사구로 만든 1사 만루 찬스. 그러나 김우열이 유격수 플라이로 물러나고 말았다. 절호의 찬스에서 리드하는 점수를 생산하지 못한 채 2사 만루로 상황이 바뀌었다.

타석에는 4번 타자 신경식. 이선희의 구위와 제구력은 떨어지고 있었다. 볼카운트 3B-1S에서 5구째 바깥쪽 직구. 신경식은 지켜봤고, 공은 스트라이크존을 벗어났다. 밀어내기 볼넷. 3루 주자 김경문이 달려와 홈을 밟으면서 OB는 값진 4-3 리드를 잡았다.

이것이 끝이 아니었다. 다음 타석에 김유동이 등장했다. 이미 2회 추격의 솔로 홈런, 5회 동점 적시타를 날려 타격감과 자신감이 상승해 있었다. 김유동은 허탈해진 이선희의 초구 직구를 노렸다. 그대로 잡아당긴 타구는 까만 밤하늘에 하얀 무지개를 그리며 총알처럼 왼쪽 담장을 넘어갔다.

한국시리즈 역사상 최초로 터진 그랜드슬램. 스코어는 순식간에 8-3으로 벌어졌다. OB 선수들은 우승이 확정된 것처럼 그라운드로 뛰어나갔다. 그러고는 개선장군처럼 홈으로 들어오는 김유동을 맞이하며 기쁨을 만끽했다.

삼성 선발투수 이선희는 다음 타자 구천서를 투수 앞 땅볼로 잡고 완투로 9이닝을 마무리했다. 그러나 마치 죄인처럼 삼성 더그아웃에 들어가지도 못한 채 불펜 옆에 쭈그리고 앉았다. 고개를 숙인 채 자책하며 굵은 눈물을 흘렸다.

프로야구 원년을 얘기할 때 '만루홈런으로 동트고 만루홈런으로 저물었다'고 표현하곤 한다. 1982년 3월 27일 원년 개막전에서 MBC 이종도가 연장 10회말 끝내기 만루홈런을 치면서 야구의 묘미를 선사했고, 10월 12일 한국시리즈 최종 6차전에서 OB 김유동이 9회초 만루홈런으로 대미를 장식했기 때문이다.

그런데 개막전 만루홈런과 한국시리즈 만루홈런의 희생양은 공교롭게도 두 번 다 이선희. 영웅 김유동이 환호하며 홈으로 들어오는 짜릿한 장면과 비운의 주인공 이선희가 불펜에서 눈물을 흘리는 안타까운 장면이 묘한 대조를 이루면서 양 팀의 운명도 끝을 향해 달려가고 있었다.

박철순은 9회말 젖 먹던 힘을 다해 던졌다. 허규옥과 장태수를 가볍게 잡아내 2사를 만들었다.

삼성 마지막 타자는 배대웅. 초구를 휘둘렀고, 포수 앞에서 큰 바운드를 일으킨 타구는 투수 박철순의 키를 훌쩍 넘어갔다. 투수가 도무지 잡을 수 없는 높이로 날아가는 공이었지만 박철순은 점프를 하며 안간힘을 쓰더니 그대로 마운드에 내려앉으며 엉덩방아를 찧었다.

유격수 유지훤이 날쌘돌이처럼 투수 뒤로 달려와 공을 잡더니 1루로 러닝스로했고, 1루수 신경식은 오른 다리를 쭉 뻗은 채 공을 잡았다. 마침내 OB 베어스의 역사적인 원년 한국시리즈 우승이 확정되는 순간이었다.

이 장 첫머리에서 설명한 대로 OB 선수들이 마운드로 달려가며 기뻐하는 장면은 원년 한국시리즈 영상을 통해 수없이 되풀이되고 있다. 올드팬들에게는 추억이 담겨 있고, 그 시절을 보지 못한 젊은 팬들에게는 전설로 회자되고 있는 장면이다.

최종 6차전에서 박철순은 145구, 이선희는 138구를 던졌다. 이 역시 한국시리즈 사상 최초의 양 팀 선발투수 완투 대결로 기록돼 있다. 지금까지 역대 5번밖에 나오지 않은 진기록이다.


## ⚾ '영원불멸'의 역사, '최초 우승팀'이라는 영광에 관하여

OB는 최초의 시대를 개척했다. 최초의 한국 프로야구팀으로 창단해 최초의 한국시리즈 우승팀으로 원년의 영광을 빚어냈다. 이 또한 100년이 지나도, 1000년이 지나도 프로야구 역사에 아로새겨질 영원불멸의 기록이다.

원년 우승의 추억을 어찌 잊으랴. 팬들 역시 마찬가지겠지만, 우승 주역들 역시 그날의 감격을 잊지 못한다.

김유동은 원년 한국시리즈에서 타율 0.400(25타수 10안타)에 3홈런 12타점으로 초대 한국시리즈 MVP에 올랐다. 12타점은 아직도 깨지지 않고 있는 단일 한국시리즈 최다타점 기록이다.

김유동은 "매년 한국시리즈 때마다 기자들이나 사람들이 당시 얘기를 묻기 때문에 잊을 수가 없다"며 웃더니 당시 꿈 얘기를 들려줬다. "6차전에 앞서 집에서 낮잠을 잠깐 잤는데 상가에서 4명이 두

6차전 만루홈런으로 원년 한국시리즈 MVP를 차지한 김유동

번 절을 하는 꿈을 꿨다. 아내한테 '오늘 홈런 한두 방 칠 것 같다'면서 집을 나섰는데 정말 홈런 2방을 쳤다"고 지난날의 추억 한 토막을 꺼냈다. 따지고 보니 절을 한 4명은 만루홈런을 의미하고, 2번 절을 한 것은 홈런 2방을 암시하는 길몽이었던 셈이다.

그러면서 그는 "우승을 했지만 지금도 남모르게 아쉬워하는 점도 있다"고 털어놨다. 당시 우승이 확정되고 한국시리즈 MVP에 선정되면서 현장에서 방송 인터뷰와 기자들의 인터뷰가 이어지는 바람에 정작 선수들과 우승 기념사진을 찍지 못했다는 것. '남는 것은 사진'이라는데, 한국시리즈 최초 MVP라는 훈장을 얻는 대신 동료들과 우승 세리머니를 하는 추억의 사진 한 장 남기지 못한 점은 지금도

원년 우승의 순간들

아쉬운 대목이다.

박철순은 원년 한국시리즈를 돌이켜보면서 "정규시즌 최종전에서 이겼더라면 전기리그와 후기리그 우승으로 원년 한국시리즈를 없애고 통합우승을 차지할 수 있었다"면서 "번트 수비를 하다 허리를 다치고 팀도 패해 한국시리즈가 성사됐는데, 지금 생각해보면 후기리그 우승을 놓친 것이 차라리 잘된 일인지 모른다"고 엉뚱한 얘기를 꺼냈다. 그런데 그의 설명을 듣고 보니 일리가 있다.

"원년에 한국시리즈가 없었더라면 프로야구 자체가 싱거워졌을 거예요. 개막전의 만루홈런과 한국시리즈 최종전 만루홈런은 팬들에게 프로야구의 참맛을 알려준 계기가 됐죠. 그로 인해 프로야구가 빠르게 인기 스포츠로 자리 잡게 됐다고 생각해요."

마지막 타구를 잡기 위해 날아오르다 엉덩방아를 찧는 바람에 허리에 큰 부담이 왔다. 허리와 맞바꾼 원년 우승이었다. 그러나 그는 고개를 가로저었다.

"잡기 힘든 공이었지만 얼마나 잡고 싶었으면 그렇게 했겠습니까. 6차전 9회초에 점수가 나지 않았더라면 전 더 던지지 못했을 거예요. 허리 부상을 얻었지만 마지막 우승 순간에 제가 마운드를 지켰다는 점에서 만족해요. 원년 우승을 하면서 미국에서 메이저리그 승격의 꿈을 버리고 돌아온 보람을 느꼈죠. 당시엔 우승만 할 수 있다면 허리고 뭐고 필요 없다고 생각했거든요."

# BEARS
# 11
## '화수분 야구' 뿌리와 역사

프로야구 최초 개장된 이천 2군 전용구장

프로야구 OB 베어스는 26일 경기도 이천에서 전용구장 개장식을 가졌다. 총 6억 9500만 원의 경비를 들여 만든 이 시설은 정규 내야 그라운드보다 사방 10m가 큰 전천후 실내 연습장을 비롯, 웨이트트레이닝장 및 스탠드가 없는 정규 잔디구장 등이 포함돼 있다. OB 베어스는 냉난방 시설이 된 전천후 실내 연습장을 아마추어팀이 사용 신청할 경우 무료로 개방할 예정이다.

_1983년 1월 26일자 〈경향신문〉


KBO리그 역사에서 OB 베어스는 여러 분야에서 가장 앞서나간 구단이었다. 1982년 1월 15일 최초로 구단 창단식을 하고, 원년에 가장 먼저 우승을 차지한 것도 그렇지만 마케팅과 육성 등에서도 가장 발 빠르게 프로화를 진행했다.

1982년 최초로 어린이 회원을 모집한 것은 KBO리그 전체 마케팅 차원에서 바라볼 때도 획기적인 아이디어였다. 그리고 1983년 프로야구 역사에서 하나의 이정표가 되는 일을 벌였다. 바로 2군 육성을 위해 경기도 이천에 '전용 연습장'을 개장한 것이다. 오늘날 두산 베어스를 두고 '화수분 야구'라 일컫는데, 그 화수분은 프로야구가 출범하자마자 시작됐던 것이다. 베어스 역사뿐만 아니라 프로야구 전체 육성의 역사에서도 혁신적인 시도였다.

이번 11장은 '화수분 야구'의 뿌리와 역사에 얽힌 이야기다.


## 🎾 일본에서 얻어온 2군 육성의 아이디어

"프로야구단을 창단하기로 하면서 일주일에 한 번씩 일본에 갔어요. 제가 기자 시절 일본 특파원을 지냈다 보니 돌아가신 박용곤 회장님이 당시 저한테 시간 날 때마다 일본에 가서 공부를 하고 오라고 하시더라고요. 그래서 일본에서 장훈(3085안타로 일본 프로야구 역대 개인 통산 최다안타 기록)이나 가네다 마사이치(400승으로 일본 프로야구 역대 개인 통산 최다승 기록. 한국 이름 김경홍) 등 재일교포들을 만나서 조언을 많이 들었죠."

박용민 OB 초대 단장은 그 시절을 떠올리며 껄껄 웃었다.

"당시 요미우리 자이언츠에도 가고, 세이부 라이온스에도 가고 했어요. 1982년 초에 세이부에 갔을 때 스프링캠프를 하고 있더라고요. 그때 일본은 선수가 엄청 많았어요. 우리하고는 비교가 안 될 만큼. 그래서 '우리는 선수가 부족한데 어떡하냐'고 물었더니 나중에 세이부 감독이 된 모리 마사아키 씨가 '재주 좋은 놈을 골라서 2군을 만들어 선수를 키워라. 2군 감독 똑똑한 사람 하나 앉혀라'라고 하더라고. 그래서 OB도 2군을 처음 만들기로 했던 거죠."

1982년 1월 15일에 25명의 선수로 창단식을 한 OB는 다른 팀에 비해 선수가 부족한 편은 아니었다. 그러나 일본 프로야구팀에는 비할 바가 못 됐다.

선수 육성. 지속적인 강팀이 되기 위해서는 그것이 프로화의 첫걸음이라고 믿었다. 원년에 다른 팀은 1군 선수 구성과 운영조차 힘겨워하던 상황에서 OB는 이미 저변 쪽으로 눈을 돌리고 있었다. 한국 프로야구의 선구자였다.

## 🎾 1983년 1월 26일 최초 전용 연습장 개장

"그런데 2군은 만든다고 쳐도 운동장이 없잖아요. 허허."

박용민 OB 초대 단장은 화수분의 원조가 된 2군 시스템의 기억을 다시 더듬어나갔다.

"그래서 박용곤 회장님한테 얘기했죠. 그랬더니 바로 '야구장 하나 만들자' 그러시더군요. 당시 이천 OB맥주 공장 안에 부지가 많았어요. 그래서 거기다 야구장을 만들자고 했던 거죠. 회장님 추진

이천 전용구장에서 연습 중인 OB 베어스 선수들

력도 대단하셨어요. 워낙 야구를 좋아하셨으니까. 그래서 원년부터
2군 훈련장을 구상하다가 1983년 1월에 이천에 실내 전용 연습장
을 만들었던 겁니다. 내야만 있는 연습장이었지만, 실내 야구장이
귀하던 그 시절엔 엄청난 규모의 실내 연습장이었죠."

　1983년 1월 26일. 경기도 이천에서 전용구장 개장식이 열렸다.
잘 알려지지는 않았지만, 한국야구사에서 선수 육성 분야의 획기적
인 전환점이 된 날이다.

　원년 우승팀 OB는 이듬해 1월부터 이곳에서 스프링캠프를 시작
했다. 추운 겨울에 남들은 삭풍을 피해 비닐하우스에서 훈련할 때,
OB는 냉난방 시설까지 갖춘 최신식 실내 연습장에서 훈련을 했다.

이천 전용구장 실내 연습장

OB 원년 멤버였던 조범현 전 kt 감독은 한국에서 최초로 마련된 전용 연습장에 대해 설명을 이어갔다.

"실내에서 훈련을 하고, 2층에 있는 웨이트트레이닝장에서 몸을 만들고, 따뜻한 물이 나오는 샤워 시설까지 갖춘 곳을 우리가 쓰니까 다른 구단 관계자나 선수들이 다 부러워했어요. OB는 당시 뭐든지 한발 빨랐죠."

원년부터 OB 매니저로 시작해 OB의 초창기 역사를 온몸으로 체험한 구경백 일구회 사무총장은 "박용곤 회장님이 다리를 놔서 요미우리 미야자키 구장 실내훈련장 설계도를 보고 만들었는데, 나중

11. '화수분 야구' 뿌리와 역사

이천 전용구장 웨이트장과 라커룸

에 요미우리 관계자들이나 장훈 등 재일교포 유명 선수들이 이천 전용 연습장에 와서는 '우리 시설보다 더 좋다'고 감탄했던 기억이 납니다"라고 회상했다.

그러나 이것은 시작에 불과했다. 선수들의 요구에 구단은 다시 귀를 열었다. 이에 대해 박용민 초대 단장은 이렇게 말했다.

"선수들이 겨울에 거기(이천 전용구장)에서 열심히 훈련을 하더니 '길이가 짧아서 많은 선수가 훈련을 소화하기가 곤란하다'고 그러더라고. 그래서 '좋다. 그러면 정식 야구장 하나 만들자'라고 얘기가 발전됐던 거죠. 그러고는 곧바로 야구장을 만들었어요. 이천에다가. 그것도 대한민국 최초야. 1983년에 2군 실내 연습장, 2군 전용 경기장……. 그때 모든 최초 기록은 다 OB였어요. 허허. 그랬더니 다른 구단들이 '어떻게 하면 되냐'고 전부 다 저한테 물어보고 그랬죠. 그땐 야구 발전을 위해 노하우를 다 줬어요.'

## ⚾ 1983년 7월 2일 2군 창설

OB는 일단 전용 연습장부터 마련한 뒤 2군을 만들었다. 6월 30일에 2군 감독으로 강대중을 선임했고, 7월 2일에는 2군을 창설하기에 이르렀다.

'KBO리그 역사상 최초의 2군 감독'이라는 직함을 갖게 된 강대중은 1922년생으로 재일교포 출신이었다. 교토상고 시절 고시엔 대회에 유격수로 출전하는 등 수비의 귀재로 평가받았고, 광복 후 한국으로 들어와 국가대표를 지내며 한국 선수들의 내야수 교본이 됐다. 1964년 크라운맥주 창단 감독이 된 그는 한일은행 감독 시절 김응용, 강병철, 김인식 등 수많은 선수를 길러냈다. 재일교포 출신 김영덕 감독(1936년생), 김성근 코치(1942년생)의 대선배이기도 했다.

아래는 당시 OB의 2군 창설과 관련된 기사다.

11. '화수분 야구' 뿌리와 역사

1984년 팬북 2군 코칭스태프와 선수단 소개 페이지

OB는 7일 우선 현재의 선수 31명 중 선우대영 강철원 이근식 등 투수 3명, 내야수 박종호, 외야수 김유동 정혁진 등 6명과 신인 테스트를 거쳐 입단한 이상구 서일권 등 8명으로 2군을 편성하고, 10월초에 대대적인 신인 테스트를 실시, 유망 신인을 보강해 20명 규모의 2군을 운영키로 했다. 이에 따라 이날 강대중 씨를 2군 감독으로 임명하는 한편 8일부터 경기 이천에 있는 전용구장에서 합동훈련을 실시키로 했다.

_1983년 7월 8일자 〈매일경제〉

## 🎾 육성의 선구자, 끝없는 '화수분 야구' 투자 역사

OB의 전용 연습장 개장은 이천에서 끝나지 않았다. 다른 지역까지 확대하기 시작했다. 1984년 1월 15일에는 경남 창원에 전용 연습구장을 개장하고, 1987년 5월 22일에는 광주에도 전용 연습구장을 열었다. 역시 OB맥주 공장 부지에 만든 것이었다. 창원은 마무리훈련지나 전지훈련지로 활용했고, 광주는 원정을 갈 때 훈련하기 위해 만든 구장이었다.

구경백 일구회 사무총장은 "당시 선수들은 전용 연습장 때문에 광주로 경기하러 가는 걸 좋아하지는 않았다"며 웃었다. 다른 팀은 인근 고등학교 야구장을 빌려 1시간에서 1시간 30분 정도 훈련하고 광주 해태전을 치렀지만, OB는 전용구장이 있었기에 시간에 구애받지 않고 엄청난 훈련량을 소화할 수 있었다.

이천 베어스필드

11. '화수분 야구' 뿌리와 역사

두산은 이어 2004년 8월 27일 이천에 전용구장인 '베어스필드' 기공식을 한 뒤 2005년 12월 12일 베어스필드 준공식으로 문을 열었다. 약 200억 원을 투자해 신장개업한 이곳은 2000년대 후반부터 두산이 지속적인 강팀으로 뿌리를 내리는 배경으로 자리매김했다.

투자는 여기서 그치지 않았다. 남들이 이미 부러워하던 이곳에 다시 550억 원을 투자했다. 그러고는 2014년 국내 최고 수준의 시설을 갖춘 현재의 베어스파크 문을 열었다.

베어스의 육성 시스템은 그만큼 역사가 깊다. KBO리그 2호 전용 연습장은 삼성이 1987년 만든 경산야구장으로, OB가 1983년 경기도 이천에 가장 먼저 전용 연습장을 만든 뒤 4년이 지난 시점이었다. 그러면서 KBO에도 2군 리그의 그림이 본격적으로 그려지기 시작했다.

KBO리그 최초로 개장한 OB 전용 연습장과 2군 훈련 풍경을 다룬 흥미로운 기사가 있어 소개한다. 프로야구 초창기 민완 기자로 왕성한 활동을 펼친 고 이종남 기자가 〈경향신문〉 야구기자(훗날 〈스포츠서울〉 야구기자)로 활약하던 시절에 쓴 기사다. 당시에는 이천에 선수단 숙소가 없어 서울에서 보여 구단 버스를 타고 훈련장을 오가던 시절이다.

이천행 전용 버스는 강남터미널 앞에서 매일(일요일 제외) 상오 9시 30분 정각에 출발한다. 환갑이 넘은 강대중 유격대장(2군 감독)이 31분에 헐레벌떡 달려오는 것을 빤히 보고도 이충순 조교(코치)는 가차 없이 출발을 명한다. 선수들의 지각은 더 말할 것도 없다. 2시간 이상 지각하면

이천 베어스파크

결석, 결석은 감봉.

상오 10시 30분 정각에 연습 시작. 체조-러닝-체조-러닝-체조-러닝…… 하다 보면 12시 30분에 기다리던 점심식사. 하오 1시부터 5시까지 배팅과 수비연습. 말이야 쉽지만 그게 그렇지 않다. (중략) OB 베어스의 선수 총원은 59명. 1군 엔트리는 28명이니까 31명은 싫어도 2군에 남아 있어야 한다. 박용민 단장은 '2군 경영 때문에 다른 구단보다 연간 5억 원을 더 쓴다'고 말한다. 6개 구단 중 유일하게 전용 연습장을 갖추고 있기에 철저한 2군 연습이 가능하다.

_1984년 5월 14일자 〈경향신문〉

# BEARS
# 12

## 1983년 그날,
## '개막전 최강' 베어스의 전설이
## 시작된 지점

1983년 OB 베어스 선수단

1983년 4월 2일. 기온은 뚝 떨어졌고, 바람은 회오리처럼 이리저리 잠실구장을 휘감았다. 경기가 시작될 무렵에는 진눈깨비까지 꽃가루처럼 흩날렸다. 야구의 계절이 돌아오고, 화창한 봄 날씨를 기대했지만, 다소 을씨년스러운 분위기 속에서 1983년 개막전이 치러졌다. 그리고 박철순도 없는 그날, 신인 선발투수 장호연은 조용히 반란을 준비했다.

이번 이야기는 '개막전 최강' 베어스의 전설이 시작된 지점, 바로 1983년 개막전이다.

## 🎾 개막전, 베어스가 만들어가는 또 다른 전설

'개막전의 팀'이라고 하면, 이젠 별다른 설명이 필요 없을 정도다. 바로 두산 베어스가 떠오르기 때문이다. KBO리그 역대 모든 팀을 통틀어 개막전 최강자다.

2023시즌 개막전에서도 롯데 자이언츠에 12-10으로 승리하며 1승을 추가했다. OB 시절을 포함해 개막전 통산 25승 1무 13패. 승률만 무려 0.658이다. 25승은 개막전 최다승 기록이다. 개막전 표본 수가 적은 kt(8경기)와 NC(8경기)를 제외하고 통산 10경기 이상 개막전을 치른 역대 팀 중에 승률 역시 1위다. 그래서 베어스 팬들은 누구보다 개막전을 설레는 마음으로 기다린다. 개막전만 되면 승리에 대한 부푼 기대감을 안고 야구장으로 향한다.

**OB 베어스~두산 베어스 역대 개막전 전적**

| 연도 | 구장 | 스코어 | 결과 | 베어스 선발투수 | 베어스 승패투수 |
|------|------|--------|------|----------------|----------------|
| 1983 | 잠실 | OB(승) 7-0 MBC(패) | 승 | 장호연 | 장호연(승·완봉) |
| 1984 | 잠실 | OB(승) 4-1 MBC(패) | 승 | 김진욱 | 김진욱(승) |
| 1985 | 동대문 | MBC(패) 4-8 OB(승) | 승 | 장호연 | 장호연(승) |
| 1986 | 광주 | OB(무) 3-3 해태(무) | 무 | 장호연 | - |
| 1987 | 잠실 | OB(승) 11-2 MBC(패) | 승 | 장호연 | 장호연(승) |
| 1988 | 사직 | OB(승) 4-0 롯데(패) | 승 | 장호연 | 장호연(승·노히트노런) |
| 1989 | 잠실 | MBC(승) 5-1 OB(패) | 패 | 장호연 | 징호연(패) |
| 1990 | 잠실 | LG(패) 2-7 OB(승) | 승 | 장호연 | 장호연(승·완투) |
| 1991 | 광주 | OB(패) 3-4 해태(승) | 패 | 김진욱 | 김진욱(패) |
| 1992 | 사직 | OB(패) 3-4 롯데(승) | 패 | 장호연 | 장호연(패·완투) |
| 1993 | 사직 | OB(패) 4-5 롯데(승) | 패 | 이진 | 이광우(패) |
| 1994 | 잠실 | 쌍방울(패) 3-4 OB(승) | 승 | 김상진 | 박철순(승) |
| 1995 | 대전 | OB(승) 12-3 한화(패) | 승 | 장호연 | 장호연(승) |
| 1996 | 잠실 | 삼성(승) 7-3 OB(패) | 패 | 진필중 | 진필중(패) |
| 1997 | 대전 | OB(승) 4-2 한화(패) | 승 | 김상진 | 이광우(승) |
| 1998 | 광주 | OB(승) 13-7 해태(패) | 승 | 김상진 | 이광우(승) |

| 1999 | 사직 | 두산(패) 0-7 롯데(승) | 패 | 강병규 | 강병규(패) |
|------|------|------------------|----|--------|-----------|
| 2000 | 잠실 | 해태(패) 1-2 두산(승) | 승 | 조계현 | 김유봉(승) |
| 2001 | 잠실 | 해태(패) 5-6 두산(승) | 승 | 조계현 | 진필중(승) |
| 2002 | 잠실 | KIA(승) 4-1 두산(패) | 패 | 박명환 | 박명환(패) |
| 2003 | 대구 | 두산(패) 6-7 삼성(승) | 패 | 박명환 | 이리키(패) |
| 2004 | 잠실 | KIA(승) 9-7 두산(패) | 패 | 키퍼 | 키퍼(패) |
| 2005 | 잠실 | LG(패) 5-14 두산(승) | 승 | 랜들 | 랜들(승) |
| 2006 | 잠실 | LG(패) 1-3 두산(승) | 승 | 리오스 | 리오스(승) |
| 2007 | 대구 | 두산(패) 7-8 삼성(승) | 패 | 리오스 | 정성훈(패) |
| 2008 | - | 우천 취소 | - | - | - |
| 2009 | 잠실 | KIA(패) 5-7 두산(승) | 승 | 김선우 | 김선우(승) |
| 2010 | 잠실 | KIA(패) 3-8 두산(승) | 승 | 히메네스 | 히메네스(승) |
| 2011 | 잠실 | LG(패) 0-4 두산(승) | 승 | 니퍼트 | 니퍼트(승) |
| 2012 | 잠실 | 넥센(승) 6-2 두산(패) | 패 | 니퍼트 | 니퍼트(패) |
| 2013 | 대구 | 두산(승) 9-4 삼성(패) | 승 | 니퍼트 | 니퍼트(승) |
| 2014 | 잠실 | LG(패) 4-5 두산(승) | 승 | 니퍼트 | 니퍼트(승) |
| 2015 | 잠실 | NC(패) 4-9 두산(승) | 승 | 마야 | 마야(승) |
| 2016 | 대구 | 두산(승) 5-1 삼성(패) | 승 | 니퍼트 | 니퍼트(승) |
| 2017 | 잠실 | 한화(패) 0-3 두산(승) | 승 | 니퍼트 | 니퍼트(승) |
| 2018 | 잠실 | 삼성(승) 6-3 두산(패) | 패 | 린드블럼 | 린드블럼(패) |
| 2019 | 잠실 | 한화(패) 4-5 두산(승) | 승 | 린드블럼 | 박치국(승) |
| 2020 | 잠실 | 두산(패) 2-8 LG(승) | 패 | 알칸타라 | 알칸타라(패) |
| 2021 | - | 우천 취소 | - | - | - |
| 2022 | 잠실 | 한화(패) 4-6 두산(승) | 승 | 스탁 | 스탁(승) |
| 2023 | 잠실 | 롯데(패) 10-12 두산(승) | 승 | 알칸타라 | 최지강(승) |
| 계 | | 39전 25승 1무 13패(승률 0.658) | | | |

개막전 신화의 시작은 어디일까. 베어스 역사를 거슬러 올라가면

1983년이 그 시발점이다. 프로야구 원년이 아니라 1983년이라는 점이 의아할 수 있겠지만, 그렇게 해석할 수밖에 없는 당시 시대적 상황이 있었다.

원년인 1982년과 이듬해인 1983년에는 개막전이라는 상징적 의미를 살리기 위해 공식 개막전을 딱 1경기만 편성했다. 1982년에는 3월 27일 서울운동장(동대문야구장)에서 삼성-MBC전으로 치러졌다. OB는 개막 이튿날인 3월 28일에 동대문구장에서 MBC를 상대로 구단 역사상 최초의 게임을 펼쳐 9-2로 승리했다(5장 참고). 그러나 이는 KBO에서 집계하는 개막전 전적과 성적에 포함되지 않는다. OB로서는 최초의 게임이었지만, MBC는 두 번째 게임이었기 때문이다.

그리고 이듬해인 1983년. 4월 2일 잠실구장에서 전년도 우승팀 OB와 서울을 연고로 하는 MBC가 공식 개막전을 치렀다. 베어스가 최초로 개막전에 초대된 날이었다.

## ⚾ 원년 우승팀 OB, 신인은 4명만 영입

1983년 개막전을 설명하기에 앞서 프로야구 전체의 상황과 시대적 환경을 미리 알아볼 필요가 있다.

우선 1982년 9월에 제27회 세계야구선수권대회가 한국에서 개최됐다. 김재박의 개구리번트와 한대화의 3점 홈런으로 기억되는 바로 그 대회다.

이를 위해 국가대표 슈퍼스타들의 프로 진출을 유보시킨 상태에서 1982년 봄에 프로야구가 출범했다는 점이 중요하다. 다시 말해 당대 최고의 선수들이 강제적으로 아마추어에 묶인 채 프로야구가 시작된 것이었다.

제27회 세계야구선수권대회는 개발도상국에 접어든 한국에서 개최되는 최초의 세계대회로, 국위를 선양해야 하는 정부 차원에서도 실업 최고의 선수들이 프로 입단을 할 수 없도록 유도했다.

어쨌든 이 대회에서 한국은 드라마 같은 승부로 극적인 우승을 차지하면서 부수적인 효과를 얻었다. 용광로처럼 끓어오른 야구 인기를 고스란히 프로야구로 옮길 수 있었고, 아마추어에 묶여 있던 슈퍼스타들이 마침내 족쇄를 벗고 프로에 가세해 전력 강화는 물론 흥행 면에서도 한층 더 발전할 수 있는 기틀을 마련했다.

1982년 세계야구선수권대회 우승 멤버 중 프로에 입단한 스타의 이름만 들어도 입이 떡 벌어질 만하다. 삼성은 에이스 후보로 꼽히던 김시진을 비롯해 최고의 타자로 평가받던 장효조까지 붙잡았다. 여기에 박승호와 김근석 등 총 10명의 선수를 새롭게 영입해 한층 더 탄탄한 선수단을 구성했다.

MBC는 1982년 9월에 열린 세계야구선수권대회가 끝나자마자 시즌 말미에 초특급 유격수 김재박을 입단시켜 잔여 경기를 뛰게 했다. 1983년에는 외야수 이해창, 김정수 등 국가대표 선수들을 보강하면서 최강의 야수진을 구축했다. 투수 오영일과 포수 박철영 등 총 9명을 새롭게 계약해 우승권 전력을 갖췄다.

원년 하위권에 빠졌던 롯데는 불멸의 투수 최동원은 물론 포수 심재원과 한문연, 2루수 박영태, 외야수 유두열 등 11명을 데려와

알차게 전력 보강을 마쳤다. 심지어 원년 꼴찌팀 삼미도 투수 임호균과 포수 김진우, 내야수 정구선, 이선웅 등의 국가대표 선수를 비롯해 총 13명을 줄줄이 영입해 만만찮은 변화를 예고했다.

여기에 1983년부터 얇은 선수층을 보강하고 전력 평준화를 이루기 위해 재일교포 선수를 영입하기 시작했는데, 원년에 선수 부족으로 하위권에 그친 삼미와 해태는 재일교포 선수에 대한 우선 지명권을 받는 특혜를 누렸다. 삼미는 결국 1983년 30승을 기록한 장명부와 내야수 이영구를 잡았다. 해태는 곧바로 그해 한국시리즈 우승까지 이끈 투수 주동식과 포수 김무종을 비롯해 국내 선수까지 10명을 보강해 전력이 급상승했다.

그러나 OB는 재일교포 영입도 없이 4명의 신인만 새롭게 데려왔다. 1982년 세계야구선수권대회 일본전에서 결승 3점포를 날리며 한국의 우승에 일등공신이 된 한대화를 비롯해 투수 장호연과 정선두, 1983년 신인왕이 된 외야수 박종훈(현 KBO 경기운영위원)이 주인공이었다. 박종훈 역시 세계야구선수권대회 대표팀에 뽑히는 바람에 1982년 프로 진출이 유보되었지만, 정작 부상으로 대회에는 참가하지 못하는 비운을 맛봤다.

이에 대해 박용민 OB 초대 단장은 "그 시절 구단은 감독 말만 듣고 선수가 필요한지, 아닌지를 판단했는데 원년 우승팀으로서 전력을 어느 정도 갖춰놓고 있다고 봤다. 그래서 꼭 필요한 4명 정도만 보강해도 된다고 판단했던 것이었다"고 설명했다.

당시 OB에는 2루수 요원으로 김광수와 구천서가 버티고 있었고, 유격수 유지훤, 3루수 양세종 등이 포진해 있었다. 더군다나 세계야구선수권대회 최고의 영웅 한대화(대전고-동국대 출신)도 신인 내야수로 가세하는 상황. 대전고 출신의 국가대표 내야수 정구선과 서울고 출신의 이선웅 역시 OB가 우선권을 가졌지만, 내야수가 포화상태인 데다 계약 조건이 맞지 않아 자유계약으로 풀었다. 둘은 결국 삼미 유니폼을 입었고, 그중 정구선은 1983년부터 1985년 3년 연속 2루수 부문 골든글러브를 차지하며 KBO리그를 대표하는 2루수로 자리를 잡았다.

## ⚾ 루키 장호연이 1983년 개막전 선발투수로 낙점된 이유

1983년 개막전 선발투수 장호연

역사적인 OB의 최초 공식 개막전. 선발투수는 뜻밖에도 장호연이었다. 지금처럼 선발투수 예고제가 없던 시절이라 카드를 숨기고 상대를 속이는 게 중요한 전략이었다. 팀 내에서도 당사자와 코칭스태프 정도만 알고 있는 비밀이었다.

충암고와 동국대를 나온 장호연은 직구 구속이 시속 130km를 넘을까 말까 한 느린 공을 던지는 우완투수였다. 청소년대표를 지냈지만 국가대표는 아니었다. 그러나 각종 변화구를 현란하게 던지고 절묘한 컨트롤과 완급조절로 타자의 타이밍을 흐트러뜨리는 데 탁월한 재능을 발휘했다. 지저분한 공 끝을 자랑하면서 통산 109승과 110패를 달성하는 전설을 남겼다(장호연에 대해서는 추후 1988년 노히트노런 이야기를 할 때 다시 소개하기로 한다).

OB가 장호연을 개막전 선발투수로 낙점한 데는 여러 가지 사연이 있는데, 가장 큰 이유는 에이스 박철순의 부상 공백 때문이었다. 원년 우승을 위해 허리를 바친 박철순은 1983년 2월 대만 스프링캠프에 참가했으나 디스크 통증으로 쓰러졌다. 대만에서 일본으로 긴급 후송될 만큼 상태가 좋지 않았다. 2월 9일 도쿄의 한 정형외과에 입원해 25일간 물리치료를 받았지만 "사실상 전기리그는 뛰기 힘들다"는 판정을 받았다.

김영덕 감독과 김성근 투수코치는 이에 따라 박철순이 돌아올 때까지 계형철과 선우대영, 장호연을 선발로 쓰고, 박상열과 황태환을 불펜으로 돌려 마운드를 운영할 그림을 그렸다. 그렇다고 하더라도 신인인 장호연이 개막전 선발 카드로 결정된 것은 사실 의외였다. 당시 OB 사령탑을 맡았던 김영덕 감독의 설명을 들어보자.

"장호연이 연습 때 잘 던졌어요. 박철순이 부상으로 나오지 못하는 상황에서 후보를 추려봤지만 몇몇 다른 선수들도 부상으로 빠져 있었죠. 훗날 두 자릿수 승리를 거두는 투수가 됐지만 계형철은 당시 공은 빨라도 컨트롤이 부족했던 투수였어요. 장호연은 김성근 투수코치가 충암고 감독으로 있을 때 데리고 있던 제자라 누구보다 잘 알고 있었죠. 프로에 오고 나서 연습경기에서도 잘 던지더라고요. 그래서 신인이긴 해도 제구력과 변화구가 좋은 장호연을 1983년 개막전 선발로 선택했습니다."

장호연(가운데)과 계형철(오른쪽)

현재 대구에 살고 있는 장호연은 당시 상황을 이렇게 회상했다.

"고등학교(충암고) 시절 청소년대표팀에 선발됐는데 그때 청소년 대표팀 감독을 맡았던 김영덕 감독님하고 처음 인연을 맺었어요. 제가 특기생으로 동국대 체육교육과에 들어가 솔직히 졸업 후엔 그냥 체육선생님을 할까, 실업야구선수로 안정적인 직장생활을 할까, 고민하고 있었죠. 그런데 4학년 2학기 때 실업팀 한일은행에서 오라고 하더라고요. 졸업 전에 미리 입사해 한일은행 촉탁사원으로 일하고 있었는데, 한일은행 대투수 출신의 김영덕 감독님이 거기 놀러 오셨다가 저를 보고는 '여기 왜 있냐'면서 'OB에서 같이하자'고 하시더라요. 고민하다 OB에 입단하게 됐어요. 그리고 시범경기(3월 26일 마산) 때 MBC전에 등판해 잘 던졌던 기억이 납니다. 그해 개막전 상대가 MBC였고, 그래서 그런지 저한테 선발로 준비하라고 하시더라고요. 개막이 임박해서가 아니라 사실 일찌감치 선발 통보를 받고 준비를 했습니다."

## 🥎 최초 개막전 그날, 하늘엔 진눈깨비가 날리고

1983년 4월 2일, OB 베어스의 역사적인 최초 정규시즌 개막전 라인업은 다음과 같다. 신인 3명이 포진한 점이 눈길을 끈다.

| 타순 | 포지션 | 이름 |
|---|---|---|
| 1 | 중견수 | 박종훈* |
| 2 | 3루수 | 한대화* |

| 3 | 우익수 | 윤동균 |
|---|---|---|
| 4 | 지명타자 | 김우열 |
| 5 | 1루수 | 신경식 |
| 6 | 좌익수 | 김유동 |
| 7 | 2루수 | 구천서 |
| 8 | 포수 | 조범현 |
| 9 | 유격수 | 유지훤 |
| P | 선발투수 | 장호연* |

* 신인

MBC 역시 라인업에 신인이 3명 들어갔다. 이해창(1번 중견수), 김재박(3번 유격수), 김정수(8번 좌익수)가 주인공으로 모두 전년도 세계야구선수권대회에 참가한 국가대표 출신이다. 이들은 기존의 백인천(4번 지명타자), 이종도(5번 1루수), 이광은(6번 3루수) 등과 어울려 화려한 라인업을 구축했다. MBC 선발투수는 에이스 하기룡. 무게감만큼은 분명 하기룡 쪽으로 기울 수밖에 없었다. 그러나 길고 짧은 것은 역시 대봐야 아는 법이었다.

OB의 선공으로 경기가 시작됐다. 그러나 1회초 하기룡의 투구에 눌리며 공 9개 만에 삼자범퇴로 간단히 물러났다.

반면 OB 선발투수 장호연은 1회말 신인 티를 내며 위기를 만났다. 2사까지는 잘 잡았지만 3번 타자 김재박에게 볼넷을 허용했다. 이어 백인천도 스트레이트 볼넷으로 내보내 2사 1, 2루가 됐다.

"김재박 선배는 아마추어 시절부터 '대한민국 최고 스타'였고, 백인천 감독님은 당시 MBC에서 플레잉 감독이었는데 일본 프로야구에서도 타격왕을 차지했던 강타자라 저에겐 우상이었습니다. 그날 긴장을 많이 했어요."

장호연은 프로 데뷔전을 떠올리며 추억에 잠겼다.

"현역 시절 제가 마운드에 섰을 때 표정만 보고 다들 '능글맞게 긴장조차 하지 않는다'고 했지만 사실 마운드에 오를 때마다 저는 늘 긴장했어요. 긴장할 때면 전광판 방향으로 돌아서서 기도도 많이 했죠. 1983년 개막전 선발투수 통보를 받았는데 개막 하루 전날엔 너무 긴장한 나머지 잠을 거의 못 잤어요. 눈이 시뻘겋게 충혈된 채로 개막전을 하러 야구장에 나갔죠. 그런데 당시엔 프로야구라고 해도 뭔가 어수선했어요. 개막전 이벤트를 한다고 무용수들이 실내로 와서 제 눈앞에서 옷을 갈아입고 그랬으니까요."

'눈이 더 시뻘게진 것 아니냐'는 질문에 장호연은 폭소를 터뜨렸다. 그러면서 그는 다시 말을 이어갔다.

"제가 공이 빠른 투수가 아니잖아요. 물론 마음만 먹으면 시속 140km 정도까지는 던질 수 있지만, 그렇게 하지 않았어요. 어차피 야구는 속도 가지고 하는 게 아니거든요. 요즘 시속 150km 이상 던지는 투수도 많아요. 공이 빠르면 유리하긴 하죠. 그런데 속도보다 공을 변화시키는 게 더 중요해요. 저는 공에 변화를 주는 재미로 야구를 했어요. 150km 던져도 얻어맞고 내려오잖아요. 유희관 같은 투수도 안 얻어맞을 수 있거든요. 아무튼 1983년 개막전 날 바람 불고 진눈깨비도 날리면서 날씨가 추웠는데, 오히려 제겐 유리한 환경이었던 것 같아요. 제 직구가 120km대라 타자들이 눈에 보이고 만만하니까 막 덤비더라고요. 그런데 직구보다 빠른 시속 135km짜리 슬라이더를 던지니까 타자들이 타이밍을 잘 못 잡더라고요. 그날 바람이 홈으로 불었기 때문에 공에 변화만 살짝살짝 주면 됐어요. 그걸 이용했죠. 커브도 똑같은 커브가 아니고, 슬라이더도 똑같은 슬라이더가 아니죠. 크게 변하기도 하고 작게 변하기도 합니다. 커브가 회전만 빙글빙글 돌다 떨어지지 않고 쑥 밀고 들어가는 것도 있었어요. 야구공 실밥이 108개 아닙니까. 그걸 이용하는 거죠."

다시 경기로 돌아가보자. 장호연은 1회말부터 1사 1, 2루 위기를 맞이했다. 5번 타자 이종도가 등장했다. 더 이상 물러설 수 없었다. 초구에 스트라이크부터 꽂아 넣고 시작해야 했다. 이어 2구째 공에 이종도의 방망이가 돌았다. 코스가 절묘한 1루수 쪽 내야안타성 타구였다. 그런데 1루수가 투수에게 공을 던져주는 찰나에 김재박이 3루를 돌아 홈을 향해 질주했다. 김재박은 상대 수비수가 타자주자에게 신경을 쓸 거라 판단하고 허를 찌르는 역주를 펼쳤다.

"순간적으로 김재박 선수 별명이 생각나더라고요. '그라운드의 여우' 아닙니까. 그래서 타자가 아니라 3루 쪽을 재빨리 봤더니 아니나 다를까, 홈을 노리고 달리고 있었습니다. 그게 결정적이었습니다. 김재박 선수가 홈과 3루 사이에 런다운에 걸리면서 아웃돼 위기를 벗어났죠. 그때 정신을 차리지 못하고 타자주자만 보다가 실점을 했다면 제가 초반에 그냥 무너졌을지도 모릅니다."

당시 김재박을 태그해 잡아낸 조범현 포수도 그날의 기억을 생생하게 떠올렸했다. "눈발이 날리고 날씨가 추웠는데 1회에 그 위기를 벗어난 게 장호연한테는 컸던 것 같다"면서 "장호연은 신인이었는데 공 끝이 정말 지저분한 투수였다. 사인만 주면 타자들 히팅 포인트만 살짝살짝 벗어나게 영리하게 던졌다"며 웃었다.

2회말에도 장호연은 2사까지 잘 잡아놓고 김정수와 김인식을 연속 볼넷으로 내보내며 흔들렸다. 이어 이해창의 직선 타구가 중견수에게 잡히면서 또 위기를 탈출했다. 3회말에는 삼자범퇴로 막아 안정을 찾았다.

0-0의 팽팽한 접전이 이어졌다. 균형이 무너진 것은 4회초, OB의 공격 때였다. 한꺼번에 7점을 뽑으며 승기를 틀어쥐었다.

1사 후 4번 타자 김우열이 볼넷으로 나간 뒤 투수 견제구가 빠지는 사이 2루까지 진출했다. 신경식의 우익수 쪽 적시타로 선취점을 올렸다. 결과적으로 이것이 결승타점이 됐다. 홈으로 송구된 사이에 신경식은 2루까지 내달렸다. 이어 6번 타자 김유동의 적시타로 2-0 리드.

상대가 흔들렸다. 구천서의 중전안타로 다시 1, 2루를 만들었고 보크까지 나오며 주자는 2, 3루로 변했다. 여기서 8번 타자 조범현의 2타점 좌전 적시타가 터졌다. 스코어는 4-0. 9번 타자 유지훤의 투수 앞 땅볼 때 투수가 2루로 던진 것이 악송구가 되면서 주자는

1, 2루로 이어졌다.

좀처럼 OB 공격이 끝나지 않았다. 1번 타자 박종훈 타석. MBC 백인천 감독은 하기룡을 내리고 좌완 유종겸으로 교체했다. 박종훈이 좌익수 플라이로 물러나면서 모처럼 아웃카운트가 올라갔다.

2사 1, 2루. 여기서 장호연과 동국대 동기인 한대화가 타석에 들어섰다. 유종겸의 2구째였다. 한대화의 방망이에 걸린 타구는 왼쪽 담장을 훌쩍 넘어갔다. 좌월 3점 홈런. 스코어는 순식간에 7-0으로 벌어졌고, 이 점수는 경기가 끝날 때까지 변동이 없었다.

한대화는 1982년 세계야구선수권대회에서도 결승 3점 홈런으로 영웅이 됐는데, 이날도 또 3점 홈런으로 승부에 쐐기를 박았다. 그리고 훗날 해태로 트레이드된 뒤에도 결정적인 순간에 3점포를 날

1983년 개막전에서 3점 홈런을 친 한대화

렸다. 홈런을 많이 치는 것은 아니지만 꼭 필요한 순간에 3점 홈런을 많이 때리면서 '해결사' 혹은 '3점 홈런의 사나이'라는 별명을 얻었다.

## 개막전 최초 완봉승-3점 홈런 '개막전 사나이' 탄생

이미 승부는 기울어진 분위기. 장호연은 4회말부터 매 이닝 주자를 내보내고도 MBC 타선을 요리조리 잘도 피해갔다. '어~ 어~' 하다 보니 9회말 마지막 타자까지 도달했다. 결국 이해창을 중견수 플라이로 잡고 7-0 완봉승을 올렸다.

9이닝 동안 투구수는 124개. 6안타와 6볼넷을 내줬지만 삼진 2개만 잡고도 무실점 승리를 거뒀다. 팬들에게 장호연 이름 석 자를 확실하게 알렸다. 프로 데뷔전에서, 그것도 KBO리그 역사상 최초로 '개막전 완봉승'이라는 값진 기록을 아로새겼다.

"공 3개로 삼진을 잡는 것보다 공 1개로 맞춰 잡는 게 낫죠."

장호연이 한 방송광고에서 말했던 카피다. 실제로 현역 시절 그는 이 같은 말을 하곤 했다.

"1-0으로 지는 것보다 10-9로 이기는 편이 낫다"는 말도 그의 어록 중 하나다.

장호연은 타자를 압도하는 위력적인 공을 던지는 투수가 아니었다. 오히려 압도적으로 느린 공으로 타자에게 빨리 치라고 던지는 유형의 투수였다. 그 대신 배트 중심에만 맞지 않게 공에 갖가지 변화를 줬다. 한마디로 얄밉게 던지는 스타일이었다. 이날 역시 마찬가지였다.

장호연은 그날 이후 개막전만 되면 호출됐다. 1983년을 시작으로 1985~1990년, 1992년, 1995년, 9차례나 개막전에 선발 등판했다. 이는 여전히 KBO 개막전 최다 등판 기록이다. 그리고 개막전 최다승(6), 최다 완투승(3승), 최다 완봉승(2승) 등 개막전에 걸린 갖가지 기록을 그의 이름으로 장식했다.

이뿐만이 아니었다. 1988년 사직구장에서 열린 롯데와의 개막전에서는 사상 최초로 '개막전 노히트노런'의 역사를 썼다. 그러면서 '개막전의 사나이'라는 별명을 얻게 됐다. 장호연은 데뷔 시즌인 1983년에 개막전 승리투수로 출발해, 은퇴 시즌인 1995년까지 개막전 승리투수가 되는 진기록을 남겼다.

타자 쪽에서는 한대화가 '개막전의 사나이'로 통한다. 그 역시 프로 데뷔전인 1983년 개막전에서 홈런을 쳤을 뿐 아니라 은퇴하던 마지막 시즌 1997년 쌍방울 유니폼을 입고 개막전 홈런을 뽑아냈다. 개막전 통산 홈런 7개로 역대 1위를 굳건히 지키고 있다. 개막전 통산 최다타점(19) 기록도 보유하고 있다. 7개의 홈런 중 3차례나 개막전 1호 홈런을 기록하기도 했다.

한대화 역시 장호연과 비슷한 말을 했다.


"남들은 제가 '개막전의 사나이'니까 안 떨리는 줄 알지만, 신인

때나 은퇴할 때나 개막전은 늘 긴장됐어요. 신인 때도 정말 긴장하고 개막전에 들어갔는데 1회 첫 타석에서 어떻게 쳤는지도 모르고 아웃(유격수 땅볼)됐어요. 당시 세계선수권대회에서 홈런을 치면서 프로 입단할 때부터 관심을 많이 받았고, 지금은 고인이 된 MBC 김정수와 대졸 타자 랭킹 1, 2위라고 비교도 많이 됐거든요. 부담이 컸죠. 그런데 4회 두 번째 타석에서 홈런을 치니까 비로소 긴장이 풀리더라고요."

장호연은 동국대 시절 동기 한대화와 얽힌 이야기를 하나 들려주었다.

"프로 이전부터 개막전과 인연이 많았어요. 한대화하고는 청소년 대표팀에 함께 뽑히면서 서로 알게 됐는데, 동국대에 입학해서 1학년 때 개막전에서 저하고 한대화하고 잘해서 이기기도 했습니다. 당시 동국대는 전력이 약해 연·고대를 이기는 건 기적이라고 했는데 연세대를 이겼거든요. 연세대에 박철순, 최동원, 김봉연, 박해종 등 스타가 즐비했는데, 제가 7이닝을 막아 승리투수가 되고, 뒤에 김성한 선배가 투수로 올라와 3이닝 마무리를 맡았죠. 한대화는 그 경기에서 3안타를 때린 걸로 기억합니다. 둘이 개막전에 인연이 많은 건 그때부터입니다."

장호연은 1983년 개막전에서 모두가 깜짝 놀랄 완봉승을 거뒀지만, 이후 승보다 패가 많은 투수가 됐다. 그해에 6승 17패로 최다패

투수로 이름을 남겼다.

"지금 돌이켜봐도 당시 경험을 쌓아주기 위해 코칭스태프가 저에게 기회를 정말 많이 주셨어요. 남들 몇 년 동안 경험해야 할 것을 1년 만에 경험했죠. 개막전에서 승리한 다음에 조금 방심하기도 했지만, 프로의 매운맛을 제대로 봤죠. 그렇지만 그런 패전의 경험이 쌓여 저도 100승 투수가 될 수 있었다고 봐요."

장호연은 훗날 성장의 자양분이 된 1983년 신인 시절을 고마운 마음으로 반추했다.

'개막전 최강자' 베어스의 전설은 그렇게 시작됐다. 개막전에만 9차례 등판해 6승 2패를 거둔 장호연이 있었기에 베어스는 역대 개막전 최다승과 최고승률팀이 될 수 있었다. 그리고 베어스가 있었기에 장호연은 매년 개막전만 되면 이름이 나오는 '개막전의 사나이'가 됐는지도 모른다.

# BEARS
# 13

## 최하위 추락,
## 직선 타구에 쓰러진 박철순…
## 1983년에 무슨 일이

허리 부상으로 괴로워하는 박철순

1983년의 두드러진 특징 가운데 하나는 전년도 우승을 다퉜던 OB와 삼성의 몰락이었다. 6월 11일까지만 해도 전년도 우승팀답게 3위를 지키며 체면을 유지했으나 6월 5~15일 사이 6연패를 당하며 꼴찌로 곤두박질했고, 롯데와의 전기리그 최종전에서 박상열이 1안타로 호투하고도 1-0으로 지는 바람에 롯데와 삼성에 반게임 차로 뒤진 최하위로 굴러떨어지고 말았다.

_『한국야구사』 1176쪽

늘 좋은 기억만 있을 수는 없다. 우리의 추억 저편에는 아픈 역사도 함께한다.

13장에서는 원년 우승팀에서 이듬해 곧바로 최하위로 떨어진 사연을 살펴본다. 1983년에 무슨 일이 있었던 걸까.

## ⚾ 개막전 승리 산뜻한 출발…… 원년 우승팀의 위용

출발은 산뜻했다. 12장에서 설명했듯이 OB는 4월 2일 잠실구장에서 열린 1983년 시즌 공식 개막전에서 진눈깨비가 흩날리는 가운데 신인 투수 장호연의 완봉투와 한대화의 3점 홈런 등으로 MBC 청룡에 7-0으로 승리하며 기분 좋게 시작했다(지금은 5개 구장에서 10개 팀이 동시에 개막전을 치르지만, 당시만 해도 공식 개막전은 1경기만 특별 편성해 주목도를 높였다).

개막 이튿날인 3일. 비로소 전국 3개 구장에서 6개 팀이 일제히 경기를 펼쳤다. 이날의 최대 관심사는 부산 구덕야구장 쪽이었다. 삼미와 롯데의 대결. 삼미는 일본 프로야구 히로시마 카프 에이스로 활약한 재일교포 장명부를 영입했고, 롯데는 아마추어 시절 국가대표 에이스로 활약한 최동원을 데려왔기 때문이다.

장명부는 쌀쌀한 날씨 속에 선발 등판해 기대대로 7이닝 1실점으로 호투한 뒤 마운드를 내려왔다. 롯데는 선발 노상수에 이어 승부처에서 최동원을 투입할 기회를 엿봤다. 0-2로 끌려가던 4회초 수비 때 만루 위기를 맞자 최동원을 구원 카드로 빼 들었다. 그러나 최동원은 마운드에 오르자마자 3연타를 맞으면서 4점을 더 내주고 말았다. 삼미가 부산에서 롯데를 10-4로 꺾었다.

광주 무등야구장에서는 해태와 삼성이 7회까지 5-5 동점인 상황에서 강우 콜드게임으로 승부를 가리지 못하고 첫판부터 무승부를 기록했다.

그리고 잠실구장. 다른 구장이 사실상 시즌 개막전을 치를 때, 전날 공식 개막전을 펼친 잠실은 개막 이틀째를 맞이했다. OB는 MBC 전 선발로 계형철을 내세웠다. 그러나 2회초 먼저 2점을 뽑고도 2회 말 2실점 한 뒤 4회말 추가 3실점 하면서 4-5로 역전패하고 말았다. 계형철(당시만 해도 공은 빨랐지만 제구력이 부족한 투수였다)이 폭투만 3개를 범하는 등 초반에 승기를 내주면서 연승에 실패했다. 개막 2연전에서 1승 1패를 기록했다.

OB는 하루 쉬고 5일 잠실에서 다시 MBC를 만났다. 여기서 루키 장호연을 또 선발로 내세워 MBC를 5-4로 제압했다. 7일 홈구장 대전에서 해태를 만나 8-2로 승리했다. 초반 4경기에서 3승 1패의 기세. 이때만 해도 원년 우승팀의 저력이 그대로 이어지는 듯했다.


## 🎾 전기리그 충격의 최하위

그러나 세상일은 뜻대로 되지 않았다. OB는 이후 레이스에서 어려움에 빠져들었다. 4월 9일과 10일 대구에서 삼성에 연패를 당하더니, 12일과 13일 대전에서 삼미에도 연패를 당했다.

원년의 영웅 박철순이 스프링캠프에서 허리 통증을 호소해 이탈한 가운데 선우대영-장호연, 장호연-박상열이 줄줄이 패전투수의 멍에를 쓰면서 충격의 4연패를 당했다.

특히 12일에 삼미와 연장 13회까지 4시간 40분간의 혈투를 펼쳤는데, 13회초 대거 6실점 하며 5-11로 패한 것이 뼈아팠다.

'인천야구의 대부' 김진영 감독(김경기 전 해설위원의 아버지)이 새롭게 지휘봉을 잡은 삼미는 이를 갈고 나왔다. 원년 OB전 16전 전패의 수모를 씻으려는 듯 1983년 OB와 시즌 첫 대결부터 장명부를 선발로 투입했고, 13회까지 완투시켰다.

'너구리' 장명부는 삼미가 1983년 시즌을 앞두고 계약금과 연봉을 합쳐 1억 2000만 원을 주고 영입한 회심의 카드. 팀당 100경기로 치러진 그해 장명부는 홀로 60경기에 등판해 30승을 거두는 초인적인 활약을 펼쳤다. 36경기 완투와 427과 1/3이닝 투구 역시 앞으로 영원히 깨지기 힘든 불멸의 기록으로 꼽힌다.

장명부는 이날 연장 13회까지 '허허실실 전법'으로 16안타를 내줬지만, 위기만 되면 전력투구로 실점을 최소화했다. 묘한 미소와 능글능글한 표정, 그리고 너구리 같은 영리한 투구로 OB 타선을 주물렀다.

OB는 선발투수 강철원에 이어 6회부터 장호연을 구원 투입했다. 장호연은 데뷔 후 2연승을 기록하다 10일 삼성전에 선발 등판해 첫 패를 기록했는데, 하루 휴식 후 다시 구원 등판한 것이었다. 장명부와 팽팽한 싸움을 하면서 연장 12회까지는 역투를 펼쳤지만, 이틀을 쉰 뒤 다시 던진 탓에 힘이 다한 나머지 13회에 대량 실점을 하며 패하고 말았다.

이날은 프로야구사에서 알고 지나가야 할 의미 있는 승부이기도 했다. OB 입장에서는 프로야구 출범 후 삼미전 첫 패배였다. 원년 삼미전에서 거둔 16전 전승의 역사도 이날 마감했다.

삼미는 내친김에 13일에도 작심한 듯 임호균을 선발투수로 내세웠다. 임호균은 1982년 세계야구선수권대회 우승 당시 활약한 국가대표 출신 우완투수로, 제구력 면에서 당대 최고 수준으로 평가받았다. 장명부와 임호균으로 새롭게 원투펀치를 짠 삼미는 독기를 품고 나왔다. OB는 결국 임호균의 완투에 밀리면서 이날도 1-3으로 패했다.

OB는 그래도 6월 11일까지는 초대 챔피언답게 6개 팀 중 3위를 지키며 체면을 유지하고 있었다. 분위기 반전만 일어나면 마지막 스퍼트로 대역전극을 꿈꿀 수 있는 위치였다.

그러나 6월 5~15일 사이 6연패에 빠지며 꼴찌로 내려앉았다. 롯데와 전기리그 최종전에 선발 등판한 박상열이 '꼴찌는 면해보자'는 듯 이를 악물고 9회까지 1안타로 막는 역투를 펼쳤지만 0-1으로 졌다. 전기리그 22승 28패. 결국 롯데(22승 27패 1무)와 삼성(21승 26패 3무)에 0.5경기 차로 뒤진 최하위의 성적표를 쥐고 말았다.

후기리그가 남아 있긴 해도 원년에 정상에 오른 팀이 하루아침에 바닥으로 떨어지는 것은 유쾌하지 않은 결과였다.

사족 하나. OB는 과거에는 우승 후 이듬해 부진에 빠지는 징크스를 되풀이했다. 1983년뿐만 아니라 1995년 우승 후에도 이듬해인 1996년 최하위로 추락했다. 두산으로 구단 이름이 바뀐 뒤 2001년 첫 우승을 차지했지만 2002년에 5위로 떨어졌다. 꼴찌는 아니었지만 포스트시즌에 진출하지 못했다.

그러나 우승 이듬해에 부진에 빠지는 이상한 징크스는 이젠 먼 옛날 일이 됐다. 2015년 한국시리즈 우승 후 2016년에 통합우승에 성공했고, 2019년 통합우승으로 5년 연속 한국시리즈에 올랐다. 2020년에 이어 2021년까지 한국시리즈 무대를 밟으면서 사상 최초

'7년 연속 한국시리즈 진출'이라는 KBO 새 역사를 썼다. 한 해만 반짝하는 팀이 아니라 지속적인 강팀으로, 베어스 역사상 가장 화려한 시대를 만들어갔다.

## ⚾ 막판 5연승 뚝심…… 후기리그 극적 탈꼴찌

1980년대(1988년까지)에는 전기리그와 후기리그로 나눠 치러졌기에, 전기리그 실패는 전기리그에서 끝난다는 장점이 있었다. 후기리그에 우승하면 또 한국시리즈에 진출할 수 있는 상황. 전기리그 실패 팀에게도 후기리그부터는 새로운 마음가짐으로 출발할 수 있는 기회가 주어진 셈이다.

그러나 OB는 후기리그에서도 꼬였다. 개막전인 7월 9일 대전 해태전에서 3-6으로 패하더니 20일 대전 MBC전까지 7연패의 늪에 빠졌다. 장호연은 7연패 기간에 무려 3차례나 패전투수가 됐다.

후기리그는 계속 진행됐지만 OB는 좀처럼 치고 나갈 기회를 잡지 못했다. 3연승을 한 번도 해보지 못한 채 시즌 말미를 향해 가고 있었다.

계산에서 이탈하는 선수가 속출했다. 박철순도 없는 상황에서 원년 6차례 완투를 포함해 7승 6패(승운이 따르지 않음)를 올린 좌완 에이스 선우대영은 1983년 무리한 연투 끝에 어깨뼈 힘줄이 끊어졌다. 4승 6패 1세이브의 성적을 남긴 채 프로 2년 만에 은퇴했다.

1982년 후반기 혜성처럼 나타나 5연승 무패를 기록한 뒤 한국시리즈 1차전 선발투수까지 꿰찬 잠수함 투수 강철원마저 부상으로 빠졌다. 강철원은 1983년 4연승을 보태 프로 데뷔 후 정규시즌 9연승 무패 기록을 세웠지만 어깨 부상으로 2패를 추가한 뒤 이탈했다. 그는 1986년 청보로 트레이드된 뒤 은퇴할 때까지 통산 9승에서 한 발짝도 나아가지 못했다. 더 이상 승수를 추가하지 못한 채 유니폼을 벗었다. 데뷔 후 9연승 무패 기록은 훗날 1992년 삼성 신인 오봉옥이 데뷔 첫해 13승 무패를 기록할 때까지 이 부문 최고 기록이었다.

원년 한국시리즈 6차전에서 만루홈런으로 초대 MVP에 오른 김유동은 팀 무단이탈로 무기한 출장정지라는 자체 징계를 받았다.

여기에 김영덕 감독과 김성근 투수코치의 갈등 관계가 표면화됐다. 선수 기용을 놓고 마찰을 빚다 경기 도중 김성근 코치가 가방을 싸서 나가버리는 일까지 벌어지면서 팀 분위기는 걷잡을 수 없는 상황으로 치달았다.

8경기를 남겨둔 상태에서 그나마 시즌 최다인 5연승을 비롯해 7승 1패의 호조 속에 후기리그를 마쳤다. 이로 인해 후기리그에서는 롯데를 1.5경기 차로 제치고 최하위를 면했다. 전·후기리그를 합친 1983년 전체 성적(44승 1무 55패)도 롯데(43승 1무 56패)에 1경기 차 앞서 탈꼴찌에 성공했다.

## 🎾 재기 몸부림 박철순, 직선 타구 맞고 시즌 아웃 불운

박철순은 허리 부상에서 벗어나 재기를 위해 몸부림쳤으나 쉽게 회복되지 않았다. 그러다 1983년 전기리그 막바지인 6월 22일 선두를 달리던 해태를 상대로 시즌 첫 시험등판을 했다. 여기서 1이닝 투구를 하고 마운드에서 내려왔다. 김일권과 김성한을 삼진으로 잡는 등 겉으로 보기에는 화려한 부활을 예고하는 듯했다. 그러나 다시 감감무소식. 결국 해태전 10개의 투구도 허리에 부담이 됐던 것으로 훗날 밝혀졌다.

OB가 후기리그에서 부진에 빠진 것은 박철순으로 한정시킨다면 다행이었는지도 모른다. 우승권으로 치고 나갔다면 무리한 등판이 이어졌을 수도 있다.

조심스럽게 복귀를 준비하던 박철순은 9월 12일 대전 삼성전에 선발로 나섰다. 시즌 2번째 등판이었다. 그러나 여기서 3이닝 5피안타 3볼넷 3실점을 기록한 뒤 마운드를 내려가고 말았다. 오랜만의 투구여서 그런지 3이닝 동안 무려 79개의 공을 던질 정도로 제구가 되지 않았다.

패전투수가 되고도 반가운 소식은 있었다. 다음 날 일어나서도 허리가 아프지 않았다는 점. 박철순은 3일간의 휴식 후 9월 16일 대전 삼성전에 다시 선발 등판했다. 이번엔 6회까지 2안타 무실점으로 막았다. 0-0으로 진행돼 박철순은 승패를 기록하지 않는 '노 디시전No Decision' 상태로 물러났다. OB는 9회초 이만수에게 솔로 홈런을 허용해 0-1로 패했지만, 박철순의 재기 가능성을 확실히 발견했다는 점에서 희망을 노래할 수 있었다.

그런데 하늘은 또다시 장난을 쳤다. 불사조에게 찾아온 또 다른 시련. 9월 22일 잠실 MBC전이었다. 선발 등판한 박철순은 1회말 상대 4번 타자 송영운의 총알 같은 직선 타구에 오른쪽 골반 부위를 맞고 쓰러지고 말았다. 공을 맞은 부위보다는 쏜살같이 날아오는 공을 피하려고 점프를 했다가 땅에 떨어지면서 엉덩방아를 찧었는데, 그 충격파가 다시 허리에 가해진 게 문제였다.

당시 〈경향신문〉은 '박철순, 운도 없다'는 제목 아래 'OB 박철순의 금년 시즌은 끝났다'고 기사 리드를 뽑았다.

박철순은 급히 강남성모병원으로 이송됐다. 정밀검진을 받은 결과 타구에 맞은 충격으로 골절이 되지는 않았지만, 허리 디스크 증세가 악화되면서 '시즌 아웃'을 선고받고 말았다. 23일 밤에 서울대병원으로 옮겨 재차 정밀검진을 받았지만 결과가 바뀌지는 않았다.

9월 22일. 박철순에게는 마치 운명처럼 악몽이 지긋지긋하게 되풀이된 날이다. 1982년 22연승 기록이 깨진 날도 9월 22일 롯데전이었고, 1983년 9월 22일에 이렇게 타구에 맞아 허리를 다쳤으니 말이다. 이뿐만이 아니었다. "이제 투수로선 끝났다"는 모두의 예상을 뒤엎고 재기해 다시 마운드에 섰지만 3번째 부상도 1985년 9월 22일에 찾아왔다. '불사조 신화' 속에 9월 22일은 박철순에게 잊고 싶은 날(?)로 자리 잡고 있다.

## 🎾 맏형 황태환 구원왕, 루키 박종훈 신인왕이 위안거리

팀 성적이 추락한 OB는 개인 타이틀에서도 밀렸다. 타격 쪽에서 보면 신인 박종훈이 타율 0.312로 4위에 오른 것이 팀 내 최고 성적이었다. 김우열이 0.291로 10위에 겨우 턱걸이했고, 원년 타격 2위 윤동균은 0.275로 20위에 머물렀다.

마운드에서는 박상열이 선발과 구원을 오가며 10승을 수확해 팀 내 유일한 두 자릿수 승리투수가 되며 다승 공동 7위에 랭크됐고, 계형철이 9승으로 뒤를 받쳤다.

개인 타이틀 홀더가 1명 있긴 있었다. 바로 구원왕(20세이브포인트)에 오른 6개 구단 최고령 투수 황태환이었다. 황태환은 1982년 초대 골든글러브(당시에는 공격력을 제외한 수비율로만 골든글러브 수상자를 가림) 투수 부문 수상자이기도 했다.

첫해 투수로서 성적은 6승 5패 3세이브. 이듬해인 1983년 39경기에 등판(선발 2경기 포함)해 105와 1/3이닝을 던지면서 6구원승과 14세이브로 20세이브포인트(2003년까지는 구원승+세이브로 구원왕을 가렸다)를 기록했다. 평균자책점 2.65는 팀 내 1위이자 리그 전체 4위. 사실상 황태환 의존도가 높았던 시즌이었다.

신인 장호연은 개막전 승리에도 불구하고 17패(6승)로 시즌 최다패 1위 투수가 됐다. 최다패 2위 장명부(30승 16패)보다 1패가 더 많았다. 장호연은 이 경험을 밑거름 삼아 훗날 100승 투수(109승 110패 17세이브)로 도약하게 된다.

또 하나의 수확은 박종훈의 신인왕 수상. 박종훈은 1983년 최다안타 공동 1위에 올랐지만 당시에는 최다안타가 공식적으로 개인 타이틀에 포함되지는 않았다. 박종훈이 KBO리그 사상 최초의 신인왕에 오르는 과정은 다음 장에서 자세히 소개하기로 한다.

# BEARS
# 14
## '신인왕의 산실' 베어스의 출발점

프로야구 최초 신인왕 박종훈

'최초'라는 수식어가 가득한 OB 베어스의 역사. 그중에 또 하나 빼놓을 수 없는 '최초' 역사가 있다. 바로 KBO리그 최초의 신인왕을 탄생시킨 것이다. KBO는 1983년부터 최우수 신인(신인왕)을 선정하기 시작했는데, 첫 주인공이 OB 베어스 박종훈이었다. 베어스는 그 이후에도 전통을 이어가며 2022년까지 총 7명의 신인왕을 내놓았다. KBO리그 역사에서 가장 많은 신인왕을 배출한 구단으로 자리를 잡고 있다.

'신인왕의 산실' OB 베어스가 프로야구 최초 신인왕을 배출한 시점으로 거슬러 올라가보자.

## 🎾 우승팀에서 꼴찌팀 전락……
## 1983년 유일한 낙은초대 신인왕 배출

"종훈아, 종훈이 어디 있니? 종훈아!"

1983년 10월 17일. 경기도 이천의 한 여관에서 구경백 매니저는 마치 큰일이 난 것처럼 부리나케 박종훈을 찾아 뛰어다녔다.

"저, 여기 있습니다."

박종훈은 무슨 일인가 싶어 여관방 화장실에서 대답을 했다.

"야, 축하해! 너 신인왕 됐대, 신인왕!"

"제가요? 그럴 리가……."

박종훈은 자신의 귀를 의심했다. 믿기지 않았다. 나름대로 데뷔 첫해 좋은 성적을 올리기는 했지만 쟁쟁한 선배들을 제치고 신인왕까지 차지할 줄은 몰랐기 때문이다.

OB 베어스는 1983년 많은 일을 겪었다. 전기리그 최하위로 추락하는 아픔을 맛봤고, 후기리그에서도 6개 팀 중 5위에 그쳤다. 전·후기리그 100경기를 합쳐 종합성적 44승 1무 55패(승률 0.444)를 기록했다. 롯데(43승 56패 1무·승률 0.434)에 1경기 차로 앞서면서 가까스로 최하위는 면했지만, 원년 우승팀에서 1년 만에 사실상 꼴찌로 추락한 것이나 마찬가지여서 체면이 말이 아니었다.

가장 큰 이유는 절대 에이스 박철순의 부재였다. 허리 부상 후유증으로 박철순이 전력에 가세하지 못했고, 다른 투수들도 크고 작은 부상으로 힘을 쓰지 못했다.

여기에다 OB는 시즌 후 김영덕 감독이 삼성 사령탑으로 넘어가고, 김성근 코치가 OB 베어스의 2대 감독으로 승격되는 큰 변화를 맞이했다.

12장에서 설명했듯이, 베어스는 1983년 1월에 경기도 이천의 OB맥주 공장 부지에 KBO 6개 구단 중 최초로 전용 연습장을 개장했다. 당시로서는 획기적인 일이었다. 실내 훈련장은 물론 웨이트트레이닝장과 샤워 시설까지 갖춰, '육성의 요람'으로 자리 잡기 시작했다.

그러나 전용 연습장 내에 선수단 숙소는 아직 지어지지 않은 상황이라 선수들은 요즘으로 치면 모텔 격인 이천의 한 여관을 잡아 김성근 신임 감독의 지휘 아래 합숙훈련을 하고 있었다.

"그날 한 언론사 중견 기자가 전화로 소식을 알려줬어요. 기자단 투표에서 박종훈 선수가 신인왕으로 선정됐다고 말이죠. 그래서 당사자한테 기쁜 소식을 전해주려고 찾아다녔는데 박종훈 선수가 여관방 화장실에 있더라고요. 볼일을 보다가 그 소식을 전해 들었던 거죠. 하하."

구경백 일구회 사무총장은 그날의 일화를 들려주며 껄껄 웃었다.

## 🎾 박종훈, 장호연, 한대화······ 신인 드래프트의 수확

"인하대 투수 오영일!"
"상업은행 외야수 박종훈!"

시곗바늘을 1년 전으로 돌려보자. 1982년 11월 10일 한국야구위원회에서 실시한 MBC와 OB의 신인 드래프트 현장. 먼저 지명권을 행사한 MBC가 당시 대학 최고 투수로 꼽히던 오영일(배명고-인하대)을 찍었다. 그러자 OB는 국가대표를 지낸 외야수 박종훈(신일고-고려대-상업은행)을 호명했다.

OB는 대전을 연고로 삼아 출발했지만, 프로야구 출범 당시 연고 지역 서울을 MBC에 양보하고 3년간 대전에 임시로 내려가기로 약속했다. 그 대신 대전·충청권의 고교는 선수층이 얇아 신인 드래프트에서는 서울 고교 출신 선수를 놓고 MBC와 2대1로 뽑기로 합의한 바 있다. 원년에는 MBC가 2명을 먼저 호명하고 OB가 1명을 지명하는 방식으로 선수를 배분했다.

1983년에는 신인 드래프트 방식을 약간 손질했다. MBC와 OB가 각자 데려가고 싶은 선수를 먼저 지명했다. 두 팀이 중복 지명하는 서울 지역 출신 선수에 대해서는 드래프트를 실시했다. MBC와 OB에 중복 지명된 선수는 총 10명. 정확히 2대1로 나눌 수는 없어 MBC가 6명, OB가 4명을 선택할 수 있도록 절충안을 찾았다.

10명 중에 MBC는 당시 배명고-인하대 출신의 오영일을 포함해 김용수(동대문상고-중앙대), 기세봉(충암고-포철-경리단), 신계석(경기고-경희대), 박철영(배명고-연세대), 김정수(신일고-고려대) 등 6명을 뽑았고, OB는 신일고-고려대-상업은행 출신의 박종훈에다 장호연(충암고-동국대), 정선두(장충고-롯데-경리단), 이선웅(선린상고-인하대) 등 4명을 지명했다.

OB는 중복 지명되지 않은 충청권 고교 출신 자원 중 한대화(대전고-동국대)와 정구선(대전고-동국대-경리단)을 선택했다.

그런데 당시 OB는 정구선과 이선웅을 삼미에 통 큰 양보를 하게 된다. 1982년 원년 멤버 중 내야수로 김광수, 구천서, 유지훤, 양세종에다 1982년 세계야구선수권대회에서 결승 3점 홈런을 치며 영웅이 된 특급 내야수 한대화도 새롭게 가세해 내야가 포화상태에 이르렀다고 판단했다. 원년에 형편없는 선수층으로 참혹한 성적표를 받아 쥔 꼴찌 삼미 측의 간곡한 요청까지 있어 정구선과 이선웅이라는 걸출한 내야수를 양보한 것이었다.

OB는 다른 팀과 달리 1983년 재일교포 영입도 하지 않았다. 외야수 박종훈, 내야수 한대화, 투수 장호연과 정선두 등 알짜배기 신인 4명만 새로운 피로 수혈하면서 1983년을 맞이했다.

1983년 신인으로 입단한 장호연과 한대화

## ⚾ 프로 원년에 상업은행에 입단한 이유

　박종훈은 신일고 야구부 창단 멤버로 2학년 때인 1976년 황금사 자기 우승을 이끌었고, 고려대 시절에도 각종 타격상과 도루상을 휩쓸며 두각을 나타냈다. 대학을 졸업하던 해에 프로야구가 출범해 원년 멤버가 될 수 있었지만, 그는 프로 대신 실업팀 상업은행에 입단했다.

　"대학 졸업반 때 공부를 하고 싶다는 열망이 있었어요. 그래서 프로 대신 고려대 야간 대학원에 합격해놓고 실업팀 상업은행에 들어 갔던 거죠. 그런데 원년 프로야구를 지켜보다가 '내가 선택한 길이 맞나?'라는 내면의 갈등이 생기더라고요. 결국 프로에 가기로 결심했습니다. 은퇴 후에 다시 공부를 하자고 생각했죠."

　박종훈 현 KBO 경기운영위원(전 한화 이글스 단장)의 설명이다.

　1982년 9월 4일에는 당시 한국 스포츠사에 한 획을 긋는 일이 있었다. 바로 제27회 세계야구선수권대회 개막. 그 전까지만 해도 한국에서 아시아야구선수권대회는 개최해봤지만 서양 국가까지 참가하는 세계대회를 유치한 적은 없었다. 1988년 서울올림픽 개최가 확정된 상태에서 유치한 세계야구선수권대회는 단순한 야구대회가 아니라 범국가적인 올림픽 준비 행사 중 하나였던 셈이다.

　야구대표팀 선수들은 국가적 지원과 국민의 관심 속에 1982년 7월 26일부터 합숙훈련을 시작했다. 그런데 당시 국가대표로 뽑힌 박종훈은 훈련 도중 무릎을 다치면서 정작 대회에 뛸 수 없었다.

한국야구는 세계야구선수권 최종전에서 일본을 상대했다. 결승전이 아니라 풀리그로 치러졌는데, 한국과 일본이 나란히 7승 1패를 기록 중이었기 때문에 최종전에서 이기는 팀이 결국 우승을 차지하게 되는 상황이었다. 한국은 여기서 고려대 2학년 선동열의 완투와 김재박의 개구리번트, 한대화의 극적인 3점포로 우승을 맛봤다. 박종훈은 선수로서 우승을 함께하지 못한 아쉬움을 삼킨 채 결국 프로에 뛰어들었다.

## 🎾 등번호 1번의 1번 타자 '꽃미남' 박종훈 돌풍

1983년 신인 드래프트에서 OB의 선택을 받은 박종훈은 첫해부터 주전 중견수로 발탁됐다. 원년 우승팀 OB에는 윤동균, 김우열, 김유동, 이홍범 등 베테랑 외야수들이 자리를 잡고 있었지만, 스프링캠프부터 빠른 발과 뛰어난 야구 센스로 두각을 나타낸 루키 박종훈은 김영덕 감독의 눈에 들었다.

1983년 4월 2일 잠실구장에서 MBC와 맞붙은 시즌 개막전. 박종훈은 1번 타자 중견수로 선발 출장했다. OB가 7-0으로 이긴 가운데 완봉승을 거둔 신인 투수 장호연과 3점 홈런을 때린 신인 타자 한대화가 스포트라이트를 받았지만, 또 다른 루키 박종훈도 9회 마지막 타석에서 MBC 2번째 투수 유종겸을 상대로 2루타를 치며 데뷔전에서 안타를 신고했다.

등번호 1번의 1번 타자. 꽃미남 신인 외야수는 안타 생산에 속도를 내기 시작했다. 외모만큼이나 깔끔한 플레이로 단숨에 팬들의 사랑을 받았다. 차세대 OB 베어스 간판스타로 각광 받으며 인기를 누렸다.

그해 팀이 치른 100경기 중 박종훈은 97경기에 출장해 3할대 타율 0.312(375타수 117안타)로 KBO리그 전체 타격 4위에 올랐다. OB 팀 내에서는 타율 1위였다.

117안타는 삼성 신인 장효조와 KBO 최다안타 부문 공동 1위에 해당하는 기록이었다. 최다안타는 1990년부터 개인 타이틀로 시상하기 시작해 당시엔 KBO 공식 타이틀은 아니었다. 그러나 1982년 불멸의 0.412 타율을 기록한 백인천이 작성한 103안타를 훌쩍 넘는 KBO 신기록이라는 점에서 박종훈과 장효조가 벌인 최다안타 싸움은 그해 관심을 받기에 충분했다.

무엇보다 빠른 발을 앞세워 117개의 안타 중 번트 안타를 10개나 만들었다. 3루 쪽으로 기습번트를 4개 시도해 2개를 안타로 연결했고, 1루 쪽으로는 드래그번트를 10개 시도해 8개를 안타로 민드는 탁월한 번트 감각을 발휘했다.


"발도 빨랐고 무엇보다 야구 센스가 대단했어요. 당시에는 우타자든 좌타자든 내야안타를 만들기 위해 시도하는 기습번트는 1루와 거리가 먼 3루 쪽으로 대는 것이 정석이었는데, 박종훈은 1루 쪽으로 드래그번트를 대고 달리면서 내야안타를 많이 만들었습니다. 1루 쪽 드래그번트가 국내에서 유행하기 시작한 것도 박종훈 때문이었죠."

1983년 신인 박종훈을 1번 타자이자 주전 중견수로 발탁한 당시 OB 베어스 김영덕 감독의 기억이다.

## ⚾ KBO 최초 신인왕 "OB 베어스 박종훈!"

앞서 설명한 대로 1982년 세계야구선수권대회를 위해 국가적 차원에서 원년 프로 진출을 유보시킨 특급 선수들이 1983년 대거 입단했다. 그만큼 신인왕 경쟁도 치열했다.

KBO는 1차 신인왕 후보 12명을 선정했다. 투수 중에서는 삼성 김시진을 비롯해 삼미 임호균, 롯데 최동원 등 6명이 1차 후보에 올랐다. 타자 중에서는 삼성 장효조, MBC 김재박, 이해창, 김정수, OB 박종훈, 한대화, 삼미 김진우, 정구선 등이 1차 후보로 선정됐다.

이들 중에서 최종 후보 3명을 추렸는데 삼성 장효조와 김시진, OB 박종훈으로 결선투표가 진행됐다.

삼성 장효조는 '안타제조기'라는 아마추어 시절의 명성에 걸맞게 타율 0.369을 기록하며 여유 있게 타격왕에 올랐다. 아울러 18홈런(3위) 62타점(3위) 61득점(2위) 22도루(4위)에다 장타율 0.618(1위), 출루율 0.475(1위) 등 타격 모든 부문에서 최상위권 성적을 냈다.

또 다른 삼성 선수인 김시진은 팀당 100경기를 소화한 그해에 무려 229와 1/3이닝(3위)을 던져 17승(3위) 11패 1세이브, 154탈삼진(3위), 평균자책점 2.55(7위) 등으로 역시 눈에 띄는 성적표를 받았다.

그러나 기자단 투표 결과 초대 신인왕은 박종훈으로 결정됐다.

1983년 골든글러브까지 거머쥔 신인왕 박종훈

최우수 신인상은 87점을 얻은 OB 베어스 중견수 박종훈이 선정됐다. 신인상 결선 후보로는 박 외에 타격왕 장효조(46점), 17승을 올린 김

시진(44점) 등이 올랐으나 신인으로서 참신한 이미지와 좋은 매너로 호
감을 산 박종훈이 1위 7표, 2위 3표, 3위 1표를 얻어 큰 점수 차로 리드
했다.

_1983년 10월 18일자 〈경향신문〉


사실 성적만 놓고 보면 장효조가 신인왕을 받는 것이 당연했지만
당시 기자단은 "장효조는 신인답지 않은 신인이다", "참신성이 떨어
진다", "장효조는 신인이라기보다는 MVP 경쟁을 해야 하는 선수다"
라는 이유 등을 붙이며 박종훈을 선택했다.

장효조는 이미 실업야구 시절부터 한국 최고의 타자로 인정받고
있었다. '장효조가 치지 않는 공은 볼이다'는 말이 있었을 정도로 탁
월한 선구안을 바탕으로 정교한 타격을 자랑했다. 알루미늄 배트를
쓰던 실업야구에서는 방망이를 짧게 잡고도 장타력에서도 두각을
나타냈다. 1956년생으로 프로에 데뷔한 1983년에는 이미 우리 나
이로 28세였다. '타격의 대가'로 자리 잡은 장효조였기에 '초대 신인
왕으로는 어울리지 않는다'는 주장이 나왔던 것이다.

실제로 장효조는 1983년 신인왕뿐만 아니라 MVP 최종 후보에도
올라 경쟁했다. 그러나 MVP 투표에서도 3위에 그쳤다. 팀 동료 이
만수가 홈런(27), 타점(74), 승리타점(13) 3관왕에 오르면서 95점을
획득해 MVP가 됐고, 30승의 괴력을 발휘한 삼미 장명부가 50점으
로 2위를 차지했다. 장효조는 49점으로 MVP 3위에 그쳤다. 결국 그
해 MVP와 신인왕을 모두 놓쳐 빈손이 되고 말았다.

박종훈도 그래서 이천 합숙훈련 도중 구경백 매니저에게 신인왕

수상 소식을 전해 듣고도 자신의 귀를 의심했던 것이었다. 그도 타격 4위에 KBO 최다안타 신기록을 쓰며 1위를 차지했다. 성적만 놓고 보면 신인왕으로 충분했지만, 장효조와 경쟁 관계라면 성적 면에서는 밀리는 것이 사실이었다.

"장효조 선배의 성적이 워낙 좋아 신인왕은 정말 기대조차 하지 않고 있었어요. 그런데 투표인단이 장효조 선배는 이미 신인이라기보다는 최고의 선수였기 때문에 운동장에서 보여준 모습이 제가 더 신선했다고 하더라고요. 신인 이미지에 더 잘 어울린다면서요. 장효조 선배에게는 죄송했죠. 어쨌든 최초의 신인왕이라는 타이틀 자체가 저로선 감사한 일이었죠. 돌이켜보면 저는 특출 난 부분이 없었고 좋은 야구선수는 아니었던 것 같은데 운이 좋았어요. 원년 우승팀인 OB에 입단한 일만 해도 운이 따랐는데, 외야에 윤동균, 김우열, 김유동, 이홍범 선배 등 쟁쟁한 베테랑들 사이에서 주전으로 뛸 기회가 주어진 것도 행운이었고, 신인왕에 오른 것도 행운이었죠"

그는 1983년 신인 시절을 돌이켜보면서 추억에 잠겼다.

박종훈은 초대 신인왕 출신답게 1984년 0.306(6위), 1985년 0.342(2위)로 3년 연속 3할대 타율을 기록하며 OB 베어스 간판타자로 성장해나갔다.

특히 1985년 시즌 중반까지는 4할대 고공 타율로 타격 1위를 질주할 기록할 정도로 기량이 무르익었다. 그러나 불운이 닥쳤다. MBC전에서 오영일의 투구에 허리를 맞고 말았다. 그때부터 심각한 허리 통증에 시달리면서 내리막길을 걸었다. 1985년에는 중반까지 벌어놓은 타율 덕에 3할대 타율(0.342)로 마감했지만, 허리 부상은 결국 고질이 되고 말았다. 허리 통증이 계속 악화되면서 1989년을 끝으로 프로 데뷔 7년 만에 은퇴하기에 이르렀다.

박종훈에게는 1983년과 1985년 골든글러브 수상이 마지막 훈장이었다. 그는 은퇴 후 프로 입단으로 미뤄뒀던 공부를 하기 위해 미국 유학을 떠났다.

## 신인왕도 화수분······ 7명 배출 신인왕의 산실

OB는 초대 신인왕 박종훈을 필두로 신인왕과 유난히 많은 인연을 맺었다. 1984년 두 번째 신인왕도 KBO리그 전문 마무리투수의 영역을 개척한 좌완투수 윤석환이 차지했다. OB 시절에는 더 이상 신인왕을 배출하지 못했지만, 두산 시절로 넘어간 1999년에 포수 홍성흔, 2007년에 투수 임태훈, 2009년에 투수 이용찬, 2010년에 포수 양의지, 2022년에 투수 정철원이 신인왕 계보를 이었다.

**베어스 역대 신인왕**

| 순서 | 연도 | 이름 | 포지션 | 신인왕 수상 연도 기록 |
|---|---|---|---|---|
| 1 | 1983 | 박종훈 | 외야수 | 타율 0.317, 117안타 3홈런 24타점 |
| 2 | 1984 | 윤석환 | 투수 | 12승 8패 25세이브(1위), 평균자책점 2.84 |
| 3 | 1999 | 홍성흔 | 포수 | 타율 0.258, 91안타 16홈런 63타점 |

| | | | | |
|---|---|---|---|---|
| 4 | 2007 | 임태훈 | 투수 | 7승 3패 20홀드(2위) 1세이브, 평균자책점 2.40 |
| 5 | 2009 | 이용찬 | 투수 | 2패 26세이브(1위), 평균자책점 4.20 |
| 6 | 2010 | 양의지 | 포수 | 타율 0.267, 100안타 20홈런 68타점 |
| 7 | 2022 | 정철원 | 투수 | 4승 3패, 22홀드 3세이브, 평균자책점 3.10 |

　　베어스는 지금까지 총 7명의 신인왕을 배출해 KBO 구단 중 가장 많은 신인왕이 탄생한 구단으로 자리매김했다. 그래서 '신인왕의 산실'로 불리고 있다. 윤석환을 비롯해 역사적 인물들은 추후 다시 조명을 하기로 한다.

# BEARS
# 15

## 베어스 최초 '미스터 올스타'…
## '학다리' 신경식의 추억

'학다리' 신경식

"야야, 큰절 한번 해라. 큰절 한번 해!"

옆에 있던 김시진(삼성·동군 투수)이 큰 소리를 쳤다. 그러자 당시 막내급이었던 신경식(OB·동군 1루수)은 큰 키를 숙여 관중석을 향해 얼떨결에 큰절을 했다.

차가 귀하던 시절, 눈앞에 중형 승용차가 나타났다. 그는 또다시 엉겁결에 사진기자들이 시키는 대로 승용차 보닛 위에 걸터앉아 양팔을 들고 환한 미소를 지었다. 그러고는 다시 쇄도하는 인터뷰를 소화해야 했다.

은행원으로 살아갈 뻔했던 22살의 키 큰 '학다리'는 프로에 들어와 평생 따라다니게 되는 가장 큰 훈장을 받았다. 바로 1983년 '미스터 올스타'라는 타이틀이었다.

베어스 구단 역사상 최초로 올스타전 MVP가 된 신경식. 1983년 열린 '한여름 밤의 클래식'에서 최고의 인기스타이자 가장 많은 스포트라이트를 받은 주인공. 그는 초창기 OB 베어스 역사의 한 페이지를 화려하게 장식한 또 한 명의 인물이었다. 베어스가 배출한 20세기 유일한 '미스터 올스타'이기도 했다.

## 🎾 올스타 최다득표, 최고 스타로 떠오른 '학다리'

> 83년 올스타전도 첫해와 마찬가지로 팬들의 인기 투표로 동군 (롯데, 삼성, OB) 서군(해태, 삼미, MBC)의 베스트10이 뽑혔다. 팬 투표 최다득표 선수는 OB의 신경식으로 총투표 8만 3121명 중 89.9%인 7만 4692명의 추천을 받았다. 신경식은 예정된 3차전이 비로 인해 2차전으로 줄어들었지만 1차전에서 솔로 홈런 등 4타수 3안 타의 맹타를 휘두른 덕에 기자단 및 KBO투표단의 투표에 의해 올스타전 MVP로 뽑혀 팬들의 인기투표에 보답했다. 신경식은 부상으로 800만 원짜리 중형차를 받았다.
>
> _『한국 프로야구 연감 1984』중에서

야구는 기록의 스포츠라고 한다. 세월이 흘러도, 숫자만 보고도 과거의 활약상을 유추할 수 있는 것이 야구의 매력이다. 그러나 숫자로 모든 것을 담아낼 수는 없다. 숫자에 포함되지 않는 아련한 추억. '학다리' 신경식은 올드팬들에게는 기록 그 이상의 추억과 향수를 불러일으키는 이름이다.

학창 시절 초고교급 선수도 아니었고, 국가대표 출신도 아니었다. 부산에서 태어나 공주고로 가서 상업은행에 입단했다가 3년 만에 프로야구가 생기면서 OB 유니폼을 입은 원년 멤버. 구천서와 구재서 쌍둥이 형제를 제외하고는 막내였던 신경식을 두고 OB 구단도 원년에는 "몇 년 후쯤 팀 주축 전력으로 성장해주면 고마운 유망주" 정도로 분류하고 있었다.

**신경식의 타격 모습**

그러나 신경식은 첫해부터 깜짝 놀랄 만한 활약을 펼쳤다. 원년 스프링캠프에서 수비로 김영덕 감독의 눈길을 사로잡더니, 방망이로도 어필을 하기 시작했다. 곧바로 주전 1루수 자리를 꿰찬 뒤 시즌 0.334의 타율로 내로라하는 KBO 스타들을 제치고 원년 타격 4위에 오르는 기염을 토했다.

OB가 초대 챔피언에 오른 데는 두말할 것도 없이 에이스 박철순이 가장 큰 지분을 차지하지만, 예상치 못한 신경식의 맹활약을 빼놓고 얘기할 수 없다.

5장에서 신경식에 대해 설명한 바 있지만, 그는 키 188cm의 장신 선수였다. 롯데 김용희(190cm)에 이어 KBO리그 원년 6개 구단 선수를 통틀어 두 번째로 키가 컸다.

여기에 긴 다리를 활용한 '다리찢기 수비'는 전매특허였다. 발레리나처럼 양다리를 한껏 찢은 뒤 남들보다 한두 발은 먼저 송구를 마중 나갔다. 내야수들이 어렵게 타구를 잡아 상하좌우로 대충 던져도 큰 키와 긴 팔을 활용해 척척 처리해준 만능 1루수. 야수들은 "학다리가 1루에 서 있으면 수비하기가 그렇게 수월할 수 없었다"고 입을 모은다.

그 시절 동네 야구를 하던 꼬마들이라면 누구나 한 번쯤은 신경식의 다리찢기를 흉내 낼 정도였다. 특히 1루수라면 으레 신경식처럼 가랑이를 한껏 찢을 수 있어야 그 자리에 설 자격이 있는 줄만 알았다.

"쟁쟁한 선배들이 많았는데 올스타전 최다득표는 생각지도 못했죠. 당시 학생들 표를 많이 얻었다는 얘기는 들었습니다. 다리찢기 수비로 인기를 끌었던 것 같아요. 요즘엔 최다득표 선수가 그런 인터뷰를 하는 것 같진 않은데, 당시엔 최다득표 선수라고 신라호텔에서 기자회견을 했던 기억이 납니다."

신경식은 자신의 뿌리인 OB 베어스 시절 1983년 올스타전을 잊지 못했다.

훤칠한 키에 공격과 수비까지 만능이었던 신경식은 기록에 나타난 숫자 그 이상의 상징적 존재였다. 그가 1983년 올스타 팬 투표에서 가장 많은 표를 얻었다는 사실은 그 시절 그의 인기가 어느 정도였는지를 짐작하게 한다.

## 🎾 1983년 추억의 올스타전 역사를 찾아서

올스타전은 1982년부터 1985년까지 전국을 돌며 3차전으로 치러졌다. 1983년에도 3경기가 예정돼 있었지만 인천에서 열릴 예정이던 2차전이 비로 취소됐다. 이는 역대 올스타전 중 우천으로 취소된 유일한 경기로 남아 있다.

1983년 올스타전은 2차전도 2차전이지만, 잠실에서 열릴 예정이던 3차전도 하마터면 우천으로 취소될 뻔했다. 비로 하루가 연기되는 우여곡절 끝에 성사돼 그해 2경기를 소화할 수 있었다.

당시 규정상 팬 투표 베스트10에 선정된 선수는 반드시 1차전에 선발 출장을 해야만 했다. 신경식이 동군 1루수로 대구구장에서 열린 1차전 선발 라인업에 이름을 올리는 것은 당연한 일이었다.

1983년 올스타전 1차전(6월 30일 대구) 라인업에 포함되는 팬 투표 베스트10은 다음과 같았다.

| 포지션 | 동군 | | 서군 | |
|---|---|---|---|---|
| | 이름 | 소속팀 | 이름 | 소속팀 |
| 투수 | 김시진 | 삼성 | 장명부 | 삼미 |
| 포수 | 이만수 | 삼성 | 김진우 | 삼미 |
| 1루수 | 신경식 | OB | 김성한 | 해태 |
| 2루수 | 정학수 | 롯데 | 김인식 | MBC |
| 3루수 | 김용희 | 롯데 | 이광은 | MBC |
| 유격수 | 오대석 | 삼성 | 김재박 | MBC |
| 외야수 | 윤동균 | OB | 김일권 | 해태 |
| | 박용성 | 롯데 | 김종모 | 해태 |
| | 장효조 | 삼성 | 이해창 | MBC |
| 지명타자 | 김우열 | OB | 김봉연 | 해태 |

그해 올스타전 출전 선수는 추천 선수를 포함해 팀당 22명씩이었고, 올스타전 출전 수당은 당시 웬만한 회사원 월급보다 많은 30만 원이나 됐다.

그런데 올스타전을 앞두고 충격적인 뉴스가 전해졌다. 올스타전 1차전을 이틀 앞둔 6월 28일, 원년 홈런왕인 해태 김봉연이 대형 교통사고를 당했다는 소식이었다. 올스타 브레이크를 맞아 해태 동료들과 여수로 가족 동반 야유회를 갔다가 돌아오는 길에 차가 가드레일을 들이받고는 논두렁으로 굴러떨어지는 아찔한 사고. 머리와 얼굴 부위까지 총 314바늘을 꿰매는 중상으로 당연히 올스타전에 참가할 수 없는 상황이었다. 그러면서 MBC 이종도가 대신 서군 지명타자로 출전하게 됐다.

여기에 서군 베스트10 투수로 뽑힌 재일교포 투수 장명부(삼미)가 어깨 부상을 이유로 올스타전에 출전하지 않겠다고 알려와 한바탕 소동이 벌어지기도 했다.

장명부는 1983년 삼미에 입단하자마자 능구렁이 같은 투구로 '너구리'라는 별명을 얻었는데 그해 30승을 거두며 누구도 깨지 못할 역대 한 시즌 최다승의 전설을 썼다. 전기리그에서만 무려 17승을 올렸다. 전반기만 놓고 보면 1982년 OB 박철순이 작성한 18승이 지금까지도 깨지지 않는 역대 최고 기록인데, 장명부는 역대 2위에 해당하는 승수를 쌓았다(1983년 해태 이상윤, 1985년 삼성 김일융에 이어 2019년 두산 조쉬 린드블럼Josh Lindblom이 15승을 기록해 역대 전반기 최다승 공동 3위에 이름을 올렸다).

KBO 측에서 장명부에게 "베스트10은 규정상 무조건 1차전 선발 투수로 등판해야 한다"고 간곡히 설득했다. 그러자 장명부는 일단 KBO의 요청을 받아들여 1차전에 선발로 나가겠다는 뜻을 전해왔다. 장명부의 올스타전 불참 소식은 작은 해프닝으로 끝나는 듯했다.

그러나 너구리는 너구리였다.


## 🎾 신경식, 1차전과 3차전 불방망이⋯⋯ 베어스 최초 올스타전 MVP!

6월 30일 대구구장에서 1차전이 열렸다. 동군 선발투수 김시진의 투구로 1983년 올스타전이 시작됐다.

서군 타자들은 1회초 시작하자마자 김시진을 몰아붙여 선취점을 뽑았다. 1사 후 '대도' 김일권이 볼넷을 고른 뒤 2사 후 4번 타자 이종도 타석 때 2루 도루에 성공해 스코어링 포지션으로 진출했다. 여기서 김봉연 대신 올스타전에 출전한 이종도가 중전 적시타를 때리면서 서군이 1-0 리드를 잡았다.

1회말 동군 공격. 약속대로 서군 선발투수로 나선 장명부는 1번 타자 박용성을 3구 만에 가볍게 우익수 플라이로 처리했다.

그런데 장명부가 갑자기 마운드를 떠나는 게 아닌가. 어깨 통증을 이유로 자진 강판한 것. 베스트10 자격으로 선발투수로 등판해 한 타자를 잡았으니 규정상 문제 될 것은 없었지만, 관계자들이나 팬들은 예고에 없던 '너구리'의 조기 강판에 다들 어리둥절할 수밖에 없었다.

결국 서군은 또 다른 재일교포 투수인 해태 사이드암 주동식을 부랴부랴 마운드에 올려 이닝을 마무리했다.

2회초 서군의 공격이 무득점으로 끝나고, 2회말 동군 공격이 펼쳐졌다.

1사 후 6번 타자 1루수로 선발 출장한 신경식이 좌타석에 들어섰다. '잠수함 투수에게는 좌타자가 유리하다'는 속설을 입증하듯, '학다리' 신경식은 주동식을 상대로 우월 솔로 홈런을 뽑아냈다. 1-1 동점.

이 홈런은 신경식을 그해 미스터 올스타로 밀어준 결정적 한 방이 됐다.

"지금도 올스타전 때 홈런을 치면 가장 강력한 MVP 후보로 떠오르잖아요. 제가 홈런을 못 치던 사람인데, 1차전 2회 첫 타석에서 홈런을 치니까 솔직히 살짝 기대되긴 하더라고요."

신경식은 1982년 4홈런, 1983년 5홈런을 기록할 정도로 대형 슬러거는 아니었다. 정교함을 바탕으로 하는 기교파 중거리 타자였다. 그런데 올스타전 첫 타석에서 홈런을 쳤으니 기분이 올라가는 것은 당연했다.

1-1로 진행되던 4회말 1사 1루. 신경식은 2번째 타석에 들어섰다. 그러나 3루수 직선타. 게다가 2루 주자까지 한꺼번에 아웃되는 불운을 맛봤다.

5회까지 점수가 좀처럼 나지 않고 팽팽한 투수전으로 전개됐다.

결국 6회초 금이 갔다. 서군이 결승점을 뽑으면서 승부가 갈린 것. 선두타자 이종도가 중월 2루타를 치고 나간 뒤 5번 타자 김성한의 중전 적시타가 이어지면서 서군이 앞서나갔다. 서군은 이 점수를 끝까지 지켜 2-1로 승리하게 됐다. 김성한은 3타석에서 2타수 2안타에 결승타까지 치면서 1차전 MVP에 올라 100만 원 상당의 스쿠터를 부상으로 받았다.

동군이 패하면서 신경식은 스포트라이트를 받지 못했지만 7회말 우전안타, 9회말 2사 1루서 좌익선상 2루타를 치며 맹활약했다. 1차전에서만 솔로 홈런을 포함해 4타수 3안타 1타점 1득점을 기록했다. 일단 2차전과 3차전 결과에 따라 MVP를 꿈꿀 수 있는 종잣돈을 마련했다.

인천에서 열릴 예정이던 2차전이 우천으로 취소됐다. 그리고 3차전이 열리는 서울로 이동했지만 역시 비가 멈추지 않았다. 경기가 하루 연기된 가운데 7월 4일 잠실구장에서 우여곡절 끝에 3차전이 시작됐다.

동군은 롯데 잠수함 투수 노상수, 서군은 1차전에서 어깨 통증을 이유로 자진 강판했던 장명부가 선발투수로 나섰다.

이번에도 선취점은 서군의 몫이었다. 2회초 1사 후 김종모가 좌중간 담장을 넘기는 솔로 홈런을 터뜨렸다. 그러자 동군은 2회말 곧바로 반격에 나섰다. 장명부를 상대로 1사 후 이만수가 2루타를 치고 나간 뒤 정학수의 볼넷, 오대석의 유격수 쪽 내야안타로 만루가 됐다. 여기서 박용성의 밀어내기 볼넷으로 1-1 동점에 성공했다.

장명부는 2회에 실점을 했지만 이후 무실점으로 막아냈다. 1차전 자진 강판에 대한 따가운 여론에 눈치가 보였는지 이날은 3회까지 던지면서 1실점으로 임무를 수행했다.

다시 팽팽한 접전. 승부의 추는 5회에 동군으로 쏠렸다. 투수가 임호균(삼미)으로 바뀐 가운데 선두타자 윤동균(OB)이 중전안타로 포문을 열었다. 1사 후 대타로 신인 한대화(OB)가 나서서 좌전안타를 쳤다.

1사 1, 3루 찬스. 이때 타석에 등장한 신경식은 초구를 가볍게 쳐서 좌익수 희생플라이로 연결하면서 3루 주자를 불러들였다. 2-1 역전. 이 점수가 결국 결승점이 됐고, 신경식은 3차전 결승타(당시 승리타점)의 주인공으로 스포트라이트를 받았다.

동군은 7회 1점, 8회 2점을 추가하면서 5-1로 승리해 1승 1패로

방송사와 인터뷰 하고 있는 신경식

1983년 올스타전을 마무리했다. OB 황태환이 3차전 2번째 투수로
나서 2와 2/3이닝 무실점으로 승리투수가 됐다.

대망의 올스타전 MVP 후보는 신경식과 김성한 2명으로 압축되
었다. 동군 1루수 신경식은 1차전 4타수 3안타 1타점을 기록하더니
3차전에서는 결승타를 때렸다. 합쳐서 7타수 3안타 2타점을 기록
했다. 반면 서군 1루수인 해태 김성한은 1차전 2타수 2안타 1볼넷,
3차전 2타수 무안타 2사사구를 기록했다. 합쳐서 5타수 2안타 3사

사구의 성적을 올렸다.

결국 기자단 투표 결과 신경식이 7-3으로 이겼다. 올스타전 팬 투표에서 '최다득표'의 영광을 안은 데 이어 기자단 투표에서 '미스터 올스타'까지 거머쥐었다.

"1차전 대구에서 홈런 치고 안타를 2개 더 쳤는데, 다음 경기에서 승리타점(요즘의 결승타)도 올려서 내심 MVP를 기대하긴 했죠. 김성한 선배랑 후보에 올라 투표를 했는데 제가 됐다고 하더라고요. MVP로 호명돼 팬들에게 인사를 하러 나가는데 김시진 선배가 갑자기 '야야, 큰절 한번 해라! 큰절 한번 해!'라고 두 번 외쳐서 얼떨결에 1루 쪽에 서 있다가 관중석에 큰절을 했던 기억이 납니다. 하하."

신경식은 다시 즐거웠던 추억을 돌이키며 말을 이어갔다.

"당시 처음으로 나이키가 올스타전 스폰서를 해서 상품이 푸짐했어요. 대우자동차 로열 프린스 승용차를 받았으니까요. 그때 저는 차가 없었지만 운전면허증도 없었어요. 또 당시엔 차가 귀했고 젊은 선수가 차를 타고 다니던 시절도 아니었잖아요. 결국 박용민 단장님이 그 차를 쓰시기로 하고, 단장님이 대신 찻값을 저한테 주셨던 기억이 납니다. 올스타전 끝나고 그날 저녁에 동군 선수 전부 회식을 했어요. 계산요? 제가 한턱을 냈죠. 프로에서 이렇다 할 타이틀도 없었는데 어쩌면 1983년 미스터 올스타가 제게는 가장 큰 훈장으로 남아 있는 셈입니다. 올드팬들 중에 아직도 그걸 기억하는 팬들도 계시더라고요."

원년 우승팀 OB는 1983년 전기리그 최하위로 떨어져 웃을 일이
그다지 많지 않았지만, 신경식이 자존심을 살렸다.

그런데 그 이후 OB 베어스 선수들은 유난히 올스타전 MVP와 인
연을 맺지 못했다. 신경식은 OB 베어스 선수로는 유일한 미스터 올
스타로 남아 있다.

그렇지만 두산 베어스로 이름이 바뀌고 21세기에 접어들어서
는 미스터 올스타를 자주 배출했다. 2001년 외국인 타자 타이론 우
즈Tyrone Woods가 그해 올스타전 MVP와 한국시리즈 MVP를 모두 석
권하는 기염을 토하면서 구단 역사상 2호 '미스터 올스타'가 됐다.
2006년에는 홍성흔, 2016년에는 민병헌이 베어스 역사상 3번째와
4번째 '미스터 올스타' 역사를 이었다.

### 베어스 역대 올스타전 MVP 수상자

| 연도 | 올스타전 MVP | 소속팀 | 성적 |
|------|------------|--------|------|
| 1983 | 신경식 | OB(동군) | 타율 0.429(7타수 3안타) 1홈런 2타점 |
| 2001 | 타이론 우즈 | 두산(동군) | 타율 1.000(4타수 4안타) 1홈런 1타점 |
| 2006 | 홍성흔 | 두산(동군) | 타율 1.000(3타수 3안타) 1홈런 2타점 |
| 2016 | 민병헌 | 두산(드림) | 타율 1.000(3타수 3안타) 2홈런 2타점 |

# BEARS
# 16

## 감독 교체 소용돌이…
## '김영덕 시대'에서 '김성근 시대'로

1983년 김성근 투수코치

OB 베어스는 1983년 시즌 홍역을 치러야 했다. 1982년 원년 우 승팀에서 1983년 전기리그 최하위(6위)로 내려앉았고, 후기리그에 서 가까스로 탈꼴찌에 성공했지만 6개 팀 중 5위에 그쳤다. 시즌 후 에 후폭풍이 몰아쳤다. 초대 사령탑 김영덕 감독이 물러나고 제2대 사령탑으로 김성근 코치가 감독으로 승격되는 전환기를 맞이했다.

16장에서는 제1기 '김영덕 시대'에서 제2기 '김성근 시대'로 바뀌 는 역사의 소용돌이 속에서 펼쳐진 장면들을 살펴본다.

## 원년 우승 후 최하위······ 1983년에 무슨 일이

원년 박철순에게 절대적으로 의존하던 OB는 1983년 허리 부상 으로 이탈한 에이스의 부재를 실감하며 어려움을 겪었다.

4월 9일과 10일 대구에서 삼성에 패하더니, 하루 쉬고 12일과 13일 대전에서 삼미에도 연패를 당해 4연패에 빠졌다. 특히 삼미는 원년에 16전 전승을 거둔 상대. 만나기만 하면 이겨온 삼미에 당한 연패의 충격파는 컸다.

삼미전 16연승의 역사가 마감된 것은 4월 12일이었다. 상대 선발 투수는 그해 30승의 괴력을 발휘한 재일교포 투수 장명부. 장명부는 이날 연장 13회까지 완투했다. OB는 13회초 대거 6점을 내주면서 5-11로 져 삼미전 첫 패를 기록하고 말았다(OB는 1983년 전기리그에서 삼미에 4승 6패로 열세에 놓였고, 후기리그에서도 4승 6패로 밀렸다. 시즌 전체로 봐도 8승 12패로 뒤졌다).

OB는 6월 5~15일 사이 6연패를 당하며 최하위로 떨어졌고, 롯데와 치른 전기리그 최종전에서는 박상열이 9회까지 1안타로 호투를 했지만 0-1로 지는 바람에 결국 전기리그 22승 28패로 롯데(22승 27패 1무)와 삼성(21승 26패 3무)에 0.5경기 차 뒤진 꼴찌로 주저앉고 말았다.

OB는 "전기리그는 잊고 다시 시작해보자"며 후기리그에 앞서 마음가짐을 새롭게 했다. 당시에는 전기리그와 후기리그 우승팀끼리 한국시리즈를 치르는 시스템이었다. 전기리그 꼴찌를 해도 후기리그 우승만 하면 한국시리즈에 진출할 수 있었다. OB로서는 부상으로 이탈한 에이스 박철순이 복귀하는 시점까지 버티다 후기리그 우승할 기회가 오면 승부를 한번 걸어볼 요량이었다.

그러나 그런 꿈과 계획은 시작부터 산산조각이 났다.

후기리그 개막전인 7월 9일 대전 해태전 3-6 패배를 시작으로 20일 대전 MBC전까지 내리 7연패. 장호연-박상열-김현홍-장호연-박상열-계형철-장호연 순으로 돌아가며 패전투수의 멍에를 썼다. 1983년 시즌 개막전에 선발 등판해 깜짝 완봉승을 거둔 장호연은 이후 패수를 쌓아나갔다. 7연패 기간에 무려 3차례나 패전투수가 됐다. 루키에게 그 정도로 의존해야 할 만큼 베어스의 마운드 사정은 좋지 않았다(장호연은 그해 6승 17패 2세이브를 기록했다).

박철순이 없는 마운드에서 기둥이 돼줘야 할 선우대영(시즌 성적 4승 6패 1세이브)과 1982년 후반기부터 연승을 거듭하다 한국시리즈 1차전 선발투수까지 맡아 우승의 밑거름이 되었던 잠수함 투수 강철원(시즌 성적 4승 2패)마저 부상으로 이탈하면서 동력을 잃었다.

여기에 선수단 내에 크고 작은 사건 사고도 끊이지 않았다. OB 구단은 원년 한국시리즈 만루홈런으로 MVP에 오른 김유동이 팀 훈련에 무단이탈하자, 7월 25일 김유동에게 무기한 출장정지라는 자체 징계를 내리기도 했다.

김영덕 감독과 김성근 코치 ⓒ두산베어스

16. 감독 교체 소용돌이… '김영덕 시대'에서 '김성근 시대'로

무엇보다 김영덕 감독과 김성근 투수코치가 선수 기용을 놓고 수시로 충돌하면서 선수단 전체가 어수선했다. 특정 선수의 배팅볼 투수 투입을 놓고 감정싸움이 격해지면서 김성근 투수코치가 경기 도중에 가방을 싸서 경기장을 나가버리는 일까지 벌어졌다.

OB는 9월 16일 대전 삼성전부터 24일 대전 삼미전까지 5연패에 빠졌다. 사실상 후기리그 꼴찌도 예약하는 분위기였다.

그나마 원년 우승팀의 자존심은 마지막에 살아났다. 특유의 뚝심을 발휘하며 8경기를 남겨둔 9월 25일부터 시즌 최다인 5연승을 달렸다. 10월 2일 롯데에 3-4로 패했지만 다시 삼성을 2경기 연파하며 시즌을 마무리했다.

만시지탄晩時之歎이지만 마지막 8경기에서 7승 1패의 늦바람을 내면서 후기리그 최하위를 모면한 것이 다행이라면 다행이었다. 1.5경기 차로 롯데를 끌어내리고 5위가 됐다.

전·후기리그를 합친 1983년 전체 성적은 44승 1무 55패. 롯데(43승 1무 56패)를 1경기 차로 밀어내고 5위를 차지하면서 가까스로 탈꼴찌에 성공했다. 시즌 막판의 선전으로 최소한의 체면은 세울 수 있었다.


## 🎾 김영덕 감독 사퇴 후 11일 만에 삼성행

원년 우승팀에서 이듬해 꼴찌나 다름없는 성적. 시즌 말미부터 호사가들 사이에 OB 감독 교체설이 돌기 시작했다. 프로야구 출범 후 불과 1년 남짓한 기간에 원년 창단 감독 6명 중 5명이 이미 지휘봉을 내려놓은 상황이었다. 김영덕 감독은 그 6명 중 마지막 생존자였지만, OB 역시 감독 교체의 칼을 뽑아 들리라고 내다본 것이었다.

그러자 OB 구단은 진화에 나섰다. 박용민 단장이 9월 26일 기자들을 모아놓고 "올 시즌 성적과 관계없이 김영덕 감독, 김성근·이광환 코치 등 현 코칭스태프를 84시즌에도 유임시킨다"고 공식 발표를 했다.

박 단장은 "팀 성적 부진은 선수들의 부상과 스카우트 부실 때문"이라고 설명하면서 항간에 나돈 코칭스태프 경질설은 근거 없는 소문이라고 일축했다. 이에 따라 9월 27일자 신문에 'OB 코칭스태프 유임 확정'이라는 기사가 일제히 게재됐다.

그런데 일이 이상하게 전개됐다. 구단에서 유임을 결정한 김영덕 감독이 시즌 후 돌연 자진사퇴의 뜻을 밝힌 것이었다.

프로야구 창단 감독으로 유일하게 자리를 지켜왔던 베어스의 김영덕(48) 감독이 14일 사임했다. 전기리그 최하위를 마크한 이후 사의를 표명해왔던 김 감독은 올해의 성적 부진과 슈퍼스타 박철순의 부상 등의 책임을 이유로 감독직을 자퇴했다. 김 감독은 그동안 구단 측으로부터 계속 팀을 맡아달라는 종용을 받아왔으나 '야구인으로서 책임을 통감하고 또 선수들에게 자극을 주어야 내년 시즌 성적이 나아질 것이다'라면서 사의를 고집해왔다. 박용민 구단 전무는 이날 김 감독의 사임을 발표하며 후임 감독으로는 현 코치인 김성근 씨를 승진 기용하기 위해 접촉 중이라고 밝혔다. 사임한 김영덕 감독은 자신의 야구를 정리한 뒤 1년간 일본에서 유학할 것으로 알려졌다.

_1983년 10월 15일자 〈동아일보〉

당시 〈경향신문〉도 김영덕 감독의 사임 소식을 전하며 "김 감독은 지난 7월초 '박철순이 완쾌되지 않는다면 나도 의리상 야구를 그만두겠다'고 착잡한 심경을 밝힌 바 있다"라고 보도했다.

그런데 자진사퇴 의사를 밝힌 지 불과 11일 후에 모두를 놀라게 하는 소식이 전해졌다. 바로 삼성이 김영덕 감독을 새 사령탑으로 영입하기로 했다고 발표했기 때문이다.

프로야구 OB 베어스의 전 감독 김영덕 씨가 팀을 떠난 지 11일 만에 삼성 라이온즈의 새 감독으로 들어앉았다. 삼성 라이온즈는 25일 '계약금 2500만 원, 연봉 2500만 원의 조건으로 김 감독과 3년 계약을 체결하기로 했다'고 밝혔다. 김 감독은 지난 14일 팀 성적 부진 등의 이유로 베어스의 감독직을 사퇴했었다.

_1983년 10월 26일자 〈동아일보〉

당시 〈매일경제〉는 "실제 계약금은 5000만 원이며, 연봉도 3500만 원 선인 것으로 알려졌다"고 보도했다. 김영덕 감독이 최고 대우를 받고 삼성으로 이적한 것이었다.

정황상 뭔가 시나리오를 의심할 수밖에 없는 상황이었다. KBO리그 전체가 술렁거렸다. 그러자 KBO와 각 구단은 감독 이적에 대한 제재안을 거론하기 시작했다. 1983년 11월 4일 열린 구단주 회의에서는 구체적 안이 논의되기까지 했다.

> 감독 문제에 대한 제재 움직임은 최근 OB 감독직을 사임한 뒤 불과
> 10여 일 만에 삼성의 유니폼을 입은 김영덕 감독의 케이스 때문에 더 구
> 체화되고 있다. 구단이 서로 유능한 감독을 끌어오기 위해 유리한 조건
> 을 미끼로 과열경쟁을 하지 말자는 것과 감독이 자신만의 이익을 위해
> 교묘하게 이적하는 행위 등이 규제돼야 한다는 얘기다.
>
> _1983년 11월 4일자 〈동아일보〉

KBO 실행위원회는 3년 계약을 한 감독이나 코치가 계약기간 안
에 자의로 사임하거나 해임됐을 경우 계약 잔여 기간에다 1년을 추
가한 기간 동안에는 다른 어떤 구단도 기용하지 않는다는 방침을
마련했다. 이 안이 실질적으로 시행되지는 않았지만 그만큼 원년 우
승 감독인 김영덕 감독의 삼성행은 야구계 전체에 큰 소용돌이를
몰고 왔다.

## 🎾 1984~1988년 5년 장기계약…… OB 제2대 감독 김성근 시대로

이 일로 인해 김영덕 감독과 김성근 코치는 그러잖아도 불편했던
사이가 극도로 틀어지고 말았다.

사실 그에 앞서 시즌 도중부터 묘한 기류가 형성됐다. 삼성 초대
사령탑 서영무 감독이 5월에 퇴진하고 재일교포 이충남 코치가 삼

OB베어스 제2대 사령탑 자리에 오른 김성근 감독

성 감독 대행으로 팀을 이끌었으나 성적 부진에 시달렸다. 그 무렵 삼성 측에서 당시 OB 김성근 코치에게 접근을 했다.

2022년 10월 기나긴 야구 인생을 마감하고 은퇴를 선언한 김성근 전 감독의 회상은 다음과 같다.

당시 삼성 측에서 5년 계약을 제안하자 김 코치는 "투수코치라면 유백만에게 맡겨보라"고 조언한 뒤 김영덕 감독에게 '이런 일이 있었다'는 사실을 보고를 했다. 그런데 나중에 알고 보니 그것은 코치 계약이 아니라 감독 계약이었다는 것을 뒤늦게 알았다는 것. 시즌 후 김영덕 감독이 OB 감독 자리에서 성적 부진에 대한 책임을 지고 사퇴한 뒤 곧바로 삼성 감독으로 가자 김성근 코치로서는 혼란스러울 수밖에 없었다. 선배에 대한 불신이 더욱 커졌다. 김영덕 감독을 찾아가 따지고 묻자 "나도 먹고살아야 할 것 아니냐"는 대답이 돌아왔다. 그러잖아도 껄끄러웠던 둘 사이에 완전히 금이 간 결정적인 계기였다.

그러나 김영덕 감독의 말은 또 다르다. 당시 상황에 대해 묻자 펄쩍 뛰며 "그럼 내가 삼성 감독 자리를 가로챘다는 말이냐"며 "삼성에서 김성근한테 관심이 있었으면 곧바로 감독 제안을 하고 영입을 했겠지, 왜 나한테 제안을 했겠느냐. 그게 말이 되느냐"고 반문했다.

과정이야 어쨌든, 결과적으로는 김영덕 감독이 OB 사령탑에서 물러나고 삼성 감독으로 이적하면서 김성근 코치가 OB 감독이 될 기회를 잡았다. OB는 김성근 코치에게 제2대 감독 자리를 맡기면서 계약기간 5년(1984~1988년)이라는 파격적인 조건을 내걸면서 사기를 진작시켰다.

박용민 전 단장은 이에 대해 오래된 기억이지만 또렷한 목소리로 설명을 이어갔다.

"당시 김영덕 감독, 김성근 코치, 이광환 코치가 있었는데 김영덕 감독 다음에는 김성근 코치가 연장자이기도 하거니와 팀을 수습하는 데 적임자라고 생각했어요. 김영덕 감독이 갑자기 그만두면서 외부 감독 영입보다는 자연스럽게 선수들을 가장 잘 아는 김성근 감독을 선택해 빨리 팀을 안정시키는 것이 낫다고 판단했죠. 김성근 감독한테 그럴 만한 능력이 있다고 봤고."

김성근 감독은 이렇게 OB 베어스 제2대 사령탑에 올랐다. 그러나 주변 평가는 냉소적이었다. OB 베어스를 향해 "누가 감독이건 꼴찌 아니면 다행"이라는 평이 주를 이뤘다. 박철순의 재기가 없는 한 현 전력으로 팀을 재건하기는 쉽지 않다고 판단한 것이었다.

그러나 김성근 감독은 베어스의 새로운 지휘봉을 잡자마자 대전 연고지 마지막 해인 1984년 초반부터 돌풍을 일으키기 시작했다.

# BEARS
# 17
## 김성근 감독 시대 개막과 OB 돌풍

OB 김성근 감독과 삼성 김영덕 감독

OB 초대 사령탑 김영덕 감독의 삼성행과 곧 이은 OB의 김성근 감독 승격. 1984년 KBO리그는 감독들의 대이동이 이슈였다.

이들 팀만이 아니었다. MBC 청룡은 전년도 한국시리즈에 진출했지만 우승에 실패한 '빨간 장갑의 마술사' 김동엽 감독과 재계약하지 않았다. 그 대신 1982년 국가대표 사령탑으로서 세계야구선수권대회 우승을 이끈 어우홍 감독을 새롭게 영입했다. 롯데는 1983년 후기리그부터 감독 대행을 맡은 강병철 코치를 정식 감독으로 승격시켜 새로운 시즌을 준비했다. 1년 전 개막전과 비교해보면 6개 구단 중 김응용 감독의 해태와 김진영 감독의 삼미를 제외하고는 4개 구단 사령탑의 얼굴이 바뀌었다.

그중에서도 16장에서 다룬 김영덕과 김성근의 관계에 주목하지 않을 수 없다. 이들의 갈등과 대립 관계는 1984년 KBO 레이스의 그림을 달라지게 만들었기 때문이다.

이번 17장에서는 김성근 감독 부임 후 첫 시즌인 1984년에 대해 이야기하고자 한다.

## ⚾ 김성근의 OB, 4월부터 놀라운 돌풍

1982년 원년 한국시리즈에서 격돌했던 OB와 삼성은 이듬해인 1983년 한국시리즈 무대에 초대받지 못한 아픔을 겪었다. 6개 구단 체제였던 1983년. 전기리그에서 삼성은 5위, OB는 6위로 뒤에서 1, 2등을 다투었다. 후기리그에서는 삼성이 2위로 도약한 데 비해 OB는 가까스로 탈꼴찌를 하면서 5위에 만족해야 했다.

그러나 1984년 양 팀의 기세는 완전히 달라졌다. 전기리그와 후기리그를 주도하며 원년에 이어 2년 만에 한국시리즈 재격돌 가능성을 높였다.

김영덕 감독을 영입한 삼성의 전력은 한층 더 탄탄해졌다. 일본 프로야구 요미우리 자이언츠 에이스 출신 재일교포 김일융을 영입하면서 김시진과 최강 원투펀치를 구축했다. 삼성은 개막 2연전에서 삼미에 연승을 거두며 휘파람을 불었다.

김성근 감독이 지휘봉을 잡은 OB는 4월 8일 잠실에서 열린 개막전에서 신인 김진욱의 역투 속에 MBC를 4-1로 꺾고 개막전에 강한 전통의 토대를 쌓아나갔다. 이튿날인 9일 MBC에 3-5로 패하면서 1승 1패로 시작했다.

그리고 맞이한 3연전. 바로 삼성과 OB의 시즌 첫 맞대결이었다. 장소는 대구. 김성근 감독이 이끈 곰 군단이 김영덕 감독이 지휘하는 사자 굴로 들어갔다.

양 팀 감독의 자존심 싸움에다 선수들의 감정도 썩 좋지는 않았다. 첫 3연전부터 충돌이 빚어지더니 1984년에만 무려 4차례나 큰

4월 8일 개막전 선발투수 김진욱

싸움이 벌어졌다. 야구계는 이를 두고 '4차 대전'이라는 표현까지 썼을 정도로 양 팀은 만나기만 하면 으르렁거리는 앙숙이 되고 말았다.

## 🎾 OB와 삼성의 1차 대전

사실 두 팀은 원년 한국시리즈를 놓고 격돌한 뒤 감정이 많이 상해 있었다. OB에 눌려 우승을 놓친 삼성은 이듬해인 1983년 국가대표 출신 김시진이 입단하자 OB전 승리에 특별 보너스를 내걸었을 정도였다. 그러고는 시즌 후 OB 감독직에서 물러난 김영덕 감독을 영입하면서 두 구단의 감정싸움은 절정으로 치달았다.

김영덕 감독이 "박철순이 다친 것에 도의적 책임을 지고 1년간 일본으로 건너가 야구 공부를 하겠다"며 지휘봉을 내려놓은 지 11일 만에 삼성 사령탑으로 가자, 세간에서는 "미리 시나리오를 짠 것이 아니냐"는 의혹의 눈길을 보냈다. 특히 박용곤 구단주가 "일본 유학을 간다면 재정적 지원을 아끼지 않겠다"고 약속까지 했던 터라 OB로서는 서운함을 넘어선 감정이 밀려들 수밖에 없었다.

이런 상황에서 4월 10일 정규시즌 첫 만남이 펼쳐졌다. OB는 여기서 8-5로 대역전승을 거뒀다. 삼성이 야심 차게 내놓은 선발투수 김일융과 포수 송일수(훗날 두산베어스 감독) 재일교포 배터리를 상대로 0-4로 뒤진 7회 김우열의 2점 홈런을 포함해 대거 6점을 뽑아내며 전세를 뒤집어버렸다.

김일융은 시즌 개막전에서 삼미를 상대로 3점 차 리드를 지키기 위해 9회에 등판했다가 동점 3점 홈런을 내주고 연장 10회초 타선 지원 덕에 쑥스럽게 승리투수가 된 바 있다. 두 번째 등판인 이날 OB전에서도 9이닝 동안 33타자를 상대하며 7안타 2볼넷 3탈삼진 8실점을 기록하면서 첫 패전의 쓴맛을 봤다.

삼성으로서는 1983년 30승을 거둔 삼미 장명부 이상의 커리어를 자랑하는 김일융을 영입하면서 희망에 부풀었던 터라 충격을 받을 수밖에 없었다. 반면 OB는 큰 자신감을 얻었다.

OB와 삼성의 1984년 4월 11일 경기

OB는 기세를 타고 이튿날인 11일에도 4-3으로 짜릿한 1점 차 승리를 거뒀다. 시즌 개막 후 3승 1패. MBC와 공동 선두로 나서며 초반 돌풍을 예고했다.

12일에 열린 3연전 마지막 경기. 결국 일이 터졌다.

OB에 갓 입단한 포수 배원영이 분위기에 휩쓸려 김영덕이 가장 싫어하는 별명(변태)을 불렀다. 김영덕은 게임이 끝난 후 OB 벤치를 찾아가 배원영의 뺨을 때렸다. OB 선수들은 '게임 전에 인사를 드려도 받지 않던 사람이 어떻게 남의 선수를 폭행할 수 있느냐'고 따지고 들었다. 이것이 첫 번째 열전이었다.

_『한국야구사』 1198쪽

OB는 이날 경기에서 2-3으로 패했고, 뜻하지 않은 감정 충돌이 빚어졌지만 첫 3연전 결과만 놓고 보면 아쉬울 게 없었다. 강력한 우승 후보로 꼽힌 삼성을 상대로 2승 1패를 거두면서 위닝시리즈로 마무리하는 소기의 성과를 얻었다.

삼성전 승리가 안겨준 자신감에 힘입어 OB는 4월에 누구도 예상하지 못한 강력한 돌풍을 일으켰다. 4월 29일에 롯데를 꺾고 9연승을 달리는 등 4월 한 달간 13승 3패의 혁혁한 전과를 올리며 단독 선두를 이어갔다. 시즌에 앞서 전문가들은 물론 OB 구단 자체적으로도 "잘해야 중위권"이라는 전망을 내놓았으나 모두를 놀라게 하는 질주를 거듭했다.

2위 삼성도 추격의 고삐를 늦추지 않았다. OB의 돌풍이 두드러졌지만 삼성 역시 4월에 11승 5패로 OB에 2경기 차로 따라붙으며 레이스에 불을 붙였다.


## 🎾 OB와 삼성의 2차 대전

양 팀은 5월 들어 OB의 홈구장인 대전에서 다시 만났다. 시즌 두 번째 3연전. 선두 다툼의 중요한 고비였다.

9연승을 달리던 OB는 5월 1일 삼성과 3연전 첫 대결에서 2-6으로 패해 연승 행진을 멈추고 말았다. 9연승은 원년에 OB가 기록했던 KBO리그 최다연승 기록으로, 결국 타이기록에 만족하며 삼성에 1경기 차로 쫓기게 됐다.

이튿날 또 일이 터졌다. 2일 경기에서 빈볼 시비로 무려 4차례나 경기가 중단되는 사태가 벌어졌다. 특히 8회말 김일융이 던진 공에 왼쪽 무릎을 맞은 조종규(전 KBO 심판위원장, 2019년 작고)가 마운드로 뛰어나가자 양 팀 벤치의 선수들이 모두 그라운드로 쏟아져 나와 난투극을 벌였다. 넘어진 삼성 김근석은 성모병원으로 옮겨져 치료를 받았고, 4명의 선수는 경기 후 대전경찰서에서 경위 조사까지 받고 나왔다.

> OB의 전 감독 김영덕 씨가 삼성에 이적하면서부터 미묘한 감정을 지닌 두 팀은 지난달 12일 대구 경기 후 김 감독이 자신에게 야유를 한 OB의 한 선수에게 손찌검을 했다가 더욱 심화된 감정대립을 보여왔다.
>
> _1984년 5월 3일자 〈동아일보〉

OB로서는 결과마저 뼈아팠다. 이날 삼성에 4-11로 대패해 시즌 13승 5패를 기록하게 됐고, 8연승을 달린 삼성에 공동 선두를 허용하고 말았다.

OB는 3연전 마지막 날인 5월 3일 신인으로 맹활약하고 있던 마무리투수 윤석환과 선발투수 김진욱을 보직을 맞바꿔 투입했다. 삼성 김영덕 감독이 사이드암 투수 김진욱에 대비해 4명의 좌타자를 포진시키자, OB 김성근 감독은 구원투수로 4월까지 9세이브를 거두며 주목받던 좌완 루키 윤석환을 선발 카드로 뽑아 든 것. 7회부터는 선발로 주목받았던 또 다른 루키 김진욱(4승 1패)을 올리면서 6-0 승리를 거뒀다. 상대의 허를 찌른 승리였다. OB는 다시 삼성에

1경기 차로 앞서며 단독 선두로 치고 나갔다.


## 🎾 OB와 삼성의 3차 대전

3차 대전이 일어나기까지 시간이 그리 오래 걸리지 않았다. 5월 14일 대구. 6회말 OB 3루수 양세종이 포수 김경문의 견제송구를 받아 3루 주자 천보성을 태그했는데 하필 글러브를 들이댄 곳이 머리였다. 어쩌면 그냥 지나칠 수도 있는 사소한 동작. 그러나 양 팀 사이에는 이미 감정의 골이 깊게 패어 있던 상황이었다. 삼성 선수들은 "무례하게 머리를 쳤다"고 받아들이면서 흥분했다.

3루심의 만류로 양 팀의 시비는 곧 진정되는 듯했으나 공수 교대 후 일이 커졌다. 7회초 공격을 위해 3루 더그아웃(당시 원정팀 더그아웃) 앞에 모여선 OB 선수들을 향해 흥분한 대구 관중들이 병과 깡통을 집어던졌다. 결국 구천서가 병에 맞아 경북대병원에 실려 갔다. 이마가 부어오르고 깨진 병의 파편에 코가 찢어졌다.

베어스 측은 몰수게임을 요구했다. 경기는 1시간 24분 동안이나 중단됐다. 보고를 받은 KBO 서종철 총재는 "OB가 경기 속행에 불응하면 OB의 몰수게임 패로 처리하고, 관중 소란이 또 일어나면 삼성의 몰수게임 패로 처리하라"고 지시하면서 경기가 가까스로 속행됐다.

전기리그 우승을 놓고 선두 다툼을 펼친 두 팀의 대결인 데다 양 팀 감독의 갈등 관계와 선수들의 감정 대립, 여기에 흥분한 팬들까지 합세해 사태는 걷잡을 수 없는 상황으로 치달았다.

그 와중에 OB는 5월 12일 김시진에게 눌리며 0-1로 패한 데 이어 이날도 김일융에게 0-2로 완봉패를 당했다. 결국 OB(17승 9패)는 삼성(18승 8패)에 27일 만에 단독 선두 자리를 내주고 말았다.

## 🎾 OB-삼성의 4차 대전

양 팀의 싸움은 여기서 끝나지 않았다. 최악의 4차 대전이 기다리고 있었다. 6월 2일 대전. 2회말 내야실책으로 나간 이홍범이 조범현의 투수 앞 희생번트 때 더블플레이를 막기 위해 2루로 돌진하면서 발로 삼성 유격수 오대석의 허벅지를 걷어찼다. 오대석이 쓰러지면서 결국 양 팀의 집단 난투극이 펼쳐졌다.

이 경기에 앞서 10경기에서 2승 8패의 부진에 빠졌던 OB는 이날 맞대결에서 4-1로 승리하며 한숨을 돌리는 듯했다. 그러나 이튿날 2-5로 패하면서 전기리그 우승이 힘들어졌다. 양 팀 모두 9경기를 남겨둔 상황에서 5경기 차로 벌어졌고, 삼성에 전기리그 우승 매직넘버 5를 만들어주고 말았다.

전기리그에 예정된 맞대결 10경기도 모두 끝난 상황. 뒤집기 찬스를 만들기에는 역부족이었다. 상대 전적도 4승 6패로 밀렸다.

결국 전기리그는 삼성이 32승 18패를 기록하면서 OB(30승 20패)에 2경기 차 우위를 점한 채 우승을 차지해 한국시리즈행 티켓을 거머쥐었다.

## ⚾ OB, 후기리그도 2위로 마감 KS행 실패

삼성은 후기리그 초반에도 선두로 치고 나갔다. 한국시리즈를 없 애고 전·후기리그 통합우승을 차지하려는 야심을 키워나갔다.

그러나 레이스가 뜻대로 풀리지는 않았다. 7월 말에 MBC와 3연 전, OB와 2연전에서 1승 4패로 밀리면서 중위권으로 떨어졌다. 후 기리그 우승 가능성이 멀어지자 삼성은 일찌감치 한국시리즈에 대 비해 힘을 비축하는 전략을 펼쳤다. 결국 후기리그 우승을 놓고 롯 데와 OB의 막바지 선두 다툼이 치열하게 전개됐다.

후기리그 종료를 2경기씩 남겨둔 9월 20일까지 롯데가 27승 1무 20패로 1위, OB가 26승 1무 21패로 2위를 달리고 있었다. 1경기 차 였다.

전기리그를 아쉽게 2위로 마감한 OB로서는 후기리그 우승을 위 해 2연승을 올리고 롯데가 1경기라도 지기를 바랄 수밖에 없었다. 동률이 되면 우승 결정전을 치러 후기리그 1위를 가리게 돼 있었다.

만약 OB가 해태에 1패를 당하면 롯데가 2연패를 해야 우승 결정 전을 치르는 상황을 만들 수 있었다. 그러나 결과적으로 OB로서는 1경기 차의 열세를 만회하지 못했다. 제주에서 2연승을 올렸지만, 롯데 역시 부산 구덕구장에서 삼성에 2승을 거뒀기 때문이다. 삼성 으로서는 여러모로 껄끄러운 OB보다는 롯데가 한국시리즈 파트너 가 되길 원했다. 삼성 야수들은 쉽게 잡을 수 있는 공도 잡지 않는 등 어설픈 연기로 사실상 2경기를 모두 내줬다.

결국 KBO는 이후 포스트시즌 제도 손질을 고민하게 된다.

## 🎾 종합승률 1위 OB의 KS 탈락, 포스트시즌 제도 변경

OB는 전기리그 2위에 이어 후기리그에서도 2위에 그치며 한국 시리즈에 오르지 못했다. 그러나 전·후기리그 종합승률로 따지면 58승 1무 41패로 가장 높은 0.586의 승률을 기록했다.

전기리그 1위와 후기리그 5위를 차지한 삼성(55승 45패)과 전기리그 4위와 후기리그 1위에 오른 롯데(50승 48패)보다 더 좋은 성적이었다.

비록 전기리그와 후기리그 우승을 하지 못해 한국시리즈행 티켓은 놓쳤지만, 시즌 전 '중위권도 어렵다'는 전력 평가를 뒤집고 누구도 예상하지 못한 선전을 펼쳤다. 특히 프로에서 처음 지휘봉을 잡은 김성근 감독의 지도력 또한 높은 평가를 받을 수밖에 없었다.

그럼에도 한 시즌 동안 가장 높은 승률을 올린 팀이 가을잔치 무대에 오를 수 없다는 점은 대표적인 제도적 모순으로 지적됐다. 이로 인해 KBO리그 출범 후 처음으로 포스트시즌 제도 변경이 이루어졌다. KBO와 6개 구단이 1985년부터 '종합승률제'라는 새로운 포스트시즌 운영 방식을 도입하기로 했다. 종합승률 1위팀이 무조건 한국시리즈에 직행하는 안을 만든 것이다.

'종합승률제'는 다음과 같았다.

전기리그와 후기리그로 나눠 치르되
① 종합승률 1위팀은 한국시리즈에 자동 진출한다.
② 종합승률 1위팀이 전·후기리그 중 한 번을 우승하고, 종합승

률 2위 팀이 다른 기의 우승을 차지했을 경우에는 그 두 팀이 한국시리즈를 거행한다.

③ 종합승률 1위팀과 전·후기리그 우승팀이 각각 다를 때는 전·후기리그 우승팀끼리 플레이오프를 치러 한국시리즈 진출팀을 가린다.

④ 한 팀이 전·후기리그를 모두 우승했을 때는 한국시리즈 없이 자동우승으로 인정한다.

만약 OB가 후기리그 우승으로 한국시리즈에 올랐다면 제도에 대한 손질은 없었을 가능성이 크다. OB의 한국시리즈 탈락은 KBO 제도 변화까지 이끌어내는 나비효과를 만들었다.

그런데 이듬해인 1985년 삼성이 전·후기리그를 모두 우승하면서 한국시리즈 없이 통합우승을 차지했다. 한국시리즈가 무산되자 KBO는 1986년부터는 무조건 한국시리즈가 개최되는 방향으로 또다시 제도 손질을 하게 된다.

# BEARS
# 18

## 선발 김진욱-중간 최일언-마무리 윤석환
## 신인 투수 트로이카의 반란

1984년 OB 베어스 신인 투수 윤석환

"뭐 저따위가 들어왔어?"

OB 김성근 감독은 혀를 찼다. 그의 눈에는 신인이라고 들어온 투수 하나가 영 내키지 않았다. 한눈에 보기에도 '베어스 마스코트'를 해도 될 법한 뚱뚱한 몸매. OB 입단 후 첫 훈련에서 '아메리칸 펑고 (외야에서 좌우로 전력질주하며 펑고 타구를 잡는 훈련)' 4개만 받아도 숨을 헐떡거리며 KO가 되곤 했다.

그러나 누구도 주목하지 않던 이 왼손투수는 시즌이 시작되자 '비밀병기'를 넘어 최고의 '효자 투수'로 거듭났다.

이기고 있는 경기, 이겨야 하는 경기, 이길 수 있는 경기……. 후반 승부처가 되면 어김없이 호출됐다. 1이닝도 좋고, 2이닝도 좋고, 3이닝도 막아내는 승리의 수호신. 우리가 1984년 추억의 문을 열고 들어갈 때, 전문 마무리투수 시대를 개척하며 신인왕에 오른 윤석환을 빼놓고 이야기할 수 없다. OB 베어스의 역사는 물론 KBO리그 역사에서도 중요한 이정표를 남긴 인물이기 때문이다.

여기에 1984년 함께 입단한 김진욱과 최일언 역시 1980년대 OB 야구를 관통하는 중요한 인물들이다. 신인 투수 트로이카는 시즌 초반부터 선발(김진욱)-중간(최일언)-마무리(윤석환)로서 팀 마운드의 지렛대 구실을 해냈고, OB는 "꼴찌 아니면 다행"이라는 전문가들의 평을 뒤집고 우승을 다투는 팀으로 반란을 일으켰다.

이번 이야기의 주인공은 1984년 신인왕 윤석환을 중심으로 OB 돌풍의 주역이 된 신인 투수 삼총사다.

김진욱-최일언-윤석환

## 🎾 선발 김진욱-마무리 윤석환, 강렬한 신인들의 데뷔전

1984년 4월 7일 잠실구장. 1983년에 이어 2년 연속 개막전에서 MBC 청룡을 만났다. 이날은 OB 수석코치에서 사령탑으로 승격한 김성근 감독의 프로 감독 데뷔전이기도 했거니와 상대팀인 MBC 어우홍 감독의 프로 데뷔전이기도 했다(어우홍 감독은 1982년 국가대표 감독을 맡아 김재박의 개구리번트와 한대화의 3점 홈런으로 세계야구선수권대회 우승을 달성한 뒤 1984년 프로 무대에 뛰어들었다).

OB 선발투수는 신인 사이드암 투수 김진욱. 전년도인 1983년 MBC와 격돌한 개막전에서 신인 장호연으로 완봉승의 재미를 본 기억이 있는 김성근 감독(1983년에는 투수코치)은 또 루키 투수를 선발로 내세웠다.

경북 영천 출신의 김진욱은 강원도 춘천중을 나왔고, 충남 천안 북일고와 부산 동아대를 거치며 특급 유망주로 평가받았다. 춘천중 시절인 1976년 문교부장관기 우승을 이끌며 최우수선수상을 받는 활약을 펼쳐 당시 스카우트 대상 1순위로 주목받았다. 그런데 고등학교 진학 시 창단팀인 천안북일고를 선택해 화제를 뿌렸다.

천안북일고 졸업반이던 1979년 봉황대기 전국고교야구대회에서 감투상을 받았고, 동아대 졸업반이던 1983년 대통령기 전국대학 야구대회서 최우수선수상을 수상했다. 대전과 충청권을 연고로 한 OB는 김진욱을 1차 지명으로 뽑았고, 김성근 감독은 스프링캠프부터 가장 관심 있게 지켜보던 김진욱을 결국 개막전 선발투수로 낙점하기에 이르렀다.

MBC 개막전 선발투수는 1983년 평균자책점(2.33) 1위를 차지한 에이스 하기룡이었다. 신인이 맞서기에는 거물 투수. 그러나 전년도 루키 장호연이 하기룡과의 맞대결에서 이긴 것처럼, 역시 길고 짧은 것은 대봐야 아는 법이었다.

MBC 타자들은 사이드암 투수로 140km대 강속구를 뿌리는 낯선 루키 김진욱을 좀처럼 공략하지 못했다. 그사이 OB가 3회와 5회에 양세종의 연이은 1타점 적시타로 2-0으로 앞서나갔다.

김진욱은 사사구 4개가 있었지만 5회를 넘어 6회 2사까지 노히 트노런 행진을 펼쳤다. 4번 타자 이광은에게 중전안타를 맞아 대기록이 깨졌지만 7회까지 2안타 무실점 역투를 펼쳐다. 1983년 장호연의 개막전 완봉의 추억이 피어오르는 순간이었다.

그러나 김진욱은 8회말 첫 실점을 하고 말았다. 1사 후 2번 타자 이해창에게 볼넷을 내준 뒤 김재박을 우익수 직선타로 잡았지만 이광은에게 내야안타를 맞고 2사 1, 2루에 몰렸다. 타석에 들어선 MBC 신인 좌타자 김상훈에게 결국 좌전 적시타를 맞아 OB는 1-2로 쫓겼다.

계속된 2사 1, 2루.

승부처였다. 사이드암 투수에 좌타자가 강하다는 이론대로, MBC 어우홍 감독은 우타자 신언호 타석에 좌타자 송영운을 대타로 투입했다.

그러자 김성근 감독도 움직였다. 김진욱을 마운드에서 내리고 회심의 카드를 꺼내 들었다.

"투수 윤석환!"

김옥경 주심이 백스톱 뒤 박기철(작고) KBO 공식기록원을 향해 우렁찬 목소리로 OB의 투수 교체를 알렸다. 절체절명의 승부처에서 선린상고-성균관대 출신의 루키가 배턴을 이어받았다.

그러자 MBC는 또 대타 작전을 썼다.

"대타 김문영!"

윤석환의 선린상고 2년 선배인 우타자 김문영이 윤석환을 공략해주기를 기대했다.

누가 봐도 루키의 데뷔전치고는 가혹한 상황. 하지만 윤석환의 진가가 곧바로 드러났다. 이날 선발포수로 나선 김경문과 사인을 교환하자마자 초구부터 스트라이크를 꽂아 넣었다.

2구째는 파울. 한번쯤 유인구를 던질 법도 했지만 3구 역시 지체 없이 스트라이크존에 집어넣었다. 3구삼진. 김경문의 공격적 리드도 큰 몫을 했지만 윤석환의 배짱을 엿볼 수 있는 대목이었다.

위기를 벗어난 OB는 9회초 2점을 뽑아 4-1로 달아났고, 윤석환은 9회말 등판해 또 거침없는 투구를 펼쳤다. 첫 타자로 만난 대타 김경표(작고)를 삼진으로 돌려세우더니 베테랑 타자 이종도와 포수 김용운(작고)을 각각 중견수 플라이로 처리하며 승리를 마무리했다.

김진욱은 7과 2/3이닝 4안타 6사사구 1실점 승리, 윤석환은 1과 1/3이닝 2탈삼진 무안타 무실점 세이브를 기록했다. 단 2명의 신인 투수로 개막전 승리를 낚았다. 루키 투수들의 강렬한 데뷔전이었다.

## 🎾 김진욱 최일언 그리고 윤석환⋯⋯ 신인 투수 삼총사

신인 시절 김진욱(위)과 윤석환(아래)

1984년 OB는 훗날 팀의 주축이 되는 선수들을 대거 영입하면서 새로운 변화를 맞이했다. 1982년 우승 후 이듬해인 1983년 신인을 단 4명밖에 뽑지 않았던 OB는 5위로 떨어지자 1984년 6개 구단 중 가장 많은 11명의 신인을 입단시켰다.

한오종(한양대), 윤석환(성균관대), 기세봉(포철) 등 투수 3명과 함께 외야수 김성호(포철)와 입단 계약을 체결했다. 이들 외에 연고지인 천안북일고 출신의 투수 김진욱(동아대)과 공주고 출신의 외야수 김광림(고려대), 국가대표 출신으로 미국으로 이민을 갔던 포수 겸 1루수 박해종 등도 계약하며 선수층을 대폭 확대했다.

여기에 재일동포 제도가 도입된 1983년에 단 한 명도 영입하지 않았던 OB는 1984년 2명을 데려왔다. 한 명은 1976년 봉황대기에서 재일동포팀 1루수로 출전해 타격 2위에 오른 홍신차였다. 일본 사회인야구팀(실업팀)에서 활약하고 있던 내야수였다. 그리고 또 한 명은 일본 시모노세키상고와 센슈대 출신의 투수 최일언이었다.

OB는 1983년 팀 평균자책점 3.52로 6개 구단 중 롯데(3.79) 다음으로 좋지 않았다. 신임 김성근 감독은 빈약한 마운드를 해결하기 위해 신인 트리오를 과감하게 마운드의 축으로 만들었다.

선발진은 김진욱과 함께 박상열, 계형철로 짜놓고, 최일언을 전천후 롱맨으로 활용했다. 이어 윤석환을 소방수로 과감하게 발탁해 철벽같은 뒷문을 만들었다. 기존의 선수들과 함께 OB 마운드는 폭과 깊이가 몰라보게 달라졌다.

공은 빨랐지만 컨트롤이 들쑥날쑥했던 원년 멤버 계형철은 제구가 잡히기 시작했다. 14승 4패에 평균자책점 2.06(2위)을 기록하며 박철순 없는 OB 마운드의 에이스로 도약했다. 입단 2년 차인 장호연은 5승 3패 1세이브에 머물렀지만 31경기에 등판해 평균자책점 1.58로 1위에 오르는 기염을 토했다.

최일언

  평균자책점 12위 안에 OB 투수만 무려 6명. 박상열은 2.57로 6위, 윤석환은 2.84로 8위, 최일언은 2.84로 9위, 김진욱은 3.05로 12위에 랭크됐다. OB 마운드는 환골탈태하며 1984년 팀 평균자책점 2.53으로 1위에 올랐다.

  특히 신인 김진욱은 시즌 초반 중요한 역할을 해냈다. 개막전 승리투수에 이어 한 달 동안 4승 1패를 기록했다. 여기에다 평균자책점 1위로 나서는 등 실질적으로 선발 마운드를 이끌며 분위기를 잡았다.

그 이후에는 승운도 따르지 않고 슬럼프에 빠지면서, 그해 6승 11패 2세이브, 평균자책점 3.05(12위)의 성적으로 시즌을 마감했다. 그렇지만 이듬해인 1985년 곧바로 10승 투수로 성장하면서 기대에 부응했다.

중간계투로 승리의 징검다리 역할을 하던 재일교포 최일언은 4월 20일 대전 삼미전에서 3회부터 구원 등판해 5이닝 무실점으로 국내 무대 첫 승을 올렸다. 첫해 37경기(선발 18경기)에 출격해 9승 6패 3세이브, 평균자책점 2.84(9위)의 호성적을 거뒀다. 최일언은 1985년부터 1987년까지 3년 연속 두 자릿수 승리를 따냈는데, 특히 1986년 19승 4패 2세이브, 평균자책점 1.58의 눈부신 성적으로 에이스로 도약했다.

여기에 개막전 세이브를 거둔 윤석환은 연일 세이브를 쌓아 올리며 프로야구에 회오리를 몰고 왔다.

## 🎾 세이브! 세이브! 세이브! 루키 소방수의 승승장구

OB에 새로운 소방수가 나타났다. 프로야구 OB의 신인 투수 윤석환이 구원투수로서 두각을 나타내고 있다. OB는 (4월) 19일 대전 경기에서 박상열 윤석환이 투수 마운드를 지키며 삼미 타선을 4안타로 막고 2대1로 승리, 6승 3패로 단독 선두에 올랐다. 7회부터 구원 등판한 윤석환은 또 하나의 세이브를 추가, 벌써 4번의 세이브를 기록했다.

_1984년 4월 20일자 〈동아일보〉

4월 23일 광주 해태전에서 윤석환은 9회에 등판해 3-2 승리를 마무리하면서 김진욱(8이닝 2실점)의 시즌 3승을 지키는 동시에 자신의 시즌 5세이브를 올렸다. 언론들이 윤석환을 조명하기 시작했다. 팬들에게도 존재감 있는 투수로 인지도가 급부상했다.

"뭐 저따위가 들어왔어?"라고 말했던 김성근 감독의 혹평은 개막 한 달 만에 "짝배기(왼손잡이) 박철순"이라는 최고 찬사로 바뀌었다.

다음은 이 이야기의 출처인 고 이종남 기자의 기사다.

84프로야구에 돌풍을 몰고 온 윤석환. 프로 입단 당시 전혀 주목을 끌지 못했던 신병 윤석환은 종반 마무리 전문으로 벌써 1승 9세이브를 거두며 OB 연승을 뒷받침한 데다가 3일 삼성전에서는 처음으로 선발 등판, 1승을 추기함으로씨 OB 베어스가 불안하나마 다시 선두에 나서게끔 하는 원동력이 됐다. 김성근 감독이 서슴없이 '짝배기 박철순'으로 치켜세우는 윤석환은 과연 어떤 투수인가. (중략)

베어스에 입단한 윤은 처음엔 정말 미련퉁이 곰 같아 김성근 감독은 "뭐 저따위가 들어왔어" 하며 노골적으로 눈살을 찌푸렸었다. 이선덕 코치가 쳐대는 아메리칸 노크(평고)를 불과 4개 받고는 KO가 되곤 했다. 그러나 지금은 500개쯤 거든히 받고 특별훈련 때는 1000개까지 걸어내는 날쌘 몸이 됐다. 이 코치의 살인적인 노크 세례를 정신력으로 견디며 넉 달 사이에 훈련만으로 무려 12kg이나 체중을 감량했다고 한다.

윤석환

현재 180㎝에 76㎏.

'비둘기 모이 주듯' 짧게 그리는 왼팔 스윙은 예나 지금이나 정통파 투수답지 않다. (중략) 윤은 2승 9세이브씩이나 쌓은 것에 수긍이 갈만한 특출한 무기를 갖고 있는 것도 아니다. 그런데도 좋은 성적을 올리고 있는 비결은 무엇일까.

"윤석환은 과거 박철순처럼 자신 있게 피칭하며 수비도 그를 믿고 뒷받침해준다. 배짱이야말로 최고의 무기다."(김성근 감독의 말)

"게임 종반 3이닝 미만을 마무리 짓기 때문에 한 게임에서 같은 타자를 한 번 이상 상대하지 않는다. 따라서 상대방이 윤석환을 충분히 파악, 대처하기 이전에 게임이 끝나므로 피칭이 살아날 수 있다."(동국대 김인식 감독의 말)

_1984년 5월 5일자 〈경향신문〉

승승장구였다. OB 돌풍의 밑바탕에는 승리의 뒷문을 잠그는 윤석환이 있었다.

그가 마운드에 서면 경기는 속전속결. 그냥 직구 위주의 피칭이었다. 그래서 포수 사인도 복잡할 게 없었다. '몸쪽' 아니면 '바깥쪽'. 윤석환은 인터벌도 없이 공격적으로 던졌다. 타자들 역시 직구만 노리고 공격적으로 맞섰지만 좀처럼 타이밍을 맞추지 못했다.

초창기 OB에서 김경문과 함께 안방을 나눠 맡았던 조범현 전 kt 감독은 윤석환의 신인 시절을 묻자 다음과 같이 기억했다(조범현과 윤석환은 1990년 12월 함께 삼성으로 현금 트레이드되는 운명을 겪었다).

"팔스윙이 짧아서 타자들이 타이밍을 맞추기 힘들어했어요. 공 끝이 지저분했죠. 공에 힘이 있었고, 배짱도 좋았고, 과감한 승부를 잘했습니다. 그냥 스트라이크존에 꽂아 넣었어요. 공이 날아 들어오는 각도가 까다로웠던 투수였죠."

# BEARS
# 19

## KBO 최초 전문 마무리투수 윤석환,
## 사상 첫 만장일치 신인왕

1984년 KBO 시상식에 참석한 윤석환

최동원이 타격 3관왕 이만수를 제치고 대망의 84년도 최우수선수 (MVP) 자리를 차지했다. 9일 야구기자단 투표 결과 최동원은 70점을 얻어 64점으로 접근한 이만수를 따돌리고 MVP에 올라 부상으로 승용차 1대를 받았다. 이날 투표는 1위표 10점, 2위표 5점, 3위표 2점을 배당하는 지난해와 같은 방식을 적용했는데 최동원은 1위표 6개, 이만수는 4개를 각각 얻어 승부가 갈렸다.

최우수신인상은 12승 8패 25세이브를 기록한 OB 베어스 구원 전문 투수 윤석환이 110점을 얻어 만장일치로 결정됐다. 한편 한국시리즈 MVP로는 7차전에서 결승 3점 홈런을 날린 유두열이 투표결과 최동원 (한국시리즈 4승)을 6-5로 누르고 영광을 안았다.

_1984년 10월 10일자 〈경향신문〉

1983년 초대 신인왕 박종훈에 이어 1984년 신인왕도 윤석환이 차지하면서 OB는 KBO 역사상 최초로 2년 연속 신인왕을 배출했다. 박종훈이 야수 최초 신인왕을 받았다면 윤석환은 투수 최초 신인왕을 받았다. 여기에 윤석환은 '사상 최초 만장일치 신인왕'이라는 역사를 썼다. 무엇보다 '최초 전문 마무리투수'로 새로운 영역을 개척했다는 점에서 윤석환은 베어스 역사를 넘어 KBO리그의 역사적 인물로 평가받을 수 있다.

이번 19장의 주인공은 1984년 신인왕 윤석환이다.

## 🏐 김성근 감독 눈 밖에 났던 신인 투수

1983년 11월이었다. 성균관대 졸업반으로 OB 베어스의 마무리 훈련에 합류한 신인 투수 윤석환은 "졸업 논문을 써야 한다"며 갑자기 학교로 돌아갔다. 수석코치에서 감독으로 승격된 뒤 첫 훈련을 지휘하고 있던 김성근 감독은 자발적(?)으로 훈련을 빠지는 신인의 당돌함에 헛웃음만 나올 뿐이었다. 18장에서 소개했듯이, 윤석환에 대한 김 감독의 첫 마디는 "뭐 저따위가 들어왔어?"였다.

다음은 윤석환의 회상이다.

"대학 시절 사범대 체육교육과를 다녔는데, 2학년 때까지는 프로야구가 없었잖아요. 졸업 후에 체육교사를 해야겠다고 생각하고 있었어요. 그런데 3학년 때 프로야구가 생기면서 진로를 놓고 고민을 했죠. 4학년 졸업반 때 OB에 입단하기로 했지만 앞날은 모르지 않습니까. 프로에 들어갔다가 1, 2년 만에 야구를 그만둘 수도 있고……. 사범대라 정교사 자격증을 따기 위해서는 졸업 논문이 필요했습니다. 어쨌든 신인이 프로 첫 훈련에 참가했다가 며칠 만에 논문 쓰러 학교에 간다고 하니 감독님도 황당했겠죠. 마무리훈련 중에 학교에 논문 쓰러 간 동기는 저밖에 없었습니다(웃음)."

뚱뚱한 몸매에 독특한 투구 폼도 김성근 감독의 성에 차지 않았다. 정통파 스타일과는 거리가 멀었다. 고 이종남 기자는 윤석환의 이런 투구 폼을 두고 '비둘기 모이 주듯 짧게 그리는 왼팔 스윙'이라고 묘사했다.

예나 지금이나 신경에 거슬리는 투구 폼은 뜯어고쳐야 직성이 풀리는(?) 김성근 감독. 가만히 있을 리 없었다. 마무리훈련에 이어 스프링캠프에서도 몇 차례 "이렇게 던져봐", "저렇게 해봐"라면서 투구 폼 수정을 요구했다. 그러나 윤석환은 시늉만 몇 번 해보다 "저는 종전 폼이 맞는 것 같습니다"라며 다시 원래의 자기 폼으로 돌아가 공을 던졌다.

포기를 한 것일까, 눈 밖에 난 것일까. 김 감독은 어느 순간부터 윤석환 투구 폼에 대해서는 크게 개입하려 들지 않았다.

게다가 윤석환의 특이한 투구 폼이 경쟁력이 있다고 판단한 김경문 포수와 조범현 포수도 투구 폼을 유지하도록 거들었다. 김 감독이 여기저기 시찰하다 윤석환을 보러 오는 순서가 되면 선배 포수들이 연기(?)를 했다.

"자, 라스트 5개!"

김성근 감독이 "몇 개 던졌는데 벌써 라스트냐?"고 물으면 "100개 던졌습니다"라고 둘러댔다. 그러면 김 감독도 투구 폼에 대해 품평하지 않고 그냥 다른 곳으로 이동하곤 했다.

사실 당시 김 감독 눈에 든 신인 투수는 따로 있었다. 김진욱과 한오종이었다.

김진욱(좌)과 한오종(우)

김진욱이야 중학교(춘천중) 시절부터 전국 스카우트들 사이에 이름을 알린 유망주. 고교(천안북일고)에서는 1979년 제9회 봉황대기 감투상을 받았고, 대학(동아대)에서는 1983년 대통령기 최우수선수상을 수상하는 등 아마추어 무대에서는 강속구 사이드암 투수로 꾸준히 주목을 받아왔다.

동대문상고와 한양대를 나온 한오종은 특별한 이력은 없었지만 빼어난 하드웨어로 김 감독의 시선을 사로잡았다. 키가 190cm에

육박하는 거구에 힘도 좋았다. 잠재력이 커 보였다. 김 감독은 한오종을 비밀병기로 만들기 위해 스프링캠프 때까지 투구 폼을 만지는 데 많은 열정을 쏟았다. 그러나 한오종은 1984년 1군 마운드에 서지 못했고, 1991년 쌍방울에서 유니폼을 벗을 때까지 통산 35경기에 등판해 4승 6패를 기록한 뒤 은퇴했다.

## ⚾ 독특한 투구 폼 그리고 직진 인생

올드팬이라면 윤석환의 독특한 투구 폼이 어렴풋이 기억날 것이다. 특별한 변화구도 없이 직구만으로 타자와 맞서 나가는 직진 인생도 그의 트레이드마크였다. 윤석환은 자신의 독특한 팔 스윙을 두고 "요즘 선수로 보면 노경은(SSG)과 좀 비슷한 것 같기도 하다"고 설명했다.

"고등학교, 대학교 때는 컨트롤과 변화구 위주 피칭이었는데 프로 들어오고 나서 이상하게 변화구가 말을 듣지 않았어요. 예전에 그렇게 잘 던졌던 커브가 백스톱에 꽂히고 그랬어요. 속으로 '변화구 안 좋아? 그럼 직구만 던지지 뭐'라고 생각했죠. 남들은 제 공이 그렇게 빠르지 않았다고 하는데, 전 달랐어요. 거짓말 좀 보태면 제 직구가 대학 시절보다 4, 5배 빨라진 것 같았어요. 컨디션 좋은 날엔 공도 타자 앞에서 정말 살아 오르는 느낌이었고, 직구로 코스만 몸쪽, 바깥쪽으로 구분해 던졌어요. 그렇게 해도 통하니까 더 자신 있

윤석환의 투구 폼

게 던졌던 것 같아요. 김경문 선배는 거의 70% 바깥쪽 직구 사인이
었죠."

왜 이런 투구 폼을 갖게 됐을까. 다음은 선린상고 감독 시절 윤석
환을 에이스로 만든 뒤 1979년 대통령배 대회 우승을 이끈 원로 야
구인 박용진 전 감독의 기억이다.

"윤석환은 원래 내야수 출신인데 선린상고 2학년 때까지는 체격이 작아 주전으로 나서지 못하고 배팅볼 투수를 했어요. 그런데 컨트롤이 기가 막힙니다. 타자들이 원하는 코스로 예쁘게 던져주니까 너도나도 배팅볼 던져달라고 하고. 그때 포지션을 놓고 윤석환에게 '뭐 하고 싶냐'고 물었더니 '투수하고 싶다'고 하더라고요. 투수로서 배워야 할 기본기 몇 가지를 가르쳐줬는데 빠르게 습득해 에이스가 됐어요. 키가 갑자기 크면서 허리가 아파 오른발 키킹도 짧았고 왼팔 스윙이 짧았는데 그게 오히려 나중에 타자들이 타이밍을 맞추기 힘든 장점이 됐죠."

　고등학교 2학년 올라갈 때만 해도 "키가 170cm만 돼도 소원이 없겠다"고 했던 윤석환은 갑자기 키가 자라기 시작하더니 3학년 때 181cm까지 컸다. 공에 힘이 붙으면서 에이스로 도약했다.

　당시 초등학교와 중학교 시절부터 천부적 재능을 발휘한 박노준과 김건우가 선린상고 1학년으로 들어와 뒤를 받쳤다. 1979년 대통령배 결승전. 선린상고는 윤학길이 이끈 부산상고를 15-1로 대파하면서 1969년 이후 10년 만에 전국대회를 제패했다. 1969년은 투수 유남호와 '쌕쌕이' 외야수 이해창이 주축이 돼 대통령배, 청룡기, 화랑대기, 황금사자기를 석권하며 선린상고 최전성기를 구가했던 해. 선린상고는 다시 고교 무대의 강자로 도약했고, 윤석환은 전국 무대에 이름을 알리기 시작했다.

## ⚾ 35세이브포인트······ 전문 마무리투수 시대 개척

프로야구 초창기에는 투수의 역할 분담이 불명확했다. 에이스가 선발과 마무리를 도맡는 팀도 많았고, 오늘 선발 등판 후 내일 불펜에서 던지는 투수 기용법이 어색하지 않던 시절이었다. 2003년까지 구원왕은 세이브포인트(구원승+세이브)로 가렸을 만큼, 마무리투수라고 해도 1이닝 세이브는 드물었다. 구원승과 세이브가 같은 평가를 받던 시대였다.

그러다 보니 초창기 투수들의 세이브 숫자는 극히 적었다. 프로야구 원년인 1982년 구원왕은 19세이브포인트(11세이브+8구원승)를 거둔 삼성 황규봉. 팀당 80경기를 치렀던 1982년에 황규봉은 무려 47경기에 등판했는데 그중 선발 등판 16경기에 8차례 완투가 곁들여져 있었다.

한 시즌 100경기로 확대된 1983년 구원왕은 OB 황태환으로, 20세이브포인트(14세이브+6구원승)를 기록했다.

그런데 1984년 윤석환이 혜성처럼 나타나 KBO리그 구원투수 역사에 혁명을 일으켰다. 김성근 감독 눈 밖에 나 있던 윤석환은 시간이 지날수록 점점 김 감독 눈에 들었다. 연습경기와 시범경기를 치르면서 구위와 배짱, 수비 능력과 견제 능력을 확인하고는 OB 뒷문을 책임지는 전문 마무리투수로 낙점하기에 이르렀다.

윤석환은 개막전 세이브를 시작으로 연일 세이브 숫자를 쌓아나갔다. 다음 날 선발로 내정된 선배 투수는 윤석환에게 "오늘 등판하지 말고 쉬라"며 은근히 압력(?)을 넣기도 했다. 자신의 승리를 마무리해달라는 뜻이었다. 박상열이 대표적인 투수였다. 유난히 윤석환과 궁합이 잘 맞았다. 박상열은 윤석환의 뒷받침 속에 그해 커리어 하이인 12승을 거뒀다.

후기리그 초반인 7월 13일 대전 해태전에서 윤석환은 마침내 시즌 15세이브를 달성했다. 팀 선배 황태환이 전년도에 작성한 기록을 넘어 KBO리그 한 시즌 최다 세이브 신기록을 작성하는 순간이었다. 언론이 대서특필했다.

"사실 그때까지만 해도 저는 세이브가 뭔지, 이게 무슨 의미가 있는 기록인지도 잘 몰랐어요. 세이브가 그렇게 재밌지도 않았고요. 매일 뒤에서 대기를 해야 하니 그냥 힘들다는 생각뿐이었죠. 같이 신인으로 들어온 김진욱은 선발로 등판해 승리도 챙기고, 한 번 던지고 나면 며칠 쉬는데 그게 그렇게 부럽더라고요. 또 하나 마무리투수가 재미없었던 게 TV 중계를 하면 항상 저는 방송에서 잘렸던 거였어요. 경기 후반 '정규방송 관계로 중계를 마칩니다'라면서 제가 등판하면 방송이 끝나는 거예요. 그래서 김성근 감독님한테 '저도 선발 시켜달라'고 떼를 쓰기도 했죠."

당시에는 스포츠 전문 TV 채널이 없었다. 지상파 방송에서 프로야구를 중계하다 보니 일정한 시간이 되면 다음 시간에 예정돼 있던 프로그램 방송을 위해 경기 후반 중계가 잘리는 게 태반이었다. 1점 차 박빙 경기의 9회말 결정적인 승부처에서 캐스터가 "정규방송 관계로 중계를 마칩니다"라는 코멘트를 하고 중계를 끝내는 일도 부지기수였다.

세이브에 별 감흥이 없었던 윤석환은 언제부터 세이브에 흥미를 느끼기 시작했을까.

"16세이브 신기록을 작성했을 때였어요. 당시 유일한 스포츠신문이던 〈일간스포츠〉 1면에 제 기사가 대문짝만하게 실렸더라고요. 16세이브, 17세이브, 20세이브……. 세이브를 할 때마다 신기록이라고 계속 대서특필되니 그때부터 세이브 재미를 느끼기 시작했던 것 같아요."

7월에 이미 KBO리그 한 시즌 최다 세이브 신기록을 달성한 윤석환은 20세이브 고지를 넘어 그해 25세이브를 기록하게 된다. 여기에 10구원승이 추가돼 35세이브포인트를 쌓았다. 비교될 투수조차 없는 단독 1위였다.

그해 구원 2위는 롯데 최동원. 24세이브포인트(18구원승+6세이브)로 11포인트나 차이가 났다. 최동원은 1984년 27승으로 다승 1위와 정규시즌 MVP를 차지했는데, 롯데 강병철 감독은 바람잡이 선발을 투입한 뒤 3회나 4회, 5회라도 승기를 잡았다 싶으면 최동원을 구원 투입해 승리를 마무리하는 작전을 많이 펼쳤다. 그 결과 18구원승이 만들어졌다. 그해 최동원은 팀의 100경기 중 51경기에 등판해 284.2이닝을 소화했다. 엄밀히 말해 세이브 전문 투수가 아니었다.

구원 3위는 1983년 20승을 올리며 해태 우승을 이끌었던 이상윤으로 1984년 14세이브포인트(6구원승+8세이브)를 기록했다. 이상윤 역시 전문 세이브 투수와는 거리가 멀었다. 이들과 비교했을 때, 윤석환은 당시 KBO리그에서 유일하면서도 독보적인 전문 소방수였던 셈이다.

그렇다고 해도 윤석환 역시 오늘날처럼 1이닝 전문 세이브 투수는 아니었다. 2이닝 세이브는 물론 3이닝 세이브도 수없이 따냈다. 윤석환은 그해 57경기(선발 4경기 포함)에 등판했는데 무려 146이닝이나 던졌다. 규정이닝(100이닝)을 훨씬 넘어서는 투구였다. KBO 최초 전문 마무리투수라는 영역을 개척했지만, 엄밀히 말하면 오늘날의 전문 클로저와는 개념이 달랐다.

1984년 윤석환은 선발 2승을 포함해 시즌 12승 8패 25세이브, 평균자책점 2.84를 기록했다. 신인 중에서는 비교 대상조차 없는 압도적 성적이었다. 1984년 신인왕은 일찌감치 정해진 것이나 마찬가지였다.


## 🥎 최초 만장일치 신인왕, 최초 투수 신인왕, OB 2년 연속 신인왕


요즘은 정규시즌 종료 직후 MVP와 신인왕과 관련해 전자투표를 실시한다. 그러고는 한국시리즈 종료 후 별도의 시상식 날짜를 정해 투표 결과를 개봉한다.

그러나 초창기에는 한국시리즈 최종전이 벌어지는 날에 정규시즌 MVP와 신인왕, 한국시리즈 MVP 투표를 한꺼번에 실시했다. 당시에는 요즘과 달리 언론사도 적었고, 투표인단인 야구기자도 몇 명

없었다. KBO가 마련한 용지에 이름을 써넣는 아날로그 방식으로 투표를 하다 보니 프로야구 취재기자들이 한국시리즈 취재차 야구장에 모였을 때 한꺼번에 투표를 했던 것이다. 투표 결과 또한 당일 한국시리즈 우승팀 시상식 직후 함께 발표했다.

잘 알려져 있다시피 1984년 한국시리즈는 7차전까지 가는 명승부였다. 10월 9일 잠실구장에서 열린 최종전에서 롯데가 삼성에 6-4로 승리하면서 시리즈 전적 4승 3패로 첫 우승을 차지했다. 정규시즌 때 27승을 거둔 롯데 최동원은 한국시리즈에서 홀로 4승을 올리는 괴력을 발휘했다. 그날 3-4로 뒤진 8회초 롯데 유두열의 극적인 3점 홈런이 터지면서 스코어가 6-4로 뒤집히자 잠실구장 기자실은 난리가 났다. 삼성 우승 쪽으로 기사를 쓰다가 완전히 다른 방향으로 기사를 다시 작성해야 하는 상황. 그런데 원고를 마감해야 할 시간에 부리나케 MVP와 신인왕 투표까지 진행되자 전쟁터를 방불케 했다.

한국시리즈가 롯데 우승으로 마무리되면서 한국시리즈 MVP는 역전 홈런을 친 유두열에게 돌아갔고, 정규시즌 MVP는 최동원이 차지했다. 요즘 관점에서 보면 한국시리즈 4승이라는 불멸의 기록을 쓴 최동원이 한국시리즈 MVP까지 차지하는 것이 옳은 듯하지만, 앞서 설명했듯이 기자실에서 정신없는 상황에서 투표를 하다 보니 일종의 갈라먹기 투표가 된 것이었다. "유두열의 역전 홈런이 없었으면 롯데 우승이나 최동원 4승도 없다"는 목소리에 한국시리즈 MVP는 유두열에게 돌아간 것이었다.

오히려 신인왕 투표는 별 이슈거리가 되지 않았다. 대적할 상대가 없었기 때문이다. 이번 장 첫머리에서 인용한 〈경향신문〉 기사에 나오듯이, 윤석환은 신인왕 투표에서 'KBO리그 최초 만장일치 신인왕'이 됐다. 당시에는 점수제로 신인왕과 MVP를 가렸는데 윤석환은 1위표 11표를 모두 휩쓸었다. 110점 만점에 110점을 얻었다. 2위는 MBC 김상훈(12점), 3위는 롯데 조성옥(5점)으로 큰 격차가 났다.

지금까지 KBO 역사상 만장일치 신인왕은 1984년 윤석환과 1996년 박재홍 단 2명뿐이다(1996년부터는 점수제가 아닌 득표제를 시행했는데, 박재홍은 1996년 유효표 65표를 싹쓸이해 역대 2번째 만장일치 신인왕이 됐다).

생애 단 한 번밖에 없는 신인왕 기회에, 그것도 만장일치로 선정된 기분은 어땠을까.

의외의 대답이 돌아왔다. 윤석환은 오히려 "무덤덤했다"며 웃었다. 그의 말을 들어보니 고개가 끄덕여진다.

"상황이 좀 그랬어요. 삼성이 한국시리즈 5차전에서 이겨 3승 2패로 앞서니까 6차전 때 우승이 결정될 수도 있어서 잠실구장으로 오라고 하더라고요. 어차피 시상식은 경기가 끝나고 하니까 느긋하게 집을 나섰어요. 경기 중간쯤에 잠실구장 중앙출입구에 도착했는데 철문이 닫혀 있더라고요. 난감했죠. 거기서 관리인한테 '저, 야구선수 윤석환인데요. 문 좀 열어주세요'라고 말해도 문을 안 열어주는 거예요. 당시엔 잠실구장이 OB 홈구장도 아니었고 신인 투수가 정장을 입고 갔으니 제가 야구선수인 줄 못 알아본 거죠. 우여곡절 끝에 나중에 겨우겨우 들어갈 수 있었어요."

그는 무용담을 늘어놓듯 에피소드 보따리를 풀어가며 웃음을 터뜨렸다.

"삼성이 6차전에서 이겨서 우승팀이 결정됐다면 그날 시상식이 열렸을 텐데, 롯데가 6차전을 잡으면서 그냥 아무 일 없이 집으로 돌아갈 수밖에 없었어요. 7차전에 또 오라고 하더라고요. 그래서 양복 입고 또 잠실구장으로 갔죠. 7차전에서 롯데가 8회에 유두열 선배 홈런으로 극적인 역전 우승을 하면서 난리가 났고, 저는 뭐 완전히 찬밥 신세가 됐죠. 모든 스포트라이트가 정규시즌 MVP 최동원 선배, 한국시리즈 MVP 유두열 선배에게 맞춰졌어요. 저한테 '인터뷰하자'는 기자님 한 분 없더라고요. 그냥 트로피 들고 기념사진 한 장만 찍고 잠실구장에서 나왔죠. 다음 날 신문을 봐도 제 기사는 하나도 없고, 남은 건 그 기념사진 하나뿐이에요."

박빙의 승부를 펼친 경쟁자가 있었다면 어쩌면 수상의 기쁨이 더 컸을지 모른다. 언론도 흥미롭게 경쟁 관계를 지켜보며 1984년 신인왕을 크게 다뤘을지 모른다. 그러나 안 봐도 뻔한 신인왕 싸움에 오히려 찬밥 신세가 됐던 것이다.

"당시 승용차도 귀하던 시절이었잖아요. 신인이 차가 어딨습니까. 버스를 탔죠. 트로피 하나 가슴에 품고 버스 타고 둔촌동 집까지 가는데 쓸쓸하더라고요. 요즘은 따로 MVP, 신인왕 시상식을 하니까 좋잖아요. 그땐 완전히 한국시리즈에 묻혔어요. 경쟁자도 없는 만장일치 신인왕이었지만, 오히려 그래서 저도 긴장감도 없었고 무덤덤했던 것 같아요. 역설적으로 슬픈 신인왕이었죠. 지금 다시 생각하니 웃기네요. 하하."

그러나 그의 신인왕 등극은 역사적으로 결코 가볍지 않다. 우선 프로야구 초창기 최초의 역사를 써나가던 OB는 윤석환 신인왕 배출로 또다시 최초의 기록을 만들어냈다. 1983년 외야수 박종훈을 KBO리그 최초 신인왕으로 내놓은 데 이어 최초로 2년 연속 신인왕을 배출한 구단이 됐다. 아울러 윤석환은 KBO 역사에 투수 최초, 구원투수 최초, 좌완 최초 신인왕에 오르는 이정표를 남겼다.

## ⚾ 강렬했지만 짧게 빛났던 불꽃, 윤석환을 기억하는 이유

윤석환은 그해 11월, 태릉선수촌에서 실시한 체력 테스트를 하다 허리를 다치면서 선수 생활 내내 어려움을 겪었다. 왕복 달리기를 할 때 좌우 바닥에 놓인 나무를 집어 들고 턴을 해야 하는데, 나무를 드는 순간 허리를 삐끗한 것. 태릉선수촌이면 과학적 훈련과 테스트 기법이 발달해 구단 차원에서 추진한 일이었지만, 체력이 고갈된 시즌 후에 실시한 체력 테스트는 오히려 독이 됐던 셈이다. 결국 시즌 후 체력 테스트는 윤석환의 부상 이후 OB 구단에서 사라졌다.

윤석환은 그래도 부상 후유증을 털고 이듬해인 1985년에도 맹활약했다. 41경기(110과 1/3이닝)에 등판해 5승 1패 6세이브, 평균자책점 3.34를 기록했다. 전년보다 떨어진 성적표였지만 규정이닝(110이닝)을 채웠다. 여기에 승률 0.833으로 승률왕에 올랐다.

**'재기상'을 받은 윤석환**

이로 인해 KBO 시상 제도에도 변화가 생겼다. 5승 1패의 윤석환과 25승 5패의 삼성 김시진이 공동 승률왕에 오르자, 이듬해부터 승률왕 요건을 바꾼 것. '규정이닝' 외에 '10승 이상'이라는 조건이 붙게 됐다. 자칫 규정이닝을 채운 투수가 1승 무패나 2승 무패를 기록하더라도 100% 승률로 승률왕에 오를 수 있기 때문에, 승률왕 규정에 손질을 가했다(1999년부터는 승률왕 조건이 또 한 번 개정됐는데 '규정이닝'

을 제외하면서 '10승 이상'의 조건만 충족하는 쪽으로 바뀌어 현재에 이르고 있다).

윤석환은 1986년과 1987년 여기저기 크고 작은 부상을 입은 탓에 부진에 빠졌다. 그러고는 김성근 감독의 OB 사령탑 마지막 시즌인 1988년 불꽃처럼 재기에 성공하는 듯했다. 40경기에 등판해 13승 3패 14세이브, 평균자책점 2.08의 빼어난 성적을 올렸다.

1984년 이후 4년 만에 구원왕(27세이브포인트)으로 복귀했고, 규정이닝(108이닝)을 채우면서 구원승으로만 13승을 거둬 단독 승률왕(0.813)에 올라 2관왕을 차지했다. 평균자책점(2.08)은 해태 선동열(1.21)에 이어 2위에 랭크됐다. 잊혀가던 이름의 화려한 부활이었다.

그러나 윤석환은 이후 어깨 통증과 고질적으로 찾아오는 담 증세로 고전했다. 다시 영광의 시간은 오지 않았다. 1990년 12월 조범현과 함께 삼성으로 현금 트레이드된 뒤 1991시즌을 끝으로 선수 유니폼을 벗었다. 프로 통산 8시즌 동안 235경기에 등판해 43승 27패, 50세이브, 평균자책점 3.44의 성적표를 남겼다.

강렬했던 불꽃. 그러나 너무 빨리 진 꽃. KBO 최초 전문 마무리 투수였던 윤석환은 우리의 기억에 그렇게 남아 있다.

"여기저기 아프다 보니 열심히 하면 고장이 났어요. 그렇지만 죽도록 해봤으니 후회는 없어요. 프로야구가 없어지지 않는 한 1984년 신인왕 이름은 남아 있을 거잖아요. 또 그렇기 때문에 재조명을 받으면서 이렇게 인터뷰를 하는 거고요. 지금 생각해보니 '제가 어릴 때 대단한 걸 했구나' 싶기도 하네요."

윤석환 이후 KBO리그 마무리투수 신인왕 계보를 보면 1991년 쌍방울 조규제, 2002년 현대 조용준, 2005년 삼성 오승환, 2009년 두산 이용찬으로 이어지고 있다.

# BEARS
# 20

## "굿바이 대전"…
## 3년 전 약속과 이별의 대전 블루스

1982년 한국시리즈 우승 후 대전에서 열린 퍼레이드

1985년 프로야구에는 굵직굵직한 이슈가 터져 나왔다.

▲고려대를 졸업한 아마추어 최대어 선동열은 해태와 입단 협상 줄다리기를 하다 실업팀 한국화장품에 입단하는 파동을 일으킨 가운데 후반기에 가서야 비로소 프로 무대에 데뷔했다.

▲삼미 슈퍼스타즈는 전기리그가 끝날 무렵 청보에 매각됐다. 그러면서 '핀토스'라는 이름으로 후기리그부터 출발한 청보는 야구해설가 허구연(현 KBO 총재)을 감독으로 깜짝 선임해 모두를 놀라게 했다.

▲해태 루키 이순철은 20경기 연속 안타로 KBO리그 기록을 갈아치우면서 OB 베어스가 2년 연속 독식하던 신인왕 계보에 타 팀 선수로는 처음 이름을 올렸다.

▲삼성은 전·후기리그 통합우승을 차지하면서 한국시리즈 자체를 없애버렸다.

그리고 프로야구 역사상 또 하나의 큰 변화가 있었다. 바로 OB 베어스가 3년간의 대전 생활을 마감하고 마침내 서울에 입성한 것. 이는 베어스 역사뿐만 아니라 KBO리그 역사에서 새로운 이정표가 됐다. 서울 한 도시에 MBC 청룡과 OB 베어스 2개 팀이 경쟁하는 새로운 시대가 열렸다.

이번 이야기는 베어스가 1984년을 끝으로 대전을 떠나 1985년부터 프랜차이즈를 서울로 바꾸게 된 과정이다.

## 🥎 3년 전의 약속

OB 베어스가 원년에 왜 아무런 연고도 없는 대전으로 내려가야만 했고 3년 후 서울에 입성하기로 했는지는 1장에서 자세히 설명한 바 있다.

다시 한 번 간략하게 요약하자면, 두산그룹은 원년 멤버로 충청권을 기반으로 출발했지만 사실 대전이나 충청도와는 아무런 연고도 없었다. 두산그룹의 모태인 박승직상점이 서울 종로4가에서 시작했다는 점에서 두산은 프로야구 창설 당시 서울 연고를 요구했지만, 정부 차원에서 프로야구 붐을 일으키기 위해 MBC를 서울 연고 팀으로 낙점한 상황이라 두산의 주장은 받아들여지지 않았다.

그러면서 프랜차이즈가 하나둘씩 정해지기 시작했다. 1970년대에 이미 롯데 자이언츠라는 이름으로 실업야구단을 창단해 운영하고 있던 롯데그룹은 신격호 회장의 고향(울산)이 있는 부산·경남 지역을 연고로 해서 프로야구단으로 전환하는 데 동의했다. 삼성그룹은 창업주 이병철 회장이 삼성상회를 시작한 대구·경북을 맡기로 했다. 광주와 호남 지역은 삼양사가 프로야구단 창단에 난색을 표하는 등 어지러운 상황 속에 결국 해태가 책임지기로 했다.

그러는 사이 다른 지역 창단 작업이 난관에 봉착했다. 충청권 후보였던 한화그룹은 창업주인 김종희 회장이 1981년 갑자기 세상을 떠나면서 프로야구에 신경을 쓸 상황이 아니었다. 인천과 경기도·강원도 광역 연고권에는 현대그룹이 유력 후보로 꼽혔지만, 정주영 회장이 88서울올림픽 유치위원장을 맡으면서 "올림픽의 성공적 개최에 전념하겠다"며 프로야구단 창단을 포기했다.

프로야구 준비 소식을 뒤늦게 접한 두산그룹은 적극적으로 창단 의사를 밝혔고, 프로야구를 설계하고 있던 이용일 씨는 대전의 적임자가 없다는 이유로 충청권을 맡아달라고 부탁했다. 두산은 인천이 공석이 되자 "대전보다는 차라리 인천으로 가겠다"고 주장했지만 이 역시 받아들여지지 않았다.

결국 이용일 씨가 두산 측에 "두산이 대전을 맡지 않으면 대전에 또다시 새로운 기업을 구해야 하는 어려움이 따른다"며 두 가지 약속을 했다. 첫째 3년 후 서울로 연고지를 이전해주고, 둘째 서울의 선수 자원을 MBC와 2대1로 배분하게 해준다(당시 충청권 지역 팜은 열악해 선수가 부족했다)는 중재안을 내놓았다.

여기에 서슬 퍼렇던 군사정권 시절 청와대 이학봉 민정수석이 두산 측에 강온 양면 작전을 썼다. "일단 프로야구를 조직해야 할 것 아니냐. 3년 뒤에는 서울로 올라올 수 있도록 내가 책임지고 해줄 테니 대전으로 가라"고 지시한 것. 결국 두산은 아무 연고도 없는 대전으로 내려가 OB 베어스를 창단하면서 원년 멤버가 됐던 것이었다.

인천에서는 우여곡절 끝에 삼미 슈퍼스타즈가 창단돼 프로야구는 비로소 6개 구단으로 시작할 수 있었다.

그러나 두산은 구두상의 약속만 믿을 수 없었다. 결국 '3년 후 서울 이전'이라는 내용의 문서에 다른 5개 구단 구단주들의 사인과 법률사무소 공증까지 받은 뒤 대전에 둥지를 틀었던 것이다.

## 🎾 떠나는 대전······ 제7구단 빙그레 이글스 창단

OB가 1984시즌을 끝으로 대전을 떠나 서울로 프랜차이즈를 옮김에 따라 공백 상태에 놓이게 되는 호서 지역에 새로운 연고팀을 물색하는 작업이 1984년 초부터 뜨거운 관심을 모았다. 대전 지방에서는 구단 창설의 당위성이 선거전의 쟁점으로까지 비화, 정부 측에 야구단 창설을 건의하기 위한 가두 서명운동을 벌이기도 했다.

_『한국야구사』 1214쪽

OB가 대전을 떠나기로 한 것은 이미 3년 전 약속된 일이었지만,

1984년이 되자 내내 화두에 올랐다. 원년 우승팀이라는 상징성이 있는 OB가 대전을 떠나는 일은 야구계뿐만 아니라 정치권에서도 뜨거운 관심사였다. 뒤집어놓고 보면 그만큼 프로야구는 짧은 시간 안에 국민의 삶 속에 파고들면서 최고 인기 스포츠로 완전히 정착했다는 의미였다.

당시 대전은 직할시(현재 광역시)가 아닌 충청남도 내에 있는 도청 소재지였다. 충남도지사는 연일 들끓어 오르는 지역민들의 프로야구단 창단 요구를 외면할 수 없었다. 결국 체육부에 "제7구단을 조속히 창설해달라"고 건의를 했고, 체육부는 10월 29일 KBO에 이 문제에 대해 회신을 요구하기에 이르렀다.

대전을 연고로 하는 제7구단 창단 우선권을 쥔 기업은 한국화약. 사실 한국화약그룹 창업주인 김종희 회장이 1981년 갑자기 세상을 떠나지 않았다면 한화가 먼저 충청권을 연고로 원년 멤버로 프로야구에 뛰어들었을 가능성이 컸다.

김종희 회장은 천안북일고 야구부를 창설하는 등 야구에 대한 애정이 남달랐던 인물이었다. 미국 유학 도중 부랴부랴 귀국해 29세에 한화그룹 회장직을 이어받은 김승연은 프로야구 출범 당시에는 경황이 없었지만 선친의 뜻을 잘 이해하고 있었다. 그 역시 야구에 심취해 있었기 때문에 프로야구단 창단은 시간문제였다.

실제로 한화그룹은 프로야구 출범을 함께하지 못한 점을 애석해하면서 1983년에 이미 창단 신청서를 KBO에 제출해둔 상태였다. OB가 대전을 떠나면 언제든 그 자리에 들어가겠다는 계획을 일찌감치 세워놓고 있었다.

그러나 기존 5개 구단이 제시한 가입금 30억 원이 문제였다. 당시 30억 원은 기존 6개 구단이 3년에 걸쳐 입은 적자만큼 신생 구단도 출혈을 감수해야 한다는 의미였는데, 그동안 KBO리그가 거둔 홍보 효과를 대략 환산한 금액이었다.

한화그룹은 "팀의 모양새를 갖추는 데 120억 원을 들여야 하는 판국에 별도의 가입금 30억 원을 내라는 것은 횡포"라며 KBO와 다른 6개 구단에 "가입비 30억 원을 재고해달라"고 요청했다.

그러나 한국야쿠르트와 동아건설 등이 제7구단 창단 라이벌 기업으로 등장하면서 분위기가 달라졌다. 한화그룹은 결국 30억 원을 현금으로 내는 대신 서울 강남구 양재대로에 있는 현 KBO 건물 '야구회관'을 건립해 기증하는 조건으로 제7구단 빙그레 이글스를 창단했다. 1985년에 곧바로 1군 리그에 뛰어들기에는 시일이 촉박한 데다 선수 수급에도 무리가 있었기 때문에 1986시즌부터 1군 페넌트레이스에 참가하기로 했다.

## ⚾ 대전 프랜차이즈 고별전

1984년 9월 16일. OB 베어스가 대전 연고팀 자격으로 대전구장에서 마지막 경기를 한 날이다. 일요일 낮경기로 치러진 홈 고별전. 상대는 롯데 자이언츠였다. 후기리그 우승을 놓고 막바지 치열한 순위 싸움을 하는 상대여서 모든 이들의 관심이 대전에 집중됐다.

이날 경기 전까지 롯데는 24승 1무 19패로 후기리그 1위에 올라 있었고, OB는 24승 1무 20패를 기록해 0.5경기 차로 맹추격 중이었다. OB가 롯데에 승리를 거둔다면 후기리그 4경기를 남겨둔 시점에서 1위로 치고 올라갈 수 있는 승부의 분수령이었다.

그러나 OB는 구단 역사의 갈피 속에 추억으로 남을 대전 고별전에서 롯데에 1-5로 패하고 말았다.

대전 고별전 선발투수로 나선 계형철

OB 김성근 감독은 그해 에이스로 성장한 계형철(시즌 14승 4패, 평균자책점 2.06)을 선발투수로 낙점하며 순위 뒤집기를 시도했다.

하지만 세상일이 마음대로 되는 건 아니었다. 시작하자마자 계산이 어긋났다. 1회초 1사 1루에서 롯데 3번 타자인 재일교포 강타자 홍문종에게 우월 2점 홈런을 헌납한 것. 3회초에도 1사 2루서 홍문종에게 중전 적시타를 맞았다. 이어 홍문종의 2루 도루 시도 때 포수 송구 실책이 겹치며 1사 3루. 여기서 4번 타자 김용철에게 중전 적시타를 허용하면서 0-4로 끌려갔다. 투수는 신인 최일언으로 교체됐다.

OB는 3회말 반격에 나섰다. 롯데 선발투수 배경환을 상대로 선두타자 조범현과 이홍범의 연속 안타로 무사 1, 2루 황금 기회를 잡았다. 그러자 롯데는 배경환을 내리고 좌완 안창완을 투입했다. 1번 타자 윤동균의 유격수 플라이로 1사 1, 2루. 이어 김광수의 타구는 롯데 3루수 김용희 앞으로 갔고, 더블플레이를 시도하는 사이 2루수 박영태의 1루 악송구가 나오면서 OB는 1점을 만회했다.

롯데 강병철 감독은 그해 투수 운용 패턴대로 리드를 잡자 철완 최동원을 4회말부터 구원 투입했다. 최동원은 1984년 페넌트레이스에서 27승을 올리고, 한국시리즈에서도 4승을 거두는 괴력을 발휘했는데, 정규시즌 27승 중 18승이 구원승이었다. 오늘날로 치면 오프너를 먼저 투입했다가 승기를 잡으면 경기 초반이라도 최동원 카드를 꺼내 경기를 마무리하는 전법을 썼다. 그만큼 이날 경기는 OB와 롯데에게 한국시리즈 직행 티켓의 향방이 걸린 중요한 승부였다.

OB는 5회초 2사 3루서 김용철에게 좌전 적시타를 맞으면서

1-5로 뒤졌고, 9회까지 6이닝을 책임진 최동원을 상대로 3안타만 뽑아낸 채 무득점에 그쳐 패배를 받아들이고 말았다.

8회초 2사 3루에서 등판한 황태환이 9회초까지 1과 1/3이닝 무실점으로 막으며 대전 마지막 경기 마지막 투수가 됐다. 그리고 9회 말 4번 타자 양세종(좌익수 플라이), 5번 타자 박종훈(투수 땅볼), 6번 타자 이근식(좌익수 플라이)의 타격으로 대전 고별전 마지막 기록을 남겼다.

이날 패배는 뼈아팠다. 롯데는 남은 5경기 중 4경기를 홈 구장인 부산 구덕구장에서 치르고, OB는 홈경기 없이 남은 4경기를 대구, 부산에 이어 제주(해태 2연전)까지 가서 원정으로 소화해야 하는 불리한 처지에 놓이게 됐다. 동률이 되면 후기리그 우승 결정전을 치르게 되지만, 1.5경기 차로 뒤지게 된 OB로서는 쉽지 않은 시나리오였다.

실제로 OB는 남은 4경기를 모두 이기면서 후기리그 28승 1무 21패를 기록하긴 했다. 그러나 롯데가 29승 1무 20패를 기록하면서 한국시리즈 진출권은 롯데에 돌아갔다.

전기리그에서 삼성에 2경기 차로 밀려 2위에 그친 OB는 후기리그에서도 롯데에 1경기 차로 2위로 밀려나며 결국 한국시리즈에 오르는 데 실패했다. 그해 전기리그와 후기리그를 합친 종합 성적에서 가장 높은 승률(0.586, 58승 1무 41패)을 올리고도 전·후기 우승팀에게만 주어지는 한국시리즈 진출 티켓을 놓치고 말았다.

## ⚾ "잘 가세요!" "잘 있어요!"…… 눈물의 대전 블루스

이미 헤어질 것을 알고 만났던 사이였다. 떠나는 이(OB 구단)나 떠나보내는 이(대전 팬)나 예정된 이별을 무덤덤하게 받아들일 줄 알았다.

1985년부터 서울로 입성하기에 선수들은 대개 원년부터 서울에 집을 구해놓고 대전 경기를 원정경기처럼 치러왔다. 대전에 경기가 있을 때는 구단이 제공한 호텔 생활을 했다. 서울에 가족을 두고 있는 '기러기 아빠'들은 1984시즌이 되자 마치 제대를 앞둔 군인들처럼 하루하루 날짜가 지날 때마다 손꼽아 서울로 올라갈 날을 기다렸다.

그러나 이별이 어찌 생각처럼 가벼울 수만 있을까. 막상 그 시간이 다가오자 다들 만감이 교차했다. 3년이라는 세월의 두께만큼이나, 선수들도 팬들도 알게 모르게 정이 들 대로 들었던 것이었다.

1982년 프로야구 원년 개막식에서 선수 대표로 선서를 했던 윤동균은 1984년 대전 홈 고별전에 대해 "워낙 오래된 일이라 기억이 잘 나지는 않지만, 경기를 마치고 대전 팬들 앞에서 모두 도열해 인사를 했던 게 기억난다"면서 "관중석 팬들 중에는 '배신자'라며 욕을 하신 팬도 있었지만 따뜻하게 박수를 쳐주신 팬도 많았다"고 회상했다.

OB 베어스 창단 때 매니저를 맡았고, 이후 구단 직원으로 베어스 역사를 꿰고 있는 구경백 일구회 사무총장은 당시의 기억을 생생하게 그려냈다.

"원년부터 사실 대전 여론은 썩 좋지 않았어요. 언젠가는 떠날 팀이 대전에 왔다고 본 거죠. OB가 1982년 원년 우승을 하면서 대전 팬들에게 사랑을 많이 받기도 했지만, 충청도 사투리로 '내후년이면 서울 간다'라며 크게 정을 두지 않으려는 팬도 많았어요."

OB는 1982년 경기당 평균 관중 4096명을 기록했다. 그러나 1983년 3691명, 1984년 2748명으로 홈경기 관중 수가 급감했다. 이별의 시간이 가까워질수록 정을 떼려는 팬이 늘어났다는 의미다.

가까스로 탈꼴찌를 한 1983년에는 성적 부진이 겹쳤다고는 해도 김성근 코치를 감독으로 승격시킨 1984년에는 윤석환, 김진욱, 최일언 신인 트리오가 기대 이상으로 활약하면서 호성적을 올렸다. 마지막까지 한국시리즈 진출권을 놓고 다퉜다. 그러나 대전 관중 수는 정반대의 그래프를 그렸다. 평균 관중 2748명은 6개 구단 중 최소. 부산의 롯데(8581명)와 서울의 MBC(8137명)와는 격차가 매우 컸고, 인천의 삼미(3299명)보다 적었다.

그래도 미운 정 고운 정이 든 걸까. 대전 고별전만큼은 다른 풍경이 펼쳐졌다. OB가 후기리그 역전 우승을 하면 한국시리즈라는 무대가 남아 있지만, 그렇지 않으면 이날이 마지막 홈경기. 그래서 OB 선수단과 팬들은 조촐한 이별식을 진행했다.

구경백 일구회 사무총장은 다시 말을 이어갔다.

"마지막 홈경기 후에 선수들이 도열해서 인사를 하는데 팬들이 인사를 하는 선수단을 향해 박수를 쳐주셨어요. 누군가가 'OB'를 외치자 모두들 'OB! OB! OB!'를 연호하더라고요. 눈물을 흘리는 팬도 많았고요. 처음엔 선수단만 인사를 했지만, 결국 당시 박용민 단장님을 비롯해 모든 직원까지 그라운드에 나가 인사를 했습니다. 팬들은 '잘 가라', '너희 잊지 않는다'며 응원을 해주셨어요."

OB 베어스 초대 단장으로 구단의 기틀을 잡은 박용민 전 사장 역시 아련한 추억을 끄집어냈다.

"대전을 연고로 창단했을 땐 두산그룹의 의사와는 상관없이 떠밀려 간 기분이 드는 게 사실이었어요. 저 역시도 대전과 아무런 연고도 없었고요. 그런데 3년이라는 세월 동안 팬들과 정이 많이 들었던 것 같아요. 초창기 대전구장은 외야석이 풀밭 언덕이었죠. 플라타너스 그늘 밑에서 술 한잔하거나 고기 구워 드시는 팬도 많았고요. 저도 당시엔 팬들 목소리도 듣고 싶기도 해서 가능한 한 외야에서 야구를 봤어요. 항상 그곳에서 야구를 보시는 골수팬도 많았는데, 제가 지나가면 꼭 술을 한 잔씩 권해 거기서 취하고 그랬죠. 그런데 대전 홈 고별전을 하고 그라운드에서 인사를 하는데, 술 한 잔씩 권하던 낯익은 분들이 그물 뒤 관중석에서 '잘 가라'고 응원을 하는데 가슴이 뭉클하더라고요. 막상 헤어진다고 하니 많이 섭섭했습니다."

OB 베어스는 1982년부터 1984년까지 대전 프랜차이즈 팀으로 총 280경기를 소화했다. 158번의 승리와 120번의 패배, 2번의 무승부(승률 0.568)를 기록했다. 원년 우승팀이라는 자부심과 함께

소매에 '충청' 패치가 붙어 있는 1984년 유니폼

1982년 MVP(박철순) 배출, 1983~1984년 2년 연속 신인왕(1983년 박종훈, 1984년 윤석환) 배출 등의 추억을 남긴 채 OB 베어스는 대전을 떠났다.

### 1982~1984년 OB 베어스 대전 프랜차이즈 시절 성적

| 연도 | 경기 | 승 | 패 | 무 | 승률 | 최종 순위 | 감독 | 특기사항 |
|---|---|---|---|---|---|---|---|---|
| 1982 | 80 | 56 | 24 | 0 | 0.700 | 1위 | 김영덕 | 초대 우승, MVP 박철순 |
| 1983 | 100 | 44 | 55 | 1 | 0.444 | 5위 | 김영덕 | 신인왕 박종훈 |
| 1984 | 100 | 58 | 41 | 1 | 0.586 | 3위 | 김성근 | 신인왕 윤석환 |
| 계 | 280 | 158 | 120 | 2 | 0.568 | - | - | - |

# BEARS
# 21

## 1985년 OB 베어스의 서울 입성기

1985년 서울 OB 베어스 장외 현수막

1985년. OB 베어스가 프랜차이즈를 서울로 옮긴 해다. 짧다면 짧고 길다면 긴 3년간의 대전 생활. 그동안 응원해준 대전 팬들을 뒤로하고 서울로 떠나는 심경은 자못 복잡했다. 그것이 인지상정인지 모른다.

프로야구 출범 3년 후 OB의 서울 입성은 KBO와 6개 구단의 약속이었고, OB로서는 이제 임시 거처였던 대전을 떠나 최고의 시장인 서울에서 어떻게 뿌리를 내릴 것인가가 중요해진 시점이었다. 그러나 프랜차이즈를 옮긴다는 게 간단한 문제는 아니었다. 이미 예상했거나 혹은 예상하지 못한 수많은 난관에 부딪혀야만 했다.

이번 이야기는 1985년 OB 베어스의 험난했던 서울 입성기다. OB 베어스는 어떻게 서울에 자리를 잡을 수 있었을까. 동대문야구장에 먼저 둥지를 튼 뒤 이듬해인 1986년부터 MBC와 함께 잠실야구장을 사용하게 되는 과정에서도 우여곡절이 많았다.

## ⚾ 1985년 홈구장 동대문야구장 사용 결정

동대문야구장 경기 사진

우선 홈구장 문제가 가장 큰 이슈였다. 삶의 터전이 될 집부터 마련해놓고 서울로 이사를 가야 했지만, 프로야구 기구인 KBO와 아마추어 야구를 관장하는 대한야구협회 그리고 서울시는 좀처럼 합의를 보지 못했다. OB가 서울에 입성하면 사용할 수 있는 야구장은 잠실야구장과 동대문야구장. 그러나 꼬인 실타래는 풀리지 않은 채 시곗바늘만 돌아갔다.

서울 프랜차이즈는 MBC 청룡이 선점해 3년간 터줏대감처럼 자리를 잡고 있어 OB로서는 그 틈새를 비집고 들어가기가 만만찮았다. 지금은 '한 지붕 두 가족'처럼 평화롭게 잠실구장을 함께 사용하고 있지만, 베어스가 처음 서울에 입성할 때만 해도 잠실구장은

MBC 구단이 독점적으로 사용하고 있던 홈구장이었다.

1982년 프로야구 출범 당시 잠실구장은 건설 중이어서 MBC는 동대문야구장에서 역사적인 개막전(3월 27일 삼성전)을 치른 뒤 이곳을 우선 홈구장으로 사용했다.

잠실야구장은 1980년 4월에 착공한 뒤 2년 3개월 만인 1982년 7월 15일에 준공식을 했다. 잠실야구장을 먼저 사용한 쪽은 프로가 아닌 아마추어. 7월 16~17일 이틀에 걸쳐 특별 이벤트로 우수고교 초청경기가 열렸고, 경북고의 류중일(전 LG 트윈스 감독)이 17일 부산고와 결승전에서 6회말 잠실야구장 개장 1호 홈런을 기록했다.

잠실야구장에서 프로야구 최초 경기가 펼쳐진 것은 그로부터 약 보름 뒤인 8월 1일이었다. MBC가 롯데를 불러들여 첫 홈경기를 치렀고, MBC는 이때부터 동대문야구장 대신 잠실을 안방으로 사용하게 됐다.

초창기에는 다른 팀이 특별 이벤트로 잠실에서 홈경기를 치른 적도 있었다. 예를 들어 OB 박철순의 22연승 행진이 멈추게 된 1982년 9월 22일 잠실 OB-롯데전이 대표적이다. 간혹 이 경기를 OB의 홈경기로 기억하거나 추론하는 팬도 있지만, 이날 경기는 부산을 프랜차이즈로 하는 롯데가 서울 팬들을 위해 특별 홈경기로 소화한 것이었다. 원년에는 이런 일이 많았다. 인천야구장 개보수 관계로 삼미가 부산에서 홈경기를 소화하기도 했다.

어쨌든 OB가 서울에서 프로야구 경기를 할 수 있는 경기장은 잠실야구장 아니면 동대문야구장이었지만, 당시 잠실로 입성하는 것은 쉽지 않은 문제였다.

MBC의 텃세도 텃세지만, 잠실종합운동장 소유주인 서울시도 1988년 서울올림픽(야구 시범종목) 때 사용해야 할 잠실야구장을 두 팀이 번갈아 홈구장으로 사용하면 관리가 쉽지 않아 처음에는 난색을 표했다. 당시에는 구장 관리 요원도 적었고, 구장 관리 기법도 요즘처럼 발달하지 않았다. 두 구단이 시즌 내내 잠실구장을 번갈아 사용한다면 구장 상태가 엉망진창이 될 가능성이 컸던 것이다.

KBO와 OB는 결국 동대문야구장을 홈구장으로 사용하는 것으로 결론을 내렸다. 동대문이라면 OB 구단에게도 입지상으로나 명분상으로나 나쁘지 않았다.

동대문은 두산그룹의 모태인 박승직상점이 출발한 종로4가 바로 옆이었고, 그 당시 교통도 잠실보다는 동대문이 훨씬 편리했다. 유동 인구도 많아 관중 유치 측면에서도 유리한 점이 있다고 판단했다. 동대문구장이야말로 한국야구의 역사를 함께해온 성지이자 상징적 야구장이기도 했다. OB는 1982년에 이 구장에서 최초로 한국시리즈 우승을 확정한 인연도 있어 서울로 올라오기만을 기다려온 많은 OB 팬들과 정서적으로도 빠르게 유대감을 나눌 수 있었다.

### 🏀 아마야구계의 반발 "우리는 어디서 경기하라고?"

문제는 동대문야구장이 아마추어 야구의 요람이자 보금자리였다는 점이다. 여기에 프로와 아마추어 야구계의 해묵은 갈등 양상은 고려대를 졸업하는 투수 최대어 선동열의 입단 문제를 놓고 불이 붙었다.

선동열은 해태와 입단 협상이 풀리지 않자 실업팀 한국화장품에
먼저 입단했다가 1985시즌 개막을 앞두고 해태와 계약하는 우여곡
절을 겪었다. 그러나 이는 프로-아마 협정 위반과 법정소송 문제로
까지 비화했다.

그 불똥은 다시 OB의 동대문구장 사용 문제로 튀었다. 아마추어
야구계의 반발이 극심했다. 1985년 정규시즌 개막을 앞둔 3월 하순
까지도 OB의 동대문야구장 사용 여부에 대해 KBO와 대한야구협
회가 서로의 주장만을 되풀이하면서 결론을 내리지 못했다.

아마야구를 관장하는 대한야구협회는 "동대문야구장에서 고교
야구, 대학야구, 실업야구 등 연간 180경기나 되는 아마야구 대회
일정을 소화하기도 벅차다. 프로구단이 동대문구장에 들어와 한 시
즌의 절반가량을 홈경기로 사용하는 것은 불가능하다"고 격하게 반
대 의사를 밝혔다. 한마디로 "아마추어 야구는 어디에 가서 야구를
해야 하느냐"는 얘기였다.

그러자 KBO와 OB는 "프로야구를 모두 야간경기로 개최하겠다"
며 절충안을 내놓았다. 당시 최인철 대한야구협회장은 결국 염보현
서울시장을 찾아가 담판을 지었다. OB가 3월 30일과 31일 시즌 개
막 경기를 동대문야구장에서 치르는 것을 허용하되, 나머지 OB 홈
게임은 잠실구장에서 치르는 것을 원칙으로 한다는 결정을 얻어냈
다. 동대문야구장에서 치르는 프로야구는 아마야구 일정에 지장이
없는 범위 내에서만 허용하기로 한 것이었다.

MBC와 OB의 잠실구장 공동 사용에 대해 고려를 하지 않았던

OB와 MBC의 야간경기가 열린 동대문 야구장

KBO는 난감할 수밖에 없었다. 그렇다고 개막을 앞두고 돌아갈 수도 없어 강공책을 썼다. "동대문야구장에서 아마야구 경기를 소화하느라 프로야구 경기 개시 시간이 늦어지더라도 야간경기로 예정된 일정을 치르겠다"며 물러서지 않았다.

스케줄상 OB가 4월 20일에 첫 야간경기에 돌입할 예정이었지만, 4월 5~10일 서울시고교봄철연맹전 일정과 중복돼 있으니 이 기간 프로야구를 모두 야간경기로 전환하겠다고 양보안을 내놓았다. 이렇게 되면 1985년 OB의 동대문 홈경기는 모두 야간경기로 소화할수밖에 없는 상황. 당시만 하더라도 프로야구 개막 후 4월 중·하순까지는 낮경기로 치르는 것이 일반적인 패턴이었다.

발등에 불이 떨어진 KBO는 다시 대한야구협회와 의견 조율을 거쳤다. 결국 1985년 정규시즌(전·후기리그 55경기씩 총 110경기) 일정을 짜면서 OB의 홈 55경기 중 43경기만 동대문야구장에서 치르도록 배정했다. 아마추어 야구대회 일정을 고려해 나머지 12경기는 MBC 홈구장인 잠실구장과 OB가 전년도까지 홈구장으로 사용해온 대전구장에서 소화하도록 하면서 가까스로 개막에 돌입할 수 있었다.

1985년 OB는 우천순연 등 시즌 도중 여러 변수로 인해 실제로는 홈 55경기 중 동대문구장에서 37경기만 홈경기로 소화했다. 그리고 잠실구장에서 9경기, 대전구장에서 6경기를 치렀다. 여기에 마산구장에서도 홈 3경기를 개최했다.

## 🎾 훈련은 고교 운동장에서, 경기는 동대문에서……
## 힘들었던 이중생활

OB는 프로야구 경기를 소화하기 위해 자체적으로 동대문야구장을 개보수하는 등 이곳을 보금자리로 만들기 위해 대대적 투자를 준비하고 있었다. 그러나 구장이 구단 소유물이 아니다 보니 시설 개보수조차 마음대로 할 수 없었다. 현실적으로 동대문야구장에서 프로야구를 치르기도 쉽지 않았다. 우선 시즌 내내 아마추어 야구계의 불만과 반발이 계속됐고, 동대문야구장 사용권을 놓고 프로와 아마추어가 걸핏하면 티격태격했다.

아마추어 쪽에서는 "낮경기를 하고 있는데 프로팀이 야간경기를 하기 위해 뒤에 와서 대기를 하고 있으니 마음만 급해진다"며 불만을 토로했다. 성격 급한 일부 일선 학교 감독과 아마추어 야구 관계자들은 아마야구 경기가 끝나기 전에는 아예 프로팀 선수단의 동대문구장 출입을 금지하며 밖으로 내쫓기도 했다.

불편한 것은 아마추어뿐만이 아니었다. 프로 쪽도 마찬가지였다. 아마야구가 낮경기로 펼쳐졌지만, 오후에 시작된 경기는 해 질 무렵까지 이어지기도 했다.

그러다 보니 오늘날에는 상상도 하지 못할 해프닝도 많이 벌어졌다. 구경백 일구회 사무총장은 이에 대해 몇 가지 이야기를 들려줬다.

"우선 가장 큰 것이 훈련 문제였어요. 대학야구 등 아마추어 경기가 진행되고 있으니 홈팀이 경기 전 야구장에 도착해도 훈련을 할 수가 없었고, 몸만 풀고 바로 게임에 들어갈 때가 많았어요. 요즘 기준으로 보면 상상이 되나요? OB는 배명고, 서울고, 경기고, 휘문고 등 서울 시내 고등학교 야구장과 한양대를 비롯한 대학교 야구장을 미리 확보해놓았어요. 홈경기가 있는 날이면 사용할 수 있는 야구장을 찾아가서 훈련을 하곤 했죠. 프런트가 구장을 구하지 못하면 감독이나 선수가 인맥을 동원해 구장을 겨우 확보해서 훈련을 한 다음에 동대문야구장으로 이동해 바로 경기를 했으니 선수들 경기력이 제대로 나왔겠느냐고요."

구 사무총장은 이런 얘기를 하면서 껄껄 웃었다. 지금이야 웃으며 말하지만, 당시에는 고충이 이만저만이 아니었다. 훈련 장소 찾는 것이 전쟁이었다. 가뜩이나 훈련량이 많은 OB 김성근 감독은 "이래 가지고 어떻게 연습하나"며 불만을 토로하곤 했다.

학교 운동장에서 훈련 중인 OB 선수단

"근데, 홈팀인 우리는 그나마 사정이 조금 나았죠. 지방 원정팀들이 동대문야구장에서 OB와 경기를 하는 날이면 대신 훈련할 야구장을 찾는 게 급선무였어요. 여의치 않으면 훈련도 없이 경기에 돌입해야 했어요."

구 사무총장은 다시 이야기를 이어갔다.

"동대문야구장을 아마추어와 함께 사용하는데, 홈구장이라고 해도 요즘같이 라커룸이 있었겠습니까. 아마야구가 진행되는 날이면 홈팀이나 원정팀이나 동대문야구장 내에서 휴식할 공간조차 없었죠. 버스에서 쉬거나 신문지 깔고 잠시 누워 있는 선수, 야구장 계단 같은 곳에 앉아서 아마추어 야구가 끝날 때까지 기다리는 선

잠실야구장에서 경기 전 몸을 풀고 있는 OB 선수단

수……. 요즘에 생각하면 '프로가 설마?' 하실지 모르지만 그땐 그 랬습니다."

앞서 설명한 대로 아마추어 야구대회 일정으로 인해 OB는 1985년 잠실야구장에서 홈 9경기를 치렀다. 잠실에서 경기 전 훈련 하는 것은 더더욱 어려웠다. 서울시에서 잠실야구장 관리를 한답시 고 경기 전에는 잔디도 밟지 못하게 했기 때문이다. 이는 MBC에게 도 마찬가지였다. MBC도 홈경기가 있는 날이면 건국대 야구장 등 을 사용하면서 잠실구장으로 이동해 경기를 시작하곤 했다. 서울시 에서 '하라면 해야 하는' 시절이었다.

"당시 선수들이 서울 홈경기 때 고등학교 야구장에서 삼복더위에 훈련을 하고 구단에서 사 온 도시락을 먹었어요. 1980년대인데 고등학교 인근에 요즘처럼 제대로 된 도시락을 만들어 파는 곳이나 있었겠습니까. 삼삼오오 그늘 밑을 찾아가 쭈그리고 앉아서 구단에서 마련한 도시락 하나 먹고 야구를 했어요."

구 사무총장은 그 시절을 회상했다.

이에 대해 선수들은 어떻게 느꼈을까. OB 포수였던 조범현 전 kt 감독은 "당시 선수들은 그리 큰 불평을 하지 않았던 것으로 기억합니다. 요즘 생각해보면 불편하기 짝이 없어 보이지만 그땐 그냥 그렇게 야구하는 줄 알던 시대였으니까요"라며 웃었다.

그라운드 사정도, 휴식 공간도, 훈련 시설도, 오늘날의 잣대로는 이해하기 어려운 프로야구 초창기 시절의 '웃픈' 자화상이다.

## ⚾ OB 서울 입성 첫해의 기적…… 홈 관중 수 MBC 추월

OB로서는 팬 확보가 급선무였다. 1982년 프로야구 원년부터 서울 시장을 선점해 이미 고정 팬을 확보해놓은 MBC와 경쟁을 시작해야 한다는 점은 부담이었다.

MBC 역시 평화롭게 시장을 독점하던 서울 지역에 새로운 팀이 들어오자 긴장을 했고, 고정 팬을 붙잡기 위한 전략을 짜기 시작했다. 그러나 당시 MBC는 프로야구단 청룡을 문화방송사 산하의 야구국에 소속시켜놓은 채 큰 투자를 하지 않았고, 전문 프런트 인력도 없었다(실제로 1990년 LG가 MBC를 인수하면서 프로야구에 뛰어든 뒤에 대대적 투자를 하기 시작했다).

OB는 3년 늦게 서울에 왔지만 베어스만의 특화된 팬서비스를 개발해 신규 팬을 창출해나간다는 계획이었다. 그렇게 한다면 새로운 서울 팬을 확보하는 일도 그리 어렵지 않으리라고 내다봤다.

MBC와 OB의 팬 구성 방식도 약간은 달랐다. MBC는 원년부터 충성스러운 성인 팬이 많았다. 아빠가 아이들을 야구장에 데려가 가족 팬이 만들어지는 형태로 팬층이 확장됐다. OB는 반대였다. 원년에 가장 먼저 어린이 회원을 모집하면서 서울에 어린이 팬층이 많았다. OB로서는 이들을 공략해 가족 팬을 더욱 확대해나가겠다는 전략을 수립했다. 말하자면 MBC는 '톱다운(Top-down, 하향식)', OB는 '바텀업(bottom-up, 상향식)' 방식으로 팬 확장이 이뤄진다는 판단이었다.

당시 OB 박용민 단장은 서울 입성을 앞두고 〈경향신문〉과 한 인터뷰에서 "청룡이 3년간 서울에 터를 닦아왔고, 방송국이라는 거대한 홍보 수단을 갖고 있기 때문에 첫해(1985년)에 MBC 관중 수의 60%만 따라가도 대성공일 것"이라며 "이미 확보된 프로야구 관중을 나눠 먹기보다는 새로운 야구팬을 창출하는 데 힘쓸 계획"이라고 말했다.

OB 구단은 직원들을 내보내 동대문역과 동대문운동장(당시 서울운동장) 전철역에서 내리고 타는 승객 수를 시간대별로 측정하게 하고, 이들을 야구장으로 끌어들이기 위한 묘안을 짜냈다. 야구장 내에 맛깔스러운 도시락을 준비하고, 맥주 판매를 통해 팬들이 야구장에서 3시간 동안 즐길 수 있도록 하는 등 다양한 아이디어를 실행했다. 한양대 연극영화과와 협의해 홈경기마다 배트걸을 운영했고, 지정석 관리도 하기 시작했다.

박용민 초대 단장은 1985년 서울 입성 상황에 대해 기억을 더듬었다.

"프로야구 출범 이전부터 일본을 자주 드나들면서 일본 프로야구단의 선진 운영 기법을 많이 배워왔어요. 프로는 가장 중요한 것이 팬서비스라 서울에 올라오고 나서도 구단 직원과 선수들에게 팬서비스를 특히 많이 강조했죠. 대전에 있을 때도 저는 주로 외야에서 야구를 많이 봤거든요. 플라타너스 그늘 밑에 있는 팬들이 주는 소주를 받아 마시면서 팬들의 목소리를 많이 들었어요. 동대문에 와서도 마찬가지였죠. 경기가 시작되면 주로 외야석을 돌았죠. 그런데 대전구장 외야에서 소주 한 잔씩을 건네던 낯익은 OB 열성 팬들이 동대문구장 외야에 보이시더라고요. '한번 OB 팬은 영원한 OB 팬'이라며 기차와 버스를 타고 서울까지 올라와 응원을 해줬어요. 기존의 충청권 OB 팬들도 그대로 이어지고, 서울에서 새로운 팬도 많이 생겨 고무적이었습니다."

실제로 OB는 1985년 서울에 입성한 첫해 홈 관중 수에서 MBC를 앞지르는 파란을 일으켰다. 박용민 단장은 "첫해에 MBC 관중 수의 60%만 따라가도 대성공"이라고 했지만, 그해 OB는 25만 2731명(경기당 평균 4595명)을 기록해 24만 5209명(평균 4458명)의 MBC에 근소

하게 앞서는 관중 수를 기록했다.

OB는 3월 30일 개막전에서 승리하는 등 1985시즌 초반 8경기에서 6승 2패를 기록하며 선두로 치고 나갔다. 서울 입성 첫해 초반부터 팬들의 관심을 끌어당겼고 흥행의 불을 지폈다. 훈련조차 제대로 하기 힘든 환경 속에서도 선전을 펼쳐, 전기리그에서 삼성 다음으로 2위(29승 1무 25패)를 차지했다. 비록 후기리그에서는 부진했지만, 팬들의 눈길을 끌 만한 초반 레이스를 통해 서울의 신규 팬층을 빠르게 늘려나갔다.

이에 반해 MBC는 전기리그에서 24승 31패로 6개 구단 중 5위로 떨어지면서 팀 분위기가 좋지 않았다. 전기리그가 끝나가던 6월 17일 어우홍 감독을 퇴진시키면서, 1983년 한국시리즈 패배 후 결별했던 '빨간 장갑의 마술사' 김동엽 감독을 1년 반 만에 다시 불러들였다. 그러나 후기리그에서는 20승 1무 34패를 기록하며 최하위로 주저앉고 말았다.

MBC의 성적 부진이 맞물린 반사이익의 결과라고 해도, OB가 첫해부터 MBC 홈 관중 수를 앞지르리라고는 누구도 예상하지 못했다. OB로서는 충분히 자축할 만한 성과였다.


### 🎾 1년 만에 막 내린 동대문 시대……
### 1986년부터 잠실 '한 지붕 두 가족'


OB는 1년 만에 동대문야구장과 작별을 한다. 이듬해인 1986년

관중으로 가득 찬 잠실야구장

부터 MBC와 잠실야구장을 공동으로 사용하면서 본격적으로 '한 지
붕 두 가족' 시대를 열게 됐다.

MBC는 OB와 잠실구장을 공동으로 나눠 쓰는 방안이 반가울 리
없었다. 당연히 처음에는 반대했다. 서울시로부터 잠실구장을 임대
할 수 있는 기간은 1년에 90일 정도인데, 한 시즌 54경기씩 치러야
하는 홈경기(1986년부터 빙그레의 1군 리그 참여로 7개 구단 체제가 되면서 팀당
시즌 경기 수는 전년도 110경기에서 108경기로 축소)를 모두 잠실구장에 배
정하는 것은 불가능하다는 논리였다.

그러나 앞서 설명한 대로, OB의 동대문야구장 사용 문제는 프로
와 아마추어 야구계가 갈등을 빚을 수밖에 없는 구조라 노선 정리
가 필요했다.

그러는 사이, 1985년 시즌 후 대한야구협회가 1986년의 아마추
어 야구대회 일정 계획을 세우면서 KBO 측에 동대문야구장을 독차

지하겠다는 뜻을 일방적으로 통보해 왔다. 동대문야구장에서 더 이상 프로와 공존할 수 없다는 얘기였다.

KBO와 6개 구단은 고민할 수밖에 없었다. 두 갈래 길이었다. 1985시즌처럼 앞으로도 계속 아마추어 야구계와 갈등을 이어가더라도 동대문야구장에서 프로야구를 진행하는 강공책을 쓰느냐, 아니면 동대문야구장을 아마야구 전용구장으로 양보하면서 OB가 잠실로 이전해 MBC와 함께 사용하느냐. 양자택일을 해야만 했다.

이는 단순히 MBC와 OB만의 문제는 아니었다. 앞서 설명한 대로 OB와 원정경기를 치르기 위해 서울에 올라오는 지방팀의 사정도 고려하지 않을 수 없었다. 결국 동대문야구장에서 불편을 감수하던 다른 구단들의 압력까지 더해지면서 KBO는 1985년 11월 말에 체육부에 공문을 보내 MBC와 OB의 잠실야구장 공동 사용을 정식으로 요청했다.

MBC 역시 대세를 거스를 수는 없었다. 잠실구장과 동대문구장을 소유하고 있던 서울시도 처음에는 "잠실구장은 프로의 것도 아니고 아마의 것도 아니다. 동대문구장도 아마의 것도 아니고 프로의 것도 아니다"라는 애매모호한 스탠스를 취했으나, 결국 암묵적으로 프로 2개 팀(MBC와 OB)은 잠실야구장을 사용하고, 동대문야구장은 아마추어 쪽에서만 사용하는 것으로 결론을 내렸다.

이렇게 OB는 1년 만에 동대문구장 시대를 마감하고, 서울 입성 2년째인 1986년부터 새롭게 잠실야구장 시대를 맞이하게 됐다. 그러면서 프로야구도 1986년부터 '한 지붕 두 가족' 시대가 열렸다.

서울의 두 구단이 잠실야구장을 사용하면서 장단점은 공존하고 있다. 40년 전의 설계로 지어진 야구장을 두 구단이 사용하다 보니 특히 공간 활용이 어렵다는 점이 단점으로 지적되고 있다. 두 구단의 사무실이 들어서 있어 원정팀을 위한 라커룸 등 휴식 공간이 부족하다는 점이 가장 큰 문제다. 시설 개선을 했지만 구조적으로 한계가 있다.

그러나 시즌 내내 쉼 없이 프로야구가 펼쳐진다는 점은 분명 잠실야구장만의 특화된 장점이기도 하다. MBC 청룡과 OB 베어스의 라이벌 구도는 이후 LG 트윈스와 두산 베어스의 라이벌 구도로 이어지면서 양 구단은 물론 KBO리그 전체에 시너지 효과를 빚어내고 있다. 양 구단과 양 팀 팬들이 이어오는 라이벌 의식은 프로 스포츠의 발전과 흥행에 중요한 에너지원으로 작용하고 있다.

# BEARS

# 22

# OB 몰수게임 사건의 전말

---

**7.03 몰수경기(Forfeited Game)**

(a) 어느 팀이든지 다음 사항에 해당될 때는 몰수경기(forfeited game)로 하여 상대팀에 승리를 줄 수 있다.

(1) 주심이 경기개시 시간에 "플레이"를 선고하고 나서 5분이 지나도 경기장에 나오지 않거나 경기장에 나왔다 하더라도 경기를 거부하였을 경우 그러나 늦어지는게 불가피하다고 주심이 인정할 때는 관계없다.

(2) 경기를 지연시키거나 단축시키기 위하여 명백히 술책을 썼을 경우

(3) 주심이 일시정지 또는 경기종료를 선고하지 않았음에도 불구하고 경기의 속행을 거부하였을 경우

(4) 일시정지 후 주심이 "플레이"를 선고하고 나서 1분 안에 경기를 다시 시작하지 않았을 경우

(5) 심판원이 경고를 하였음에도 불구하고 고의로 집요하게 반칙행위를 거듭하였을 경우

(6) 심판원으로부터 퇴장 명령을 받은 선수가 적당한 시간 안에 이에 따르지 않았을 경우

(7) 더블헤더 제1경기가 끝난 뒤 30분 안에 제2경기를 치르기 위해 경기장에 나오지 않았을 경우

'야구규칙'의 몰수경기 규정

프로야구 출범 이래 두 번째 몰수게임이라는 불상사를 빚었다.
16일 잠실구장에서 벌어진 OB-MBC전은 5-5 동점에서 MBC가 6회
말 공격을 펼칠 때 1사 후 주자 1, 3루에서 2루 스틸을 시도하던 1루 주
자 박흥식이 3피트 라인을 벗어났기 때문에 아웃이라는 OB의 주장과
벗어나지 않았다는 심판의 판정이 팽팽히 맞서 끝내 몰수게임으로 망
가지고 말았다.

_1985년 7월 17일자 〈경향신문〉

한국 프로야구도 40년의 역사를 이어왔다. 그 세월만큼 기기묘묘
한 기록과 사건이 역사의 갈피 속에 점철돼 있다. 이제는 보기 힘든
일이 됐지만, 오래전 KBO 역사에는 몰수게임도 두 차례 존재한다.
그 두 차례 몰수게임 중 마지막 몰수게임이 바로 OB 베어스가 기록
한 것이었다.

22장은 바로 1985년 OB 베어스의 몰수게임 이야기다. OB 베어
스는 왜 그날 몰수게임 패를 당했을까. 최후의 몰수게임으로 남아

있는 그날의 역사와 추억을 따라가 본다.

## ⚾ 3피트 라인 판정 어필 → 선수단 철수 → 김성근 감독 퇴장

1985년 7월 16일 잠실구장. OB 베어스와 MBC 청룡의 후기리그 팀 간 2차전이 열렸다. 5-5로 팽팽히 맞선 6회말 1사 1, 3루. 마운드에는 4회부터 구원 등판한 좌완 황태환, 타석에는 3번 타자 김재박이 서 있었다.

볼카운트 1B-0S. 황태환의 2구째가 날아가자 MBC 1루 주자 박홍식이 2루 도루를 시도하며 내달렸다. 포수 조범현은 2루로 강한 송구를 했다. 이때 2루를 커버한 날다람쥐 2루수 김광수가 공을 잡았다. 그런데 박홍식이 중간에서 멈춰 섰다. 그러고는 런다운에 걸렸다.

2루수 김광수가 토끼몰이하듯 달려가며 태그하려는 순간, 재치 있는 박홍식이 순간적으로 몸을 틀며 태그를 피했다. 그러자 김광수는 유격수 유지훤에게 공을 던졌고, 박홍식은 다시 1루 쪽으로 역주행을 했다. 유지훤은 1루수 신경식에게 송구했고, 박홍식은 결국 태그아웃을 당했다.

그런데 그사이 홈으로 뛸 타이밍을 엿보던 MBC 3루 주자 유고웅(1985년 MBC에 입단한 재일교포 2루수)이 달리기 시작했다. OB 1루수 신경식이 황급히 홈으로 공을 던졌지만 이근우(작고) 주심은 유고웅이 먼저 홈플레이트를 찍었다며 세이프를 선언했다. MBC가 6-5로 앞서게 됐다.

2루수 김광수가 펄쩍펄쩍 뛰며 김양경 2루심에게 "박흥식이 태그를 피하기 위해 주로에서 3피트(91.44cm)를 벗어났다"며 항의를 했다. 가만히 있을 김성근 감독이 아니었다. 더그아웃을 박차고 나와 김양경 2루심에게 달려갔다. 그러고는 박흥식이 명백히 3피트 라인을 이탈했다며 거세게 어필을 하기 시작했다.

만약 박흥식이 3피트 라인을 벗어났다면 협살 플레이 이전에 자동아웃으로 선언되고, 그 즉시 볼데드가 되기 때문에 3루 주자 유고웅은 '야구규칙'에 따라 득점이 인정되지 않고 3루로 돌아가야 하는 상황이었다. 다시 말해 2사 3루가 돼야 한다는 말이었다.

그러나 김양경 2루심은 요지부동이었다. "박흥식이 3피트를 벗어나지 않았다"고 맞서며 김성근 감독의 어필을 받아들이지 않았다. 이때가 밤 9시 10분. 김성근 감독은 9시 15분까지 5분간 2루심과 입씨름을 벌이더니 말리려고 온 김옥경 1루심, 이근우 주심과도 언쟁을 벌였다.

김 감독은 어필이 받아들여지지 않자 결국 그라운드에 있던 모든 수비수를 더그아웃으로 철수시켰다. 9시 16~17분 사이였다.

여기서 문제가 발생했다. 이근우 주심은 김성근 감독에게 사전 경고 없이 홈플레이트 뒤쪽 그물로 다가가 박기철(작고) KBO 공식 기록원에게 "계속 게임에 임하지 않을 경우 5분 뒤 감독 퇴장을 명하겠다"고 장내방송을 하게 했다. 이때가 9시 18분이었다.

그러고는 정확히 5분이 지났다. 9시 23분. OB 측에서 선수들을 그라운드 안으로 보내지 않자 이근우 주심은 더 이상 인내심을 발휘하지 않았다. 칼 같은 선언이 이어졌다.

"OB 김성근 감독 퇴장!"

## ⚾ KBO 역대 2호 몰수게임 선언 불상사

당시 김성근 감독 옆에 있었던 구경백 일구회 사무총장은 그날 일을 생생히 기억했다.

"주심이 직접 감독님한테 와서 사전 경고를 했다면 모를까, 그렇게 하지도 않았어요. 장내방송을 통해 알렸다면서 정확히 방송 후 5분이 지나자 감독 퇴장을 선언했던 것이지요. 그러잖아도 감독님은 가뜩이나 판정 때문에 흥분해 있었는데 더욱 흥분하셨어요. 감독님이 매우 격앙된 목소리로 '퇴장 못 해!'라고 고함을 지르셨던 기억이 납니다."

일이 더 커졌다. 심판은 룰대로 적용한 것이지만, 심판의 더욱 큰 책무는 '경기의 원활한 진행'이다. 그런데 원활한 경기 진행은커녕 불난 집에 기름을 부은 꼴이 됐다.

"장내방송을 했다고는 하지만 당시 관중도 덩달아 흥분해 소리를 지르는 상황이었어요. 요즘처럼 스피커가 발달하지도 않은 시절이고, 당시 전광판은 1차원적으로 라인업과 숫자만 겨우 표출할 수 있었잖아요. 요즘 같으면 팬들에게도 제대로 알리기 위해 전광판에 안내 문구도 내보내고 그랬겠죠. 그러면 선수단도 모두 알게 됐겠죠. 하지만 당시 전광판엔 그런 기능이 어디 있어야 말이죠. 흥분한 감독님이 장내방송 내용이나 들었겠습니까. 제가 그 안내방송을 듣고 감독님한테 '5분 이내에 선수단을 그라운드에 내보내지 않으면 감독님을 퇴장시킨다고 합니다'라고 말씀을 드렸습니다. 그랬더니 감독님은 '맘대로 하라고 해. 할 테면 하라 그래'라면서 더 흥분하셨어요. 그런데 그만……."

OB 측은 감독 퇴장을 선언한 심판진을 향해 "이게 말이 되느냐"며 거세게 항의를 했다. 그러나 심판진은 물러서지 않았다. 곧이어 이근우 주심이 "5분 이내에 감독 대행을 임명하여 경기에 임하지 않으면 몰수게임을 선언하겠다"고 알렸다.

OB 측에서는 "제소를 전제로 게임에 응하겠다"고 했으나 심판진은 "아웃과 세이프 판정은 제소 대상이 아니다"라며 받아들이지 않았다.

흥분할 대로 흥분한 OB 선수단은 더그아웃에서 움직이지 않았다. 요즘에는 자주 볼 수 없는 풍경이 됐지만, 1980년대까지만 해도 감독이 심판 판정에 대해 불만을 표출하는 방법 중 하나로 그라운드에 있는 선수를 모두 더그아웃으로 철수시키는 일이 잦았다. OB

선수단도 그래서 '설마' 하면서 몰수게임까지 선언하기는 쉽지 않으리라 생각했다.

그런데 심판진은 마치 '이번 기회에 선수단 철수 관행을 뿌리 뽑겠다'는 듯 강경하게 나섰다. 심판 판정에 자주 대립각을 세우는 김성근 감독이 곱게 보일 리도 없었다. 이번에도 심판들은 장내방송만 했다. OB 더그아웃으로 와서 경기 속행을 위해 사정을 하거나 유화 제스처를 취하지도 않았다.

시곗바늘은 빠르게 돌아갔고, 경고를 했던 5분이 흘렀다. 정확히 '9시 28분'이 되는 순간, 심판진은 지체 없이 장내방송을 통해 경고한 대로 곧바로 '몰수게임'을 선언했다.

이로써 경기 종료. MBC의 6-5 승리로 끝나버렸다.

몰수게임 패배를 당한 OB는 허탈감과 흥분으로 혼돈 상태에 빠졌다. 프로야구 원년인 1982년 8월 18일 대구경기에서 MBC 청룡이 삼성 라이온즈에 몰수게임 패를 당한 뒤 KBO 역사상 두 번째 몰수게임이라는 불상사가 빚어졌다. 당시 MBC 백인천 감독이 심판 판정에 불만을 품고 선수단을 철수시키면서 최초의 몰수게임 패를 기록한 바 있다.

'야구규칙'의 7.03에는 몰수게임과 관련한 세부 조항이 있는데, (3)항을 보면 '주심이 일시 정지 또는 경기 종료를 선고하지 않았음에도 불구하고 경기의 속행을 거부하였을 경우', (4)항을 보면 '일시 정지 후 주심이 플레이를 선고하고 나서 1분 안에 경기를 다시 시작하지 않았을 경우'라고는 돼 있다. 주심의 몰수게임 선언은 규칙 적용상 문제는 없었다.

그러나 엄격한 룰 적용으로 인해 파생되는 부작용을 고려해 몰수게임은 어지간해서는 적용하지 않는 것이 관례였다.

OB는 "심판이 감독에게 직접 퇴장이나 몰수게임을 선언하겠다는 통보를 하지 않고, 장내방송을 통해 안내를 한 뒤 퇴장과 몰수게임을 선언한 것은 잘못된 절차"라고 항의했지만, 한번 엎질러진 물을 주워 담을 수 없는 일이었다.

이날 잠실구장 유료 관중수는 1441명. MBC 팬들이야 승리를 했으니 콧노래를 불렀지만, OB 팬들은 달랐다. 환불을 요구하거나 욕설을 하는 등 흥분을 가라앉히지 못했다.

## 🎾 KBO 징계와 거센 후폭풍…… 더 이상 몰수게임이 없는 이유

이튿날인 1985년 7월 17일. KBO에서는 전날 발생한 몰수게임과 관련해 상벌위원회를 여는 한편 대책을 논의했다. 장고를 거듭할 수밖에 없었다. 결국 상벌위원회는 김성근 감독에게 제재금 50만 원 및 출장정지 4게임, 이근우 주심에게 제재금 20만 원에 출장정지 5게임의 징계를 결정했다.

이 내용을 보도한 1985년 7월 18일자 〈동아일보〉를 보자.

프로야구 베어스와 청룡의 몰수게임(16일 잠실구장) 불상사는 17일 한국야구위원회(KBO)의 관계자 제재 결정에도 불구하고 계속 '불씨'가 꺼지지 않고 있다.

KBO는 17일 오전 11시부터 7시간 동안 서종철 총재 주재로 몰수게임 소동에 따른 대책을 논의, 베어스 김성근 감독에게 제재금 50만 원 및 출전정지 4게임, 이근우 주심에게는 제재금 20만 원에 출장정지 5게임을 병과했다.

제재 이유는 김성근 감독의 경우 '심판 판정에 불복, 선수단을 그라운드에서 철수시켰으며 주심의 퇴장명령에도 불복했다'는 것이다. 또 이근우 주심은 경기를 원활히 진행시켜야 하는데도 규칙에만 집착, 성급하게 몰수게임을 선언함으로써 결과적으로 팬들의 기대를 저버렸다는 것. (중략)

17일 오전 베어스 대표이사 겸 단장인 박용민 씨는 '아직 공식 통보를 받지 않아 무어라 말할 수 없지만 KBO의 제재 내용은 공평을 잃은 처사'라며 베어스가 내놓은 제소를 재심해줄 것으로 요구하겠다고 밝혔다. 이게 받아들여지지 않을 경우 베어스는 주말 타이거즈와의 3연전을 포기하는 방안까지 심각하게 고려 중인 것으로 알려졌다.


OB는 상벌위원회가 열린 17일, 전날 몰수게임을 중계한 MBC TV의 녹화 비디오테이프를 KBO에 제소경기의 증거로 제출했다. "비디오테이프를 보면 박홍식 주자가 태그를 피하기 위해 3피트 라인을 이탈한 것을 확인할 수 있다"며 "2루심의 명백한 오심"이라고 거듭 주장했다.

몰수게임 사태의 열기를 식히려는 뜻이었을까. 이날 하늘에서는 비가 내렸고, 잠실구장에서 열릴 예정이던 OB-MBC의 팀 간 3차전도 우천으로 순연됐다.

몰수게임의 잔상과 후폭풍은 여전히 남아 있었다. 18일 잠실 OB-MBC전에 앞서 4경기 출장정지 징계를 당한 OB 김성근 감독이 더그아웃으로 나와 마치 아무 일 없다는 듯 훈련을 지휘하고 라인업을 작성하고 있는 게 아닌가.

심판진들이 화들짝 놀라 김성근 감독에게 "출장정지를 당했는데 여기서 이러고 계시면 어떡하느냐"고 묻자 김 감독은 "난 출장정지 통보받은 적 없다"고 맞섰다. 심판진이 다시 "오늘 신문에도 상벌위원회 결과가 보도됐는데 어떻게 모를 수 있느냐"고 물었다.

김 감독이 징계 사실을 모를 리 없었다. 신문 기사도 봤다. 다만 당시 KBO가 OB 구단에 팩스나 공식 문서로 이를 알리지 않았던 점을 꼬투리 잡았던 것이었다.

김 감독은 태연하게 더그아웃에서 라인업을 짰고, 심판들을 향해 "내가 신문 보고 출장정지 당해야 하느냐"며 반격하면서 출장을 고집했다. KBO나 구단으로부터 공식 통보를 받지 않았으니 징계 효력이 없다는 얘기였다.

그러자 심판진은 부랴부랴 KBO에 이 사실을 알렸고, KBO는 그제야 서류를 준비한 뒤 직원을 잠실구장에 급파했다.

경기 개시 시간 6시 30분이 됐지만 김성근 감독은 물러날 뜻이 없었고, 계속 심판들과 옥신각신했다. 김성근 감독이 퇴장하지 않자 경기는 시작도 하지 못한 채 12분간이나 지연됐다. 그러자 맞은편 더그아웃의 MBC 김동엽 감독이 나와 주심에게 항의를 했다. 양 팀 팬들도 야유와 환호로 맞서는 등 다시 분위기가 달아올랐다.

결국 공식 문서가 OB 구단에 전달됐고, 김 감독도 물러날 수밖에 없었다. OB는 감독 대행으로 이광환 코치를 내세웠고, 김성근 감독은 이날 경기부터 4경기 출장정지를 당했다.

OB로서는 이날 경기마저 패했다면 더 큰 수렁으로 빠져들 뻔했지만, 사이드암 투수 김진욱의 역투로 2-0 승리를 거두고 일단 분위기를 수습했다.

좀처럼 보기 드문 몰수게임의 여파는 모든 이를 정신없게 만들었고, 더 큰 후폭풍을 낳았다. 몰수게임으로 인해 구단도, 심판도, 프로야구를 관장하는 KBO도, 팬들도 모두가 피해자가 됐다.

프로야구는 그 이후에도 판정 시비가 끊이지 않았지만, 모두가 몰수게임만은 피해야 한다는 공감대를 형성하게 됐다. 무엇보다 입장료를 지불하고 들어온 팬들에게 온전한 게임을 보여주지 못하는 점이 가장 큰 문제였다. 그날 이후 KBO에서는 더 이상 몰수게임이 발생하지 않고 있다.

## 몰수게임 규정과 스코어 처리는?

몰수게임은 메이저리그에서 '포피티드 게임Forfeited Game'이라 부른다. '야구규칙'의 몰수경기 정의(용어의 정의 31)를 보면 '규칙 위반으로 주심이 경기 종료를 선언하고 잘못이 없는 팀에 9-0 승리가 주어지는 경기이다(7.03)'라고 돼 있다.

스코어를 9-0으로 정한 이유는 간단하다. 야구는 정규이닝이 9이닝 경기이기 때문에 이닝당 1점씩으로 계산한 것이다. 리틀야구 등 7이닝 경기에서 몰수게임이 나오면 스코어는 7-0이 된다.

그러나 이 스코어는 원칙상일 뿐, 실제로는 상황에 맞게 다양하게 적용된다. 9-0 스코어가 적용되는 게임이 있고, 몰수게임 선언 당시의 스코어가 그대로 적용되는 게임이 있다.

우선 크게 정식경기 성립 기준인 5회 이진과 이후로 구분할 필요가 있다.

① 9이닝 경기에서 정식경기 기준은 5회다.

5회를 채우지 못한 경기는 무조건 승리 팀이 9-0으로 이긴 것으로 기록된다. 반대로 경기 속행을 거부한 팀은 0-9로 진 것으로 처리된다. 이때 개인기록과 팀기록은 모두 무효가 된다. 1982년 MBC-삼성전에서 나온 최초 몰수게임은 삼성이 5-2로 앞선 4회말 중단됐다. 당시 MBC 백인천 감독이 심판 판정에 불만을 품고 선수단을 철수시키면서 MBC가 몰수게임 패를 당했다. 정식경기 이전이어서 스코어는 삼성의 9-0 승리로 처리됐다.

**② 정식경기 성립 이후에는 두 가지로 나눠 기록을 처리한다.**

첫째, 몰수게임 승을 거둔 팀이 실제 경기에서 비기거나 지고 있었다면? 스코어는 9-0이 되지만 개인기록과 팀기록은 몰수게임 선언 당시 상황까지 모두 인정된다. 단, 승리투수와 패전투수 기록은 없다.

둘째, 몰수게임 승을 얻은 팀이 실제 경기에서 이기고 있었다면? 스코어는 몰수게임 선언 당시 그대로 인정된다. 이때 개인기록과 팀기록도 모두 인정된다. 승리투수, 패전투수도 규칙에 따라 적용된다.

(1985년 OB-MBC의 경기는 정식경기 기준인 5회를 넘겼기 때문에 몰수게임 선언 당시의 스코어 그대로 MBC의 6-5 승리로 처리됐다. 이날 승리투수는 MBC 오영일. 5-4로 앞선 6회초부터 선발투수 유종겸을 구원 등판해 6회초 1이닝 동안 1실점을 기록하며 동점을 허용했는데 6회말 유고웅의 득점이 인정되면서 행운의 승리투수가 됐다. 반면 패전투수는 OB 3번째 투수로 등판해 3이닝 1실점을 기록하며 결승점을 헌납한 황태환이었다.)

한편 MBC는 사상 최초로 몰수게임 패를 당한 구단이자, 마지막 몰수게임 승을 거둔 팀이기도 했다. OB는 마지막 몰수게임 패를 당한 팀으로 남아 있다.

## 어떨 때 몰수게임이 될까? '야구규칙'의 7.03 세부 조항

'야구규칙'의 7.03에는 몰수게임과 관련한 세부 조항이 있다.

(a) 어느 팀이든지 다음 사항에 해당될 때는 몰수경기로 하여 상
대팀에 승리를 줄 수 있다.

(1) 주심이 경기 개시 시간에 "플레이"를 선고하고 나서 5분이
지나도 경기장에 나오지 않거나 경기장에 나왔다 하더라도
경기를 거부하였을 경우. 그러나 늦어지는 게 불가피하다고
주심이 인정할 때는 관계없다.

(2) 경기를 지연시키거나 단축시키기 위하여 명백히 술책을 썼
을 경우.

(3) 주심이 일시 정지 또는 경기 종료를 선고하지 않았음에도
불구하고 경기의 속행을 거부하였을 경우.

(4) 일시 정지 후 주심이 "플레이"를 선고하고 나서 1분 안에 경
기를 다시 시작하지 않았을 경우.

(5) 심판원이 경고를 하였음에도 불구하고 고의로 집요하게 반
칙행위를 거듭하였을 경우.

(6) 심판원으로부터 퇴장 명령을 받은 선수가 적당한 시간 안
에 이에 따르지 않았을 경우.

(7) 더블헤더 제1경기가 끝난 뒤 30분 안에 제2경기를 치르기 위해 경기장에 나오지 않았을 경우.

(b) 어느 팀이 경기장에 9명의 선수를 내보내지 못하거나 또는 이것을 거부하였을 경우 그 경기는 몰수되어 상대팀이 승리하게 된다.

(c) 주심이 경기를 잠정 정지시킨 뒤 재개에 필요한 준비를 경기 관리인에게 명령하였음에도 불구하고 온당한 조치가 이루어지지 않을 경우 그 경기는 몰수경기가 되고 원정구단의 승리가 된다.

(d) 주심이 몰수경기를 선고하였을 때는 선고 후 24시간 이내에 그 사유를 서면으로 총재나 회장에게 보고하여야 한다. 단, 주심이 이 보고를 하지 않더라도 몰수한 사실 자체는 변하지 않는다.

## 페어 지역에 수비수가 최소 1명은 있어야 몰수게임을 피한다?

간혹 수비 측에서 심판 판정에 대한 항의 표시로 선수들을 더그아웃으로 철수시킬 때 수비수 한 명을 덩그러니 그라운드에 남겨놓을 때가 있다.

"최소 한 명은 그라운드 페어 지역에 남아 있어야 몰수경기를 당하지 않는다"는 주장이 언제부터인지, 어디서부터인지 모르게 내려왔다. 여기에 언론사 기자들이나 방송사 캐스터 혹은 해설위원도 '야구규칙' 확인 없이 이를 기정사실인 양 설명하기도 한다.

결론적으로 말하자면 이는 아무런 쓸모가 없는 행위다.

'야구규칙'에 '몰수경기 선언을 막기 위해 선수단 철수 시 수비수 1명은 그라운드를 지켜야 한다'거나 '선수단을 부분 철수하면 몰수게임을 선언할 수 없다'는 조항은 없다.

수비 도중 그라운드에 수비수 한 명도 두지 않고 선수단이 모두 더그아웃으로 철수한다고 해서 곧바로 몰수게임이 선언되는 것도 아니다. 또한 최소 선수 한 명을 남겨놓았다고 해도 시간을 무한대로 끌면 몰수게임을 선언할 수도 있다. 선수 1명이 그라운드에 있는 것과 몰수게임은 상관이 없다는 뜻이다.

# BEARS

# 23

## 1986년 '잠실 라이벌' MBC와
## 후기 우승 경쟁… 운명의 최종전

김형석

1986년 9월 17일 정규시즌 최종일. 최동원의 역투는 갈수록 힘이 넘쳤고, 2-1의 롯데 리드는 8회를 거치면서 오히려 3-1로 벌어져 OB는 점점 절망의 벼랑 앞으로 물러서기만 했다. 롯데에게는 승부에 연연할 필요가 없는 게임이었지만 에이스 최동원 개인에게는 3년 연속 20승을 성취하는 귀중한 한판이었다.

운명의 9회말. 선두 김광수가 좌전안타로 나갔을 때까지만 하더라도, 최동원은 김형석을 투스트라이크로 윽박지르며 별다른 위협을 느끼지 않았다. 그러나 김형석은 최동원의 실투일지도 모르는 3구째 안쪽 직구를 걸어 올렸다. 순간 OB 팬들로서는 일찍이 감상해 보지 못한 감동의 흰 궤적 하나가 라이트 펜스 바깥쪽으로 그려졌다. 3-3.

김형석의 홈런이 일으킨 흥분이 채 가시기도 전에 신경식은 신경질적이 된 최동원의 초구(공식 기록지에는 볼카운트 1B-0S에서 2구)를 강타, 좌중월 3루타를 뽑아댔다. 최동원이 침착했던들 아직은 위기를 넘기고 승부를 연장시킬 여지는 남아 있었다. 그러나 이미 기세가 꺾인 최동원은 3루 커버를 게을리한 채 구경만 하고 있었고, 유격수 정영기의 릴레이를 거쳐 3루로 온 볼은 김용철의 글러브를 통과, 신경식은 단숨에 홈까지 뛰어들어 4-3 역전승의 구두점을 찍었다. 전주에서 해태에 이긴 MBC 선수들은 시외통화로 들린 OB의 역전승 소식에 넋을 잃고 말았다.

_ KBO 발행 『한국 프로야구 연감 1987』 60쪽

1980년대를 돌아보노라면 추억의 순간순간이 우리의 기억 속에 알알이 박혀 있다. 빛바랜 사진처럼 흐릿하지만, 가끔 앨범 속에서 꺼내 보면 그때 그 시절을 떠올리며 씩 웃게 만드는 그런 추억들. 베어스 올드팬들이라면 영원히 잊지 못할 순간들이 있다. 1986년 정규시즌 최종일 9회말에 터진 김형석의 극적인 2점 홈런도 그 기억의 이정표 중 하나일 것이다.

이번 이야기는 최동원과 세상을 울린 '미스터 OB' 김형석의 홈런에 얽힌 추억이다. 오늘날 '두산' 하면 떠오르는 단어가 '미러클'이지만, 그 원조를 찾는다면 어쩌면 1986년 정규시즌 최종일의 기적일지도 모른다.

## 7구단 시대 개막······ 사상 첫 플레이오프 제도 도입

김형석의 이 홈런은 한국야구사에 깊이 아로새겨져 있다. OB 베어스의 역사뿐만 아니라 KBO리그 역사의 물줄기를 바꾼 홈런이었

고, 이로 인해 얽히고설킨 투수 개인 타이틀의 주인공도 줄줄이 뒤바뀌는 운명을 겪었기 때문이다.

기적 같은 김형석의 홈런 맛을 제대로 음미하려면, 1986년 KBO 제도 변화를 먼저 알 필요가 있다.

가장 큰 변화는 1982년 프로야구 출범 이후 유지돼 오던 6개 구단 체제가 바뀐 것이다. 1985년 3월에 창단한 신생팀 빙그레 이글스가 1986년부터 1군 리그에 뛰어들면서 7개 구단 시대가 열렸다.

그러면서 사상 최초로 플레이오프가 펼쳐졌다. 1985년 삼성 라이온즈가 전기리그와 후기리그를 휩쓸어 통합우승을 차지하면서 한국시리즈가 무산되자 뭔가 클라이맥스 부분이 빠진 영화처럼 허전했다.

그래서 무조건 한국시리즈가 열리도록 포스트시즌 제도에 손질이 가해졌고, 이에 앞서 플레이오프가 열리도록 만든 것이었다.

정규시즌을 전기리그와 후기리그로 나눠 치르는 방식은 그대로였지만, 전·후기별로 1위와 2위 팀에 각각 포스트시즌 진출권을 부여하는 것이 골자였다.

포스트시즌 진출 시스템을 구체적으로 보면 다음과 같다.


▲ 전·후기리그에 걸쳐 티켓 두 장(1위와 2위 상관없음)을 쥔 팀은 한국시리즈에 직행하고 나머지 두 팀끼리 플레이오프를 치르며

▲ 티켓을 가진 팀이 모두 다를 때(4개 팀일 경우)는 전기 1위-후기 2위, 후기 1위-전기 2위가 플레이오프를 거쳐 한국시리즈에 진출한다.

막상 이렇게 제도를 만들었지만 문제는 또 있었다. 가장 큰 모순은 전기리그와 후기리그에서 2위 안에만 두 차례 포함되면 한국시리즈 직행 티켓을 따낸다는 점이었다. 다시 말해 기별로 1위와 경기차가 아무리 크게 벌어져도 2위만 차지하면 1위나 2위나 차이가 없게 됐다. 각 팀이 기별 우승이 아니라 2위 확보에만 초점을 맞추고 시즌을 운영할 가능성이 크다는 부분은 이 제도가 가진 가장 큰 맹점이었다.

아니나 다를까. 실제로 그런 일이 벌어졌다. 1986년 전기리그에서 2위를 차지한 해태는 후기리그에서도 2위를 했지만 한국시리즈에 직행했다. 플레이오프는 전기리그 우승을 차지한 삼성과 후기리그 우승팀이 티켓을 놓고 싸워야 하는 상황이 됐다.

## ⚾ '잠실 라이벌' OB와 MBC의 후기리그 우승 경쟁

21장에서 설명했듯이, OB는 1985년 서울 입성 후 동대문야구장을 홈구장으로 쓰다 1년 후인 1986년부터 잠실야구장을 사용하게 됐다. 그러면서 MBC 청룡과 잠실 한 지붕 두 가족 시대를 열었다. 양 팀은 이후 잠실에서 공존과 경쟁 속에서 프로야구를 지탱하는 라이벌로 성장했고, 잠실야구장은 프로야구의 메카로 자리를 잡았다.

공교롭게도 1986년 후기리그는 잠실 라이벌 OB와 MBC가 선두 다툼을 벌이는 양상으로 전개됐다. 해태는 1985년 후기리그에 맞춰 입단한 선동열이 본격적으로 가동된 1986년부터 강호로 거듭났고,

1986년 잠실야구장

여기에 당시 3만 명 이상(3만 154석, 2022년 현재 2만 2990석)을 수용할
수 있는 새로운 롯데 자이언츠의 홈구장인 부산 사직구장이 개장되
면서 프로야구 전체의 흥행에도 불이 붙었다.

　OB 선수단에도 많은 변화가 있었다.

　1982년 세계야구선수권대회 우승의 영웅으로 1983년 OB 유니
폼을 입었던 한대화는 간염으로 훈련을 많이 할 수 없는 몸 상태가
되면서 이렇다 할 활약을 펼치지 못한 채 해태로 트레이드됐다. 대
전 출신인 한대화는 당초 고향팀인 신생 구단 빙그레로 트레이드를
요청했지만, 해태로 방향이 바뀌자 트레이드를 거부하고 산사에 잠
적하기도 했다. 프로야구 역사상 트레이드 거부를 이유로 임의탈퇴
처리된 1호 선수 한대화는 그해 개막을 앞두고서야 산에서 내려와
해태에 들어갔다. 대신 한대화와 트레이드 대상이었던 양승호와 황

기선이 OB 유니폼을 입었다.

원년부터 OB의 홈런포를 담당해오던 김우열은 선수 생활 말년에 고향(충북 옥천)을 프랜차이즈로 탄생한 신생팀 빙그레 이글스로 이적하게 됐고, 맏형 윤동균은 플레잉코치로 승격했다.

1986년 대형 신인 박노준

장강의 앞 물결이 흘러가면 뒤 물결이 들어오기 마련. 선린상고 시절부터 투타에 걸쳐 아마추어 최고 스타로 자리 잡은 고려대의 박노준은 1986년 계약금만 5000만 원을 받아 선동열(1985년 1억 3800만 원) 다음으로 많은, KBO 역대 두 번째 최고 계약금 기록을 쓰면서 OB에 입단했다. 야수로만 따지면 역대 최고액이었다. 선린상고 시절부터 함께 원투펀치와 중심타선을 이뤘던 김건우가 같은 해 MBC에 입단할 때 계약금 2500만 원을 받은 점과 비교하면 당시 박노준에 대한 기대와 스타성이 어느 정도였는지 알 수 있다.

한대화가 떠난 3루수 자리에는 일본 프로야구 히로시마 카프에서 활약하던 재일교포 박창언을 영입해 메울 계획이었다. 그러나 예상 밖으로 박창언이 부진하면서 이승희가 그 자리를 대신해 3할대 타율(0.307, 규정타석에는 미달)을 올리며 쏠쏠한 활약을 펼쳤다. 중견수 박종훈은 연봉 3150만 원에 계약해 OB 선수로는 최초로 3000만 원을 돌파하기도 했다.

시즌에 앞서 중위권 전력이라는 평가를 받던 OB가 후기리그 우승을 다투는 팀으로 변모한 이유를 설명하려면 1984년 입단한 3년생 재일교포 투수 최일언의 괄목할 급성장을 빼놓을 수 없다. 중간과 선발을 오가며 1984년 9승(6패 3세이브), 1985년 10승(14패 3세이브)을 올린 최일언은 1986년 19승 4패 1세이브에 평균자책점 2.56을 기록하며 단숨에 에이스로 도약했다. 무엇보다 '해태 킬러'로 주가를 높였다. 1986년에만 해태에 7승 무패를 기록했다.

MBC 역시 1983년 한국시리즈 준우승 이후 이런저런 이유로 팀이 어수선했으나 모처럼 가을잔치에 참가할 기회를 잡았다. 전기리그에서 28승 4무 22패(승률 0.620)의 호성적 올리고도 6개 팀 중 4위에 그쳤던 MBC는 후기리그에서 그해 신인왕이 된 김건우(18승 6패, 평균자책점 1.81)와 1년 전 입단한 김용수(9구원승 26세이브, 평균자책점 1.67)의 맹활약에 힘입어 무서운 상승세로 치고 올라왔다.

결국 후기리그 우승 레이스는 막바지에 OB와 MBC, 해태 삼파전으로 전개됐다.


## ⚾ OB-MBC-해태, 후기리그 최종전 '경우의 수'

먼저 해태는 9월 13일 잠실에서 MBC를 2-0으로 꺾은 뒤 16일 전주에서 다시 MBC를 4-1로 격파하면서 후기리그 33승 2무 18패를 기록, 잔여 1경기(17일 전주 MBC전)에 패하더라도 후기리그 공동 1위를 확보하게 됐다. 공동 1위 팀이 나오면 대회 요강에 따라 추후 3전2선승제의 1위 결정전을 치러야 했다. 그러나 전기리그에서 이미 2위를 차지한 해태로서는 후기리그에서 2위만 확보해도 한국시리즈 직행 티켓을 잡기 때문에 최종전은 사실상 의미가 없었다.

OB는 놀라운 뒷심을 발휘하며 막판 스퍼트를 펼쳤다. 12일 해태를 7-3으로 누른 뒤 14일 더블헤더에서도 해태를 각각 5-1과 11-3으로 연파했다. 그리고 16일 청주 빙그레전까지 11-3으로 이겨 파죽의 4연승을 내달렸다. 최종전에 앞서 후기리그 성적은 32승 2무 19패를 마크했다.

MBC는 후기리그 우승 경쟁에서 유리한 고지를 점령하는 듯했으나 13일 잠실에서 해태에 0-2로 패하고, 16일 전주에서 다시 해태에 1-4로 지면서 2연패를 당해 곤경에 빠졌다. 결국 최종전을 앞두고 30승 4무 19패로 OB에 1경기 차 뒤지게 됐다.

OB나 MBC나 일단 플레이오프 진출권 확보가 최우선 목표. 최종전 1경기씩을 앞둔 상태에서 1경기 차로 앞선 OB가 유리한 것만은 사실이었다. 그러나 마냥 낙관할 수는 없는 상황이었다.

MBC의 최종전 상대가 해태였기 때문이다. 해태는 이미 한국시리즈 직행 티켓을 따내 MBC전에 전력을 다해 싸울 이유가 없었다. 하루 전 축배까지 들었으니 심신이 풀어질 대로 풀어졌을 가능성이 컸다. 이변이 없는 한 MBC가 이길 가능성이 큰 상황이었다. MBC가 승리하면 후기리그 54경기에서 31승 4무 19패(승률 0.620)로 마감하게 된다.

그렇다면 OB는 최종전 상대인 롯데를 무조건 이겨야만 했다. 패할 경우 32승 2무 20패(승률 0.615)를 기록해 MBC에 경기 차 없이 승률에서 밀려 3위로 떨어지게 된다. 물론 무승부를 기록하면 OB가 0.5경기 차로 2위를 차지할 수 있지만, 무승부를 목표로 싸울 수는 없는 노릇이었다.

# BEARS

# 24

# 최동원과 세상을 울린
# 김형석의 '운명의 한 방'

1986년 후기리그 최종전을 소개한 1987년 팬북

오늘날 '두산' 하면 떠오르는 단어가 '미라클(기적)'인데, 그 원조를 찾는다면 어쩌면 1986년 정규시즌 최종일의 기적일지도 모른다. 24장의 이야기는 최동원과 세상을 울린 '미스터 OB' 김형석의 홈런에 얽힌 추억이다.

앞서 23장에서 1986년 후기리그에서 OB와 롯데의 시즌 최종전이 얼마만큼 중요했는지 시대적, 상황적 배경을 소개했다. 이번에는 운명의 그 마지막 경기 속으로 들어가보자.

### 🎾 아! 최동원이 거기서 왜 나와?

최종전을 앞두고 부담감이 큰 쪽은 오히려 MBC에 1경기 차로 앞서 있는 OB였다. 쫓기는 처지였기 때문만은 아니었다. 바로 최종전 상대인 롯데의 선발투수가 당대 최고 투수 최동원이었기 때문이다.

OB로서는 야속할 수밖에 없었다. 롯데는 전기리그에서 30승 4무

20패로 잘 싸웠지만 3위에 그치는 바람에 2위까지 주어지는 플레이오프 진출 티켓을 잡지 못했다. 그렇다고 후기리그 최종전에 이긴다고 해도 포스트시즌에 나갈 수 있는 상황도 아니었다. 이미 가을야구 탈락이 결정됐고, 이날 경기 전까지 20승 2무 31패를 기록해 후기리그 순위도 5위로 확정된 상태였다.

그런데 웬 최동원?

더군다나 다음 날인 9월 18일은 추석이었다. 17일과 19일이 추석 연휴로 묶여 있어 롯데는 17일 낮경기가 끝나면 구단 버스를 타고 서울에서 부산으로 내려가야 하는 상황이었다. 추석 전날이라 귀성 차량과 엉켜 지옥 같은 교통 체증까지 감수해야 했다. 그럼에도 롯데는 왜 굳이 최동원을 서울까지 데리고 와서 선발 등판시키려고 했을까.

이유가 있었다.

바로 최동원의 3년 연속 정규시즌 20승 달성이 걸려 있었기 때문이다. 3년 연속 20승은 그 이전에 누구도 해내지 못한 기록. 그 이후에도 지금까지 없는 대기록이다. 해태 선동열도 전성기 시절 3년 연속 20승은 이루지 못했다.

최동원은 입단 이듬해인 1984년 정규시즌에서만 27승(13패 6세이브)을 올린 뒤 1985년 20승(9패 8세이브)을 기록했다. 그리고 1986년 최종전에 앞서 19승(13패 2세이브)을 기록 중이었다. 마지막 경기에 등판해 OB를 꺾고 승리투수가 된다면 3년 연속 20승을 달성하는 상황이었다.

"최종전을 앞두고 잠실야구장 백스톱 쪽에서 김성근 감독님이 선수들에게 토스배팅 공을 올려주고 있었어요. 원정팀 롯데 강병철 감독님이 잠실구장에 도착하자마자 김성근 감독님을 찾아오시더라고요. 아무래도 홈도 아닌 원정경기에, 그것도 추석 연휴인데 굳이 최동원까지 데려와 선발로 내보내는 게 미안했던 모양입니다. 강 감독님이 김성근 감독님한테 '형님, 최동원 20승 때문에 이렇게 됐습니다. 고춧가루 뿌리려는 게 아니니 오해는 하지 마세요'라며 이해를 구하기까지 했어요. 김 감독님도 '어쩔 수 없지'라며 웃어넘기더라고요. 제가 감독님 바로 옆에 있었으니까 그때 두 감독님의 대화가 생생합니다."

구경백 일구회 사무총장은 마치 수첩을 뒤지듯 그날의 기억을 그대로 떠올렸다.

"그런데 최동원은 그렇다 쳐도, 롯데는 야수들도 최정예 멤버가 서울로 올라왔더라고요. 후보 선수 위주로 엔트리를 구성해도 됐지만 최동원 20승을 지원해주기 위해 주전이 총출동한 것이었죠. 지금이야 웃으며 말하지만 솔직히 당시엔 OB로선 갑갑한 정도가 아니었죠. 최동원도 그렇고 롯데도 얼마나 이를 악물고 싸울지 훤히 그려졌습니다. 최동원이 아예 그 이전에 20승을 달성했더라면 차라리 이런 상황 자체도 안 만들어졌을 텐데, 속으로 '왜 진작 20승을 하지 않고 최종전까지 왔나' 싶어 솔직히 그런 상황 자체가 원망스럽기도 했습니다. 최동원은 1회부터 9회까지 구위가 떨어지지 않는 투수였는데, 그날따라 유난히 공이 더 좋더라고요. 금테안경을 추켜 올려 쓰며 이를 악물고 던지는 모습까지 얄밉더라고요."

롯데가 19승의 최동원을 선발로 내세웠다면, OB 역시 19승(4패 2세이브) 투수 최일언 카드를 꺼내 맞불을 놓았다. 더 이상 물러설 곳이 없었다. 결국 이날 최동원도, 최일언도 20승을 놓고 외나무다리에서 만난 것이었다.

## ⚾ 최동원을 울리고 세상을 울린 '운명의 한 방'

어쨌든 OB는 무조건 최동원을 꺾고 이기는 수밖에 없었다. 그러나 경기는 OB의 바람과는 다른 방향으로 가고 있었다. 1회초 시작하자마자 최일언이 2실점을 하고 말았다.

1사 후 조성옥의 2루타가 나왔다. 이어 김민호의 유격수 땅볼로 1사 2루. 여기서 김용철의 중전 적시타로 선취점을 빼앗겼다. 그리고 김용희의 중전안타로 만들어진 2사 1, 2루에서 유두열에게 우전 적시타를 맞았다.

OB는 1회말 선두타자 박종훈의 볼넷과 김광수의 희생번트, 포수 한문연의 패스트볼로 1사 3루가 된 상황에서 김형석의 좌익수 희생 플라이로 1-2로 추격했다.

양 팀 선발투수들은 이후부터는 경쟁이라도 하듯 안정을 찾았다. 2회부터 7회까지 무실점 행진을 이어가면서 1점 차 박빙의 승부를 예고했다.

그러던 8회초, 균열이 생겼다. 1사 후 김용철의 2루타와 김용희의 볼넷, 다시 유두열의 좌전 적시타가 터졌다. 1-3으로 뒤지게 된 OB 벤치 분위기는 어두워졌다.

투수는 박노준으로 교체됐고, 8회 1사까지 3점을 주고 강판당한 최일언도 패전 위기에 빠졌다. 만약 패한다면 19승 5패로 승률은 0.792로 떨어질 수밖에 없었다. 20승도 달성하지 못한 데다 승률왕마저 해태 선동열(24승 6패, 승률 0.800)에게 넘겨줄 판이었다.

최동원은 이날이 그해 39번째 등판이었다. 이 경기 전까지 무려 16차례나 완투를 펼친 철완은 여전히 압도적 구위를 자랑했다. 8회까지 4안타만 허용한 채 힘 있는 투구를 이어나갔다. 이 기세라면 9회에 접어든다고 해도 지칠 가능성은 전혀 없어 보였다.

그러는 사이, 멀리 전주에서 결과가 먼저 나왔다. 예상했던 대로였다. MBC가 김건우(선발 6이닝)와 김용수(마무리 3이닝)를 투입해 해태를 9-4로 꺾었다. 이때가 오후 4시 33분이었다.

이제 잠실 경기 결과에 따라 운명이 정해지게 됐다. 인터넷도 스마트폰도 없던 시절, 경기를 먼저 끝낸 MBC는 시외전화로 잠실 상황을 전해 들었다. 최동원이 계속 던지고 있는 가운데 롯데가 8회초 1득점으로 3-1로 앞서고 있다는 소식이 전해졌다.


"최동원에 2점 차라면……."


MBC는 전주 원정 때 숙소로 사용하는 코아호텔로 이동했다.

김형석

1983년 한국시리즈 이후 3년 만의 포스트시즌 진출이 눈앞으로 다가왔다. 자축의 샴페인을 준비하기 시작했다.

그러나 "끝날 때까지 끝난 것이 아니다"라는 요기 베라(뉴욕 양키스의 전설적 포수)의 명언이 그냥 나온 게 아니었다.

운명의 9회말. OB 선두타자 김광수가 최동원을 상대로 5번째 안타를 뽑아냈다. 절망의 동굴에서 실낱같은 희망의 불씨를 살려냈다.

타석에는 1회말 희생플라이를 때리고, 6회에도 2루수 쪽 내야안타를 기록한 입단 2년생 좌타자 김형석이 들어섰다.

김형석이라면 그해 4월 22일에도 최동원을 상대로 8회말 역전 결승 2점 홈런을 날린 기억이 있다. 그러나 최동원은 굴하지 않았다. 초구와 2구를 거침없이 스트라이크존에 꽂아 넣었다. 평소 스타일대로 '칠 테면 쳐봐라'는 식이었다.

3구째는 유인구가 날아들지 않을까. 그러나 돌아가는 법이 없는 최동원이었다. 내친김에 강속구를 몸쪽으로 찔러 넣었다. 삼진으로 경기를 끝내고 20승을 확정하겠다는 태세였다.

여기서 김형석의 배트가 전광석화처럼 돌았다. 방망이에 공이 맞는 순간 불꽃이 튀는 듯했다. 하얀 공은 잠실의 푸른 하늘을 미사일처럼 비행하더니 오른쪽 외야 담장 너머에 꽂혔다. 모든 것이 눈 깜짝할 사이에 일어난 일이었다.

3-3 동점. 플레이오프 탈락 일보 직전에서 거짓말 같은 동점 홈런을 때려낸 김형석은 무아지경에 빠진 채 그라운드를 돌았고, OB 선수들은 모두 더그아웃 밖으로 박차고 나왔다. 선수단은 일렬로 도열한 채 '개선장군'처럼 돌아온 김형석을 맞이했다. 얼마나 기뻤으면 어지간해서는 선수들의 홈런에 미동도 하지 않는 김성근 감독조차 그라운드까지 달려 나와 김형석을 얼싸안고 기뻐했을까.

OB의 기쁨 크기만큼 최동원의 허탈감도 커졌다. 롯데와 최동원 측에서는 '다 된 밥에 코를 빠뜨린 듯한' 기분이었다.

다음 타자는 신경식. 기운이 빠진 최동원이 던진 초구는 볼이었다. 그리고 2구째가 날아들었다. 신경식은 기다렸다는 듯이 후려쳤고, 타구는 좌중간을 갈랐다. 중견수 홍문종이 천천히 공을 주우러

가는 사이 신경식은 2루를 거쳐 3루까지 내달렸다.

여기서 일이 터졌다. 커트맨으로 중계 플레이에 나선 유격수 정영기가 홍문종의 송구를 받아 3루에 던졌는데, 3루수 김용철의 글러브 밑으로 공이 빠져 파울 지역까지 흘러갔다. 이때 투수는 3루 뒤쪽으로 베이스 커버를 하는 것이 기본이지만, 최동원은 허탈감이 밀려와서인지 그라운드에 우두커니 선 채 구경만 하고 있었다. 그 사이 신경식은 3루를 돌아 내친김에 홈까지 내달렸고, 4-3으로 승부를 마감하는 끝내기 득점을 올렸다. KBO 공식기록은 3루타와 상대 실책으로 기록됐다.

1986년 6차례나 4연승을 거두면서도 한 번도 5연승을 올리지 못하던 OB가 시즌 처음으로 5연승을 기록하게 된 순간이었다.

이때가 오후 4시 51분. OB는 33승 2무 19패로 해태와 후기리그 공동 1위를 확보하면서 플레이오프 티켓을 따냈고, 경기 결과를 전해 들은 MBC는 조용히 샴페인을 치우며 허탈한 마음으로 상경해야 했다.

그해 아시안게임이 사상 처음으로 한국(서울)에서 개최되면서 포스트시즌은 그 이후로 일정이 밀렸다. 포스트시즌에 들어가기에 앞서 10월 6일과 7일에 3전2선승제의 후기리그 우승 결정전도 기다리고 있었다.

사상 최초로 펼쳐진 우승 결정전. 여기서 OB는 2연승을 거두고 후기리그 우승을 차지하는 기염을 토했다. 1986년 사상 최초 우승 결정전과 플레이오프 이야기는 다음 장에 소개하기로 한다.

승리의 기쁨을 만끽하는 OB 베어스 선수단

## ⚾ '추억의 김형석'과 '김형석의 추억'

김형석. 1980년대 중반부터 1990년대 중·후반까지 OB 베어스를 상징하는 인물이었다. 그래서 팬들은 그를 두고 '미스터 OB'라 불렀다.

185cm의 훤칠한 키에 늘씬한 몸매. 요즘에는 이 정도 키의 야구 선수가 꽤 있지만, 당시만 하더라도 신경식(188cm)을 제외하면 그만큼 큰 선수는 없었다. 신일고와 중앙대 출신으로 대학 4학년 시절이던 1984년 LA 올림픽 대표팀에 발탁될 정도로 주목을 받았다.

그러나 그의 주 포지션은 1루수. 1985년 입단 당시 OB에는 신경식이라는 큰 산이 주전 1루수로 버티고 있었다. 김성근 감독은 신일고 감독 시절 제자였던 김형석의 타격 재능을 누구보다 잘 알고 있었지만 설 자리가 마땅치 않자 결국 외야수로 키워야겠다는 생각을 했다. 매일 공 한 박스 분량을 펑고 치면서 김형석의 외야 수비 실력을 향상시켰다.

OB는 박철순(1982년 입단), 박종훈(1983년 입단), 김진욱(1984년 입단)으로 미남 스타 계보가 이어졌는데, 김형석이 1985년 입단하면서 미남 군단에 또 한 명의 '얼짱'이 추가됐다.

큰 코에 이국적인 얼굴. 스윙도 외모만큼이나 시원시원했다. 해마다 두 자릿수 안팎의 홈런을 기록할 수 있는 중장거리형 타자로 사랑을 받았다. 당시는 잠실구장을 홈으로 사용하면서 한 시즌 두 자릿수 홈런을 때리는 타자를 구경하기 힘든 시절이었다.

1980년대 후반부터 1990년대 초반까지 OB가 암흑기에 빠져 있을 때 베어스 팬들은 그의 호쾌한 스윙에 시름을 잊곤 했다. 1985년 OB에 입단해 1998년 삼성으로 이적해 은퇴할 때까지 통산 14년간 119홈런을 때려냈다. 1993년에는 최다안타 타이틀을 거머쥐기도

1994년 연속경기 출장 신기록을 달성한 김형석

했다.

귀공자 같은 외모의 소유자지만, 내면은 악바리였다. MBC의 원년 멤버 '베트콩' 김인식이 작성한 연속 경기 출장 기록(606경기)을 넘어 622경기 연속 출장 기록을 작성하기도 했다. 1994년 선수단 집단이탈 사건 후폭풍으로 기록이 중단된 점이 아쉬웠다. 이 기록은 훗날 최태원(쌍방울-SK)이 1009경기 연속 출장을 기록하면서 역대 2위로 밀려났다. 김인식, 김형석, 최태원으로 이어진 KBO 철인의 계보 한가운데에 섰던 '미스터 OB'. 팬들은 여전히 그의 외모만큼이나 빛난 그의 근성을 기억한다.

1986년 추석 전날 터진 김형석의 홈런 한 방은 여러 팀과 여러 선수의 운명을 뒤바꾼 까닭에 '운명의 한 방'으로 회자되고 있다.

우선, 팀으로 보자면 OB는 이 홈런으로 인해 1982년 원년 한국시리즈 이후 4년 만에 포스트시즌에 진출했고, MBC는 이 홈런으로 인해 3년 만의 가을잔치 참가가 무산됐다.

여기에 투수 개인기록과 타이틀의 주인공들이 줄줄이 바뀌었다. 만약 김형석의 홈런이 없었다면 최동원은 전무후무한 3년 연속 20승의 대기록을 작성할 수 있었다. 그러나 2년 연속 20승에 그치면서 훗날 선동열(1989년 21승, 1990년 22승)이 함께 이름을 올릴 수 있는 여지를 제공했다. 최동원이 3년 연속 20승을 올리지 못한 것은 김형석의 한 방이 결정적이었지만, 어쩌면 그해 14패를 기록하는 동안 1점 차 패배만 무려 9차례나 기록했을 정도로 타선의 도움을 못 받았기 때문인지도 모른다.

김형석이 동점 홈런을 치자 가장 기뻐했던 인물은 최일언. 이날 7과 1/3이닝 3실점 한 최일언이 그대로 패전투수가 됐다면 시즌 19승 5패(승률 0.792)를 기록할 뻔했다. 승률 1위 자리를 선동열(24승 6패, 승률 0.800)에게 내주고 빈손이 될 판이었지만 결국 19승 4패(승률 0.826)를 유지해 승률왕에 올랐다. 가만히 앉아서 3관왕에 오를 수도 있었던 선동열은 평균자책점(0.99)과 다승(24승) 2관왕에 만족해야 했다.

베어스는 역사적으로 '미라클' 같은 승부를 유난히 많이 펼쳐왔다. 그래서 지금도 '미라클 두산'이라는 별칭이 붙어 있다.

각자의 기억 속에 베어스가 만들어온 기적 같은 승부는 여러 갈래로 나뉘어 있을 터. 요즘 팬들은 2019년 페넌트레이스 최종전에서 박세혁의 끝내기 안타로 정규시즌 우승을 확정 짓는 순간을 '미라클'의 정점으로 기억할지 모른다. 그러나 올드팬이라면 1986년 최동원을 울린 김형석의 극적인 2점 홈런을 떠올리지 않을 수 없다. 베어스의 '미라클 신화' 원조는 바로 그 순간이라고 해도 지나치지 않다.

은퇴 후 홍익대 감독을 지냈고, 구리 인창고와 상무에서 지도자 생활을 이어가던 김형석은 어느 날 갑자기 미국으로 이민을 간다는 소식을 남긴 채 우리 곁을 떠나갔다. 그러다 2017년, 당시 kt 위즈 사령탑이었던 김진욱 감독의 부름을 받고 귀국해 1년간 퓨처스 코치로 활동하기도 했다(현재는 성남 맥파이스 타격코치로 있다).

과거 호리호리했던 그의 몸매는 이제 후덕해졌고, 꽃미남 같았던 외모도 꽃중년 아저씨로 변했다. 그러나 그날의 추억은 여전히 청춘의 아지랑이처럼 피어오른다. 그날의 손맛도 마치 금방 홈런을 때린 것처럼 짜릿한 전율로 전해온다.


"볼카운트가 2스트라이크로 몰렸죠. 평소 최동원 선배님은 2스트라이크를 던져놓고도 볼을 빼고 그런 스타일이 아니었어요. 제 생각으로는 무조건 승부를 해올 것 같았어요. 몸쪽 직구로 붙일 것 같다는 예감이 들더라고요."


김형석은 여전히 그날의 승부 한가운데에 서 있는 것처럼 장면 하나하나를 생생하게 끄집어냈다. 앨범 속 사진을 보고 이야기하는 것처럼 볼카운트와 투구의 코스까지 정확히 기억해냈다.

"그해 최동원 선배님한테 끝내기를 한두 번 기록했던 기억이 있었습니다. '비슷하면 치자'는 생각을 하고 기다리고 있었는데 바로 노리던 그 코스로 직구가 날아오더라고요. 그대로 방망이를 돌렸죠. 운 좋게 하나 제대로 얻어걸린 거죠. 타구가 오른쪽으로 날아가는데, 속으로 '제발 파울로 휘어지지만 마라'라고 빌었어요. 치는 순간 페어 지역 안으로만 들어가면 홈런이라는 것을 직감했기 때문입니다. 가끔씩 저를 알아보는 팬들을 만나면 아직도 그날 얘기를 하곤 합니다. 그렇게 기억해주시니 고맙죠. 저 역시 그날 기억을 떠올리면 아직도 손바닥에 홈런을 친 순간의 그 느낌이 그대로 전해집니다."

# BEARS
# 25

## 역사상 최초…
## 1986년 OB-해태
## '우승 결정전'을 아시나요?

1986년 후기리그 최종전 승리 후 기뻐하는 OB 선수단

2021년 10월 31일 kt 위즈와 삼성 라이온즈가 대구삼성라이온즈 파크에서 우승 결정전을 치렀다. 그해 정규시즌에서 두 팀은 최종전 까지 76승 9무 59패로 공동 1위로 마감했다. 결국 1위 한 자리를 놓 고 단판 승부인 '타이브레이커'를 펼쳤다. kt가 1-0 승리를 거두면 서 한국시리즈 직행 티켓을 따냈다. 1989년 단일리그제가 채택된 뒤 KBO 역사상 최초의 우승 결정전은 이렇게 막을 내렸다.

그렇다면 그 이전에 KBO리그 역사에 '우승 결정전'은 없었을까?

이 말을 들으면 대부분의 사람들은 "그런 게 있었나?"라며 고개 를 갸웃거릴 듯하다.

그러나 이는 엄연히 있었던 사실이다. KBO리그 역사의 희미한 책갈피를 더듬다 보면 1986년 OB 베어스와 해태 타이거즈가 펼친 3전2선승제 후기리그 '우승 결정전'이 눈에 들어온다.

골수 올드팬들도 기억할까 말까 한, 그러나 실제 존재했던 37년 전의 가을 이야기. 이번 25장에서는 KBO 사상 최초의 '우승 결정 전'의 역사를 탐험해보고자 한다. 누구도 잘 기억하지 못하고 언론

에서도 주목하지 않았지만, 그것은 분명 한국 프로야구의 역사이자
두산 팬들이 기억해야 할 베어스 역사의 한 장면이기 때문이다.


## ⚾ 희미한 그날의 기억, 그러나 분명히 존재했던……


"어휴, 그건 나도 기억이 안 나네. 웬만한 일은 내가 다 기억하는
데 말이야. 허허."


베어스의 역사라면 원년부터 컴퓨터처럼 줄줄이 꿰고 있는 구경
백 일구회 사무총장도 고개를 갸웃거렸다. 1986년 후기리그 우승
결정전 이야기를 꺼내자 "가만있자, 그런 게 있었나"라며 겸연쩍게
웃는다.

구 사무총장이 이렇게 이야기할 정도면 1986년 우승 결정전을
기억하는 이는 그야말로 거의 없다고 봐도 무방하다.

그도 그럴 것이 이 우승 결정전은 사실상 순위를 가리는 것 외에
는 의미가 없었던 경기였기 때문이다.

다시 1986년으로 돌아가보자. 23장과 24장에서 소개한 후기리그
최종전 김형석의 운명의 한 방과 포스트시즌 제도를 살펴볼 필요가
있다.

1986년은 정규시즌을 전기리그와 후기리그로 나눠 치르는 방식
은 그대로였지만, 전·후기리그별로 1위와 2위 팀에 각각 포스트시
즌 진출권을 부여하는 것으로 제도를 변경했다. 1985년 삼성이 전·

후기리그를 모두 우승하면서 한국시리즈가 무산된 채 싱겁게 우승팀이 결정되자, 이듬해부터는 무조건 한국시리즈가 열리도록 제도를 보완한 것이다.

구체적으로 보면 ① 전·후기리그에 걸쳐 티켓 두 장(1위와 2위 상관없음)을 쥔 팀은 한국시리즈에 직행하고 나머지 두 팀끼리 플레이오프를 치르며 ② 티켓을 가진 팀이 모두 다를 때(4개 팀일 경우)는 전기 1위-후기 2위, 후기 1위-전기 2위가 플레이오프를 거쳐 한국시리즈에서 진출한다는 내용이었다.

이 제도의 모순은 전기리그와 후기리그에서 2위만 차지해도 한국시리즈에 직행하기 때문에 각 팀은 2위 확보를 최우선 가치로 둔다는 점이었다. 1위나 2위나 차이가 없다. 다시 말해 1위와 아무리 경기 차가 벌어져도 2위만 두 번 차지해도 한국시리즈 직행 티켓을 얻기 때문에 굳이 1위를 차지하기 위해 전력을 기울일 필요가 없다는 것이다.

OB는 9월 17일 후기리그 최종전에서 롯데 최동원에게 눌려 1-3으로 뒤지던 9회말 김형석의 기적 같은 동점 2점 홈런과 신경식의 3루타 후 롯데 수비진의 중계 실책으로 4-3, 끝내기 역전승을 거두고 해태와 후기리그 공동 1위에 올랐다. 그러면서 대회 요강에 따라 OB와 해태는 후기리그 우승 결정전을 치러야 했다.

그러나 타이틀만 긴장감 넘치는 '우승 결정전'일 뿐이었다. 실상은 대회 요강만 아니면 굳이 치르지 않아도 되는 의미 없는 경기였다. 어차피 해태는 후기리그 1위를 하나 2위를 하나 한국시리즈 직행이 결정돼 있었고, OB 역시 1위를 하나 2위를 하나 전기리그 우승팀 삼성과 5전3선승제의 플레이오프를 치러야 했다.

그렇지만 제도는 제도. 시즌에 앞서 확정한 KBO 대회 요강대로 후기리그 우승 결정전을 소화해야만 했다.

문제는 1986년에 건국 이후 최초로 서울아시안게임을 유치한 상황이라 아시안게임 대회 기간(9월 20일~10월 5일)이 끝날 때까지 기다려야만 했다.

그렇게 성사된 3전2선승제의 1986년 후기리그 우승 결정전. 9월 17일에 정규시즌 최종전이 열렸으니 18일간의 휴식기 끝에 10월 6일 해태의 홈구장인 광주에서 1차전이 개최됐다. 그리고 이로부터 4일 뒤인 10월 11일 대구에서 삼성과 OB의 사상 최초 플레이오프 1차전이 열리는 스케줄이 정해졌다.

## ⚾ KBO 공식 기록지도 사라져버린 '우승 결정전'의 역사

1986년 후기리그 우승 결정전을 제대로 복기하기 위해서는 당시 경기 영상이나 KBO 공식 기록지를 통해 확인해야 하지만, 현재 당시 경기를 담아낸 영상이나 기록지는 없는 상태다. 특히 KBO 공식 기록지마저 사라진 점은 아쉬울 따름이다.

우승 결정전은 정규시즌 경기도 아니고, 포스트시즌 경기도 아니다. 팀기록도, 개인기록도 합산되지 않는 일종의 번외경기였다. 당시에는 오로지 승패에 따라 순위만 가리는 의미밖에 없다고 본 모양이다.

그렇다 보니 훗날 누구도 이 기록지를 제대로 챙겨놓지 못한 듯하다. 안타깝게도 당시 경기를 볼카운트별로 복기할 수도 없고, 출장한 타자 한 명 한 명, 등판한 투수 한 명 한 명의 기록도 찾아낼 방법이 없다.

다만 당시 승부를 파악할 수 있는 것은 지금까지 활자로 남아 있는 신문 기사와 KBO가 발행한 『한국 프로야구 연감 1987(Official baseball Guide 1987)』뿐이다.

다음은 1986년의 역사와 기록을 담아 펴낸 『한국 프로야구 연감 1987』 124~125쪽 내용. 당시 기사체를 느낄 수 있도록 그대로 싣는다.

### 1차전 〈10월 6일·광주〉

| 팀 | 1회 | 2회 | 3회 | 4회 | 5회 | 6회 | 7회 | 8회 | 9회 | 합계 |
|---|---|---|---|---|---|---|---|---|---|---|
| OB(1승) | 1 | 1 | 0 | 0 | 0 | 0 | 0 | 1 | 0 | 3 |
| 해태(1패) | 0 | 0 | 0 | 0 | 1 | 0 | 0 | 0 | 0 | 1 |
| 승리투수 : 장호연 | | | | | 패전투수 : 차동철 | | | | | |

각 리그 2위까지 플레이오프에 진출하는 새로운 방식 때문에 이미 진출권을 확보한 OB와 반면 해태는 지더라도 전기리그·후기리그에서 각각 2위를 마크, 곧바로 한국시리즈에 진출하는 입장이어서 여유 있게 우승 결정전에 임했다.

해태는 비록 우승 결정전의 승패에 큰 득실이 없다 하나 OB를 꺾고 우승을 거머쥐면 우승보너스가 뒤따르기 때문에 열심히 게임을 풀어나갔다.

OB는 계형철 장호연(3회) 김진욱(5회) 박형렬(8회) 박노준(8회)이 이어 던지며 해태 강타선을 산발 3안타로 봉쇄했다.

해태는 차동철 김대현(4회)이 계투했으나 적시에 7안타를 얻어 맞아 3실점, 1-3으로 패하고 말았다(김대현은 1986년 해태에 입단한 뒤 1988년 교통사고로 짧은 생을 마감했다. 1987년 OB와 맞붙은 플레이오프에서 1차전 7이닝 3실점 승리에 이어 4차전에서 10이닝 완투승을 따냈다. 그가 아니었다면 1987년 OB가 한국시리즈에 진출했을지도 모를 일이다).

OB는 1회초 1번 이승희가 우월 2루타를 날려 게임의 뚜껑을 힘차게 열었다.

2번 김광수의 희생번트로 이승희가 3루를 밟자 2사 후 신경식이 우전안타를 때려주어 선취점을 빼냈다.

OB는 2회 들어서도 6번 유지훤, 7번 이종도의 안타 등으로 이루어진 2사 주자 1, 3루에서 1번 이승희가 내야안타를 이어주어 1점을 추가, 2-0으로 앞서나갔다.

4회까지 1안타로 허덕이던 해태는 5회말 선두 5번 김종모가 볼넷을 고르고 후속 땅볼로 2루로 진출하자 김응용 감독은 유격수 서정환을 벤치에 불러들이고 대타 전문 송일섭을 타석에 내보냈다. 송일섭은 깨끗한 중전안타를 때려주어 1점을 만회했다.

게임은 활기를 띠기 시작했다.

OB는 3회에 무사 주자 2루, 4회에 2사 주자 1, 2루의 찬스를 잡았으나 후속타 불발로 득점으로 연결시키지 못했고 5·6·7회는 해태 김대현의 변화구를 공략 못해 삼자범퇴 당했다.

그러나 8회초 1사 후 4번 신경식이 우월 3루타를 날리고, 5번 김대진의 희생플라이가 뒷받침, 1점을 더해 승리의 쐐기를 박았다.

1번 타자로 나선 이승희는 3타수 2안타 1타점을, 4번 신경식은 4타수 2안타 1타점을 각각 마크, 승리의 주역이 됐다.

그러나 해태는 이순철 김봉연 송일섭이 1개씩의 안타를 때리는 데 그쳤다.

### 2차전 〈10월 7일·광주〉

| 팀 | 1회 | 2회 | 3회 | 4회 | 5회 | 6회 | 7회 | 8회 | 9회 | 합계 |
|---|---|---|---|---|---|---|---|---|---|---|
| 해태(2패) | 1 | 0 | 0 | 0 | 0 | 0 | 0 | 0 | 0 | 1 |
| OB(2승) | 0 | 0 | 0 | 0 | 0 | 0 | 0 | 2 | × | 2 |
| 승리투수 : 황태환 | | | | | 패전투수 : 김용남 | | | | | |

OB는 박철순, 최일언(3회), 윤석환(4회), 황태환(7회)이, 해태는 강만식, 선동열(4회), 김용남(8회)이 계투, 끈질긴 투수전이 전개됐다.

두 팀 모두 에이스까지 투입하여 총력전을 편 결과 OB가 2-1로 신승, 3차전 없이 후기리그 우승을 거머쥐었다.

해태는 1회초 기습번트 안타로 살아나가 2루를 훔친 1번 이순철이 후속 내야땅볼, 희생플라이로 홈에 살아 1점을 선취했다.

게임의 서장을 활기차게 연 해태는 그러나 2회부터 9회까지 산발 4안타에 그쳐 추가점을 올리지 못했다.

반면 OB는 해태 강만식 선동열의 피칭에 밀려 7회까지 무득점의 안타까운 행진을 거듭했다. 3회까지 던진 강만식으로부터는

1개의 안타도 뽑지 못했으며 4회부터 7회까지 마운드를 지킨 선동열에게 2안타를 빼냈으나 역시 득점으로 승화시키지 못했다.

철저하게 OB 타선을 요리하던 해태는 8회에 접어들자 선동열을 불러들이고 김용남을 마운드에 내세웠다. 관중석에선 해태가 고의로 져주기로 작정한 게 아니냐는 이야기가 오갔다.

OB는 쾌재를 불렀다. 절대로 놓칠 수 없는 기회였다.

그러나 선두 5번 김호근이 삼진으로 물러나고 6번 김광림마저 내야땅볼로 잡혔으니 상황은 투아웃, 막바지에 다다랐다.

게임은 끝난 거나 다름없었다. 성미 급한 팬들은 자리를 뜨기 시작했다. OB 김성근 감독의 표정에는 체념과 절망의 빛이 역력했다.

다음 타자는 7번 유지훤. 타순은 하위타순으로 이어지고 있었다. 이 절망의 순간에서 유지훤은 중전안타를 때려 추격의 매듭을 풀었다.

김성근 감독은 승부사답게 침착성을 잃지 않았다. 8번 이종도 마저 좌전안타로 뒷받침, 1, 2루를 점령하자 김 감독은 신인 이복근을 대타로 기용했다. 과감한 대타 작전이었다.

이복근은 김용남의 제2구를 통타, 우월 3루타를 뽑아서 주자를 모두 홈에 불러들였다. 순식간에 상황은 뒤바뀌고 말았다. 멋진 역전 드라마였다.

## ⚾ 결승타 주인공 이복근의 회상 "모두들 좋아했던 그날"

2차전에서 대타로 나서 2타점 결승 3루타를 때린 이복근은 두산 베어스 스카우트 팀장을 거쳐 2022년 시즌에 퓨처스 팀 감독을 맡기도 했다.

올드팬들이라면 그의 이름 석 자와 현역 시절 모습이 기억의 샘에서 어렴풋이 떠오를지 모르겠다. 1962년생. 충암고와 경희대를 나와 1986년 OB에 입단했던 루키 이복근은 지금 어느덧 예순이 넘는 나이가 됐다. 그만큼 세월은 흘렀고, 그만큼 OB 베어스의 역사와 팬들의 추억도 켜켜이 쌓여가고 있다.

1994년 이복근 스카우트와 박철순

1991년을 끝으로 6년간의 프로선수 생활을 마감한 이복근은 은퇴 후 오랫동안 베어스 구단에서 스카우트로 활동했다. 매일 아마추어 야구가 벌어지는 현장을 누비며 미래의 보석들을 캐내면서 조용히 '화수분 야구'의 밑거름을 만들어 온 숨은 주인공이다.

이복근 전 퓨처스 감독은 1986년 그날을 기억하고 있을까. KBO 리그 역사에서 우승 결정전 마지막 결승타의 주인공으로 남아 있는 그는 그날의 상황에 대해 묻자 "하도 오래전 일이라 기억이 가물가물하다"면서 "그날 결승타를 치고 나서 경기 후 감독님과 선배들, 프런트 직원 등 많은 사람들에게 축하를 받은 기억이 희미하게나마 떠오른다. 승리 후 모두들 되게 좋아했다"며 웃었다.

정규시즌 한 경기에서 결승타를 때려도 축하를 받는데, 우승 결정전이었으니 당연지사. 무엇보다 축하를 받은 가장 큰 이유는 우승 결정전을 3차전까지 치르지 않아도 됐기 때문일 것이다. 이복근은 역시 그 말에 맞장구를 치며 기억을 더듬었다.

"마운드엔 김용남 선배가 계셨던 걸로 기억해요. 우승 결정전이었지만 그렇게 전력으로 피칭을 하지는 않았던 것 같아요. OB가 우승 결정전에서 이기나 지나 플레이오프에 가는 것은 변함없는 사실이었죠. 그렇기 때문에 사실 그게 크게 의미가 있었던 경기는 아니었던 걸로 기억합니다. 그렇지만 만약 2차전에 졌다면 1승 1패로 3차전까지 해야 했기 때문에 감독님이나 선배들이 2차전 승리에 더 좋아하셨던 것 같아요. 굉장한 환영을 받았던 기억이 납니다. 다만 그날 기록은 정규시즌 기록에 안 들어가더라고요. 하하."

후기리그 우승 트로피 및 당시 전광판 자막

1986년 OB는 신인 드래프트에서 박노준(고려대), 박형렬(서울고),
임채섭(건국대), 이복근(경희대) 등 총 10명을 1차 지명했다. 이복근의
1986년 프로 첫해 기록은 5타수 2안타(타율 0.400). 장타는 없었다.
그의 말처럼 우승 결정전의 3루타 기록은 정규시즌 기록에 포함되
지 않았기 때문이다.

KBO리그 역사에서 최초로 펼쳐진 페넌트레이스 우승 결정전은
당시 팬들에게도 큰 흥미를 끌지 못했다. 2경기 관중 수는 합쳐서
3900여 명에 불과했다. 후기리그 우승 결정전 결과에 따라 포스트
시즌 스테이지가 달라지는 것도 없었기에 흥행 카드가 되기에는 부
족한 면이 있었다. 포스트시즌 전초전 격으로 아시안게임 기간 동안
프로야구 관람에 목말랐던 야구팬들이 광주 무등야구장에 와서 지
켜보는 이벤트 게임 성격이 짙었다.

그럼에도 OB 베어스로서는 후기리그 우승이 나쁠 일은 없었다. 1982년 전기리그 우승 이후 4년 만에 정규시즌 우승 타이틀을 따냈기 때문이다. 축하를 받고, 기뻐하기에 충분한 자격이 있는 일이었다. OB 베어스 팬이라면, 나아가 야구 팬이라면 상식으로 알아둘 만한 KBO리그 역사상 최초 우승 결정전 이야기다.

'미라클 베어스'의 이야기는 『베팬알백』 2권에서 계속됩니다.

**베팬알백** 베어스 팬이라면 죽기 전에 알아야 할 100가지 이야기

❶ 1982~1986

© 이재국 · 두산베어스 2023 | 본문 수록 사진 © 두산베어스

**1판 1쇄 인쇄** 2023년 4월 14일
**1판 1쇄 발행** 2023년 4월 25일

**지은이** 이재국 · 두산베어스
**펴낸이** 황상욱

**편집** 이은현 박성미 이미영 | **디자인** this-cover
**마케팅** 윤해승 장동철 윤두열 양준철 | **경영지원** 황지욱
**제작처** 더블비

**펴낸곳** ㈜휴먼큐브 | **출판등록** 2015년 7월 24일 제406-2015-000096호
**주소** 03997 서울시 마포구 월드컵로14길 61 2층
**문의전화** 02-2039-9462(편집) 02-2039-9463(마케팅) 02-2039-9460(팩스)
**전자우편** yun@humancube.kr

**ISBN** 979-11-6538-343-5 04690
　　　　979-11-6538-342-8 (세트)

인스타그램 @humancube_books 페이스북 fb.com/humancube44